UNTRUE

性、謊叫
柏金包：

女性欲望的新科學

溫絲黛・馬汀 Wednesday Martin 著
許恬寧 譯

目次

我們就連性的目的都不清楚……有如霧裡看花。[1]

——查爾斯・達爾文（Charles Darwin），
〈論報春花的兩種形式／兩性異型及其特殊性關係〉（On the Two Forms, or Dimorphic Condition, in the Species of Primula, and on their remarkable Sexual Relations），一八六二年

我們的世界觀限制了我們的想像力。[2]

——派翠西亞・高瓦堤（Patricia Gowaty），
加州大學洛杉磯分校（UCLA）生態學與演化生物學名譽教授

每位明智的女性都有偷情對象。[3]

——美國歌手莎拉・馬丁（Sara Martin），
〈奇怪愛人的藍調憂鬱〉（Strange Loving's Blues），一九二五年

台灣版作者序

我曾經住在紐約上東區，孩子也在那裡念書。那是一個富人雲集、爭奇鬥豔的地方，女人身上承受著極大的壓力，身材一定得完美，打扮一定得出眾，你必須是世上最有魅力的尤物，就連一大清早送孩子去學校，也得豔冠群芳。即便天天都碰上這樣的場景，我仍舊天天感到不可思議，因為上東區的男女生活在性別隔離的世界裡，男人有男人的天地，女人有女人該待的地方，即便參加同一場晚宴，男女也可能分坐在不同廳的不同桌用餐。女人使出一切手腕吸引男人，她們壓力太大、太焦慮、競爭心太強，根本沒時間好好享受性愛。

我常常在想，如果你根本沒那個心情享受身體，為什麼花那麼多時間努力做臉和雕塑身材？為了養出能進大學的孩子？為了得到柏金包？把自己弄得漂漂亮亮，參加應酬，好幫助老公升官發財？我一直以為，我身旁壓力破表的美女把性欲昇華了，改為追求孩子成功、買到最時尚的包、一百分的體態。

沒想到，上一本書《我是一個媽媽，我需要柏金包！》出版後，我告訴大家自己接下來想寫一本探討「性」的書，結果身旁的女性又開始向我傾吐祕密。在一場派對上，某位爽朗的棕髮姊妹喝得微醺後，提到好幾位我自以為很熟的女性，夏天趁著到漢普頓（Hamptons）避暑，老公週一到週五都留在城市工作、不在身邊，她們就和女教練上床。告訴我這件事的人和其他女性都戲稱那些女教練為「私處溝通師」（pussy whisperer），因為她們懂得如何用性取悅其他女性，即便那些女性對外是異性戀，也和男性結婚生子。那次派對過後，其他女性和教練也證實了這個說法，許多女性向我敘述她們婚姻背後的面貌。我認識的超正經媽咪，她們對性其實沒那麼不感興趣、沒那麼緊繃，也沒那麼像完人。

我個人從談第一段戀愛開始，就覺得一生只能和一個人上床太難了。即便我現在婚姻幸福，有時還是渴望能來點花樣、來點新鮮感、來點刺激感。我開始好奇，怎樣才算「正常的」女性欲望？事情是否真如達爾文所言，多數物種的雌性在性方面比雄性害羞與保守？男人真的天生該四處風流，女性則理應一輩子守著一個人？我因此從科學與社會科學的角度著手，研究雌性的性行為，結果發現這輩子聽到的女性性事說法都不是真的。重新檢視演化史的過去、現在和未來，出軌女性說出了引人入勝的故事。如果說，性是一場大冒險，那麼女性其實是勇敢的探索者。我們的性欲向來被低估，也被控制。多少個世紀以來，我們的動機被誤傳與誤解。

因此，我寫這本書的目的是帶大家踏上一場大膽的旅程，了解女性的真正面貌，讓女性獲得自由。

Introduction

Meet the Adulteress

前言｜這位是蕩婦

蕩婦。

蕩婦一詞驚世駭俗，使人憤慨莫名，卻又想入非非。「婦」聽起來有一定年齡，做事該有分寸，適合用來稱呼具備足夠人生經驗、做事有判斷能力的人。傷風敗俗的事不該做，自己應該曉得。「蕩」則令人春心蕩漾、神魂顛倒，想像著絲裙貼上西裝，心中小鹿亂撞。蕩婦帶有幾分一九五〇年代黑色電影的風情，她們可能剛擺脫一樁離婚官司，穿著性感絲襪，不是孩子，也並非天使。雖然我們嚴詞譴責蕩婦，但也不得不承認，她們絕不無聊。

相較於蕩婦與通姦，一夫一妻制聽起來就……很單一，很無聊。一夫一妻制像某種舒服的座椅：「來嘛，跟我一起待在一夫一妻制裡。」也的確真的很好沒有錯。在情感、文化、性愛等層面上，一夫一妻制是這個社會的基石，令人感到安心。我們告訴自己，理智、健康、成熟的人不會濫交。通姦與蕩婦是另一個世界的事，與我們的安全天地無關。從這個角度來看，「蕩婦」不僅誘人又有趣，還是一種方便判斷的分類，除了帶有違反社會規範與道德的色彩，還是一種病態的象徵。這種想法其來有自。過去數十年來，許多心理學家、人類學家、科學家[4]，幾乎可說是膜拜一夫一妻制，崇尚選擇固定配偶的做法，堅稱女性那麼做「才自然」。某些人甚至宣稱，現代人類之所以能成為萬物之靈，其他的早期原人（hominin）卻灰飛煙滅，都要歸功異性戀伴侶制度。生物學家傳播的理論認為，女性的卵子很珍貴、要慎選孩子的爸，精子則四處大量播種。自達爾文開始，長久以來，靈長類學家就抱持一個無人提出異議的假設：擁有一個以上的伴侶對雄性有好處[5]，雄性會爭奪雌性；性被動的雌性則只尋覓單單一個優秀的雄性配偶。心理健康專家與社會科學家也主張，人類的男男女女同樣「天生」註定或演化成要跳那支由性別決定的舞。幾乎所有的學說都告訴我們，通姦是離經叛道、荒謬絕倫的行為，女性尤其不該做這種事。

話雖如此……

女性有性欲，女性也會出軌，但這種事會惹惱群眾。生於美國的性教育家雪兒・海特（Shere Hite，譯註：美裔德國性教育家、女權主義者，出版過《海特性學報告》等暢銷性學讀物）曾因宣稱七成的女性出過軌[6]，飽受抨擊、收到死亡威脅[7]，不得不離開美國到歐洲定居。其他女性曾對配偶或伴侶出軌的比例調查，有的統計結果僅一三%，有的高達五〇%[8]；許多專家指出，由於坦承外遇的女性會被千夫所指，比男性拈花惹草承受多千百倍的社會壓力，真實人數應該比數據更高才對，畢竟誰會想誠實說出自己外遇？第二波女性主義（譯註：最初始於一九六〇年代初的美國）已經過去數十年，今日的女性擁有更多自主權，賺錢能力變強，機會也多，再加上現在各種數位通訊方式發達，誠如社會學家所言，女性正在縮減外遇的男女比差距[9]。我們只是不談這些事。

至少不是公開大聲談。

我採訪過的女性，她們的開場白幾乎都是：「或許你還是找其他人談這件事比較好，因為我真的……一般人不會像我這樣……」我好奇**她們為什麼會那樣想**。

她們一個個猶豫地告訴我：「因為我的性欲真的很強，還有——我覺得自己不適合一夫一妻制。」我和採訪對象會喝咖啡聊聊，或在電話上談。她們擔心自己會提供我「無用的資料」，因為自己很怪，只有她們那樣。她們以為自己是離群值，深信一般女性不會做跟她們一樣的事。然而，當一個又一個處於認真關係的女性告訴你，自己在性方面不同於一般人，她們有不該有的旺盛性欲，她們忍不住想要出軌，你會感到「不尋常」才是常態，「正常」絕對需要被重新定義，尤其是在探討女性欲望、性愛與一夫一妻制的時候。

本書抱持的立場是不論我們怎麼看待她們，棄絕一夫一妻制的女性很勇敢。她們的經歷與背後可能的動機，具備啟發性，因為女性外遇的情形絕對稱不上罕見。女性會出軌的事實，以及我們的反應，是衡量女性自主程度的實用指標。此外，我們也可以得知女性行使歷史上由男性獨占的特權時，今日依舊得付出的代價。我為求了解「外遇」這個主題，大量閱讀不同領域的文章與書籍，接下來的章節將不會詳盡地回顧這個主題的文獻，不過的確會引用相關的學術討論。先提醒大家，雖然我引用的許多研究指出，千百年來，女性的「偶外」性行為（"extra-pair" sexual behavior）是一種社交與生殖策略，使女性得以在特定情境下得利，依舊有其他研究提出不同的主張。本書僅僅提供我個人的觀點——我從相關的社會科學與自然科學得出的結論。我參考的文獻中，有的是我個人特別感興趣的研究，有的則是專家建議可以參考的研究。相關專家正在修正自家領域的偏見——今日通稱為「水性楊花」的行為，其實情況各異，有著有趣的歷史與史前時代的根源。多重關係行為將如何影響人類的未來，也是相當有趣的議題。我們應當從不同的角度，以開放的心胸思考這個主題。長久以來，我們把性問題與性方面的踰矩，完全丟給治療師與心理學家解決，認為相關議題是個人行為，甚至是病態表現，源自我們的情緒包袱、原生家庭，以及我們在信任與承諾方面遭遇的「特殊障礙」。這種情形有得治。然而，我們從事性行為的方法與原因，表面上看起來的確是相當個人的事，其實背後也有深層的歷史成因。女性性愛與我們所擁有的選項，皆受生物因素、社會控制、文化脈絡、生態等種種相關因素影響。女性外遇是一個複雜的主題，再加上外遇通常會導致群情激憤，我們重新思考這個議題時，必定得從多重角度著手，藉由社會學、演化生物學、靈長類學、文學理論加深理解，以更能同理的方式，重新看待「紅杏出牆」，弄懂女性——以及我們自己——的心理是怎麼一回事。

本書是跨領域的文化批評，集合各領域研究「女性外遇」主題的專家，將相關的研究結果去蕪存菁後，加以整合，並融入我個人對眾多材料的看法與詮釋，包括學術期刊文章、社會科學家研究、大眾文化歌曲與電影等等。我訪問了靈長類學、文化人類學、生物人類學、心理學、性研究、社會學、醫學，以及「生活型態選擇的提倡與行動主義（lifestyle choice advocacy and activism，譯註：「生活型態」係指自由性愛者，後文會再提及）」等領域的三十位專家。此外，曾以第一手經驗經歷過女性外遇的人士，我也希望能夠納入他們的觀點，也因此後文提供我訪問過的男女（年齡為二十歲至九十三歲不等）所提供的軼事與長篇故事，以及和外遇人士以較非正式的方式聊天時，他們提供的洞見與觀察（詳情請見〈作者的話〉）。這個主題永不無聊。拒絕堅守「人只能有一個性伴侶」的女性，無法被歸類。她們大多是再平常不過的一般人，但有一個共通點：她們敢於做被視為不道德與反社會的事，不同於我們深信女性天生「應有」的樣貌。如同社會學家艾莉西亞．沃克（Alicia Walker）所言[10]，女性做出外遇行為時，除了違反社會樣板，也違背了眾人維護的性別腳本。

我訪問的女性顯然不是具代表性的樣本。世上沒有一個人能夠代表所有人，況且找到代表性樣本也不是重點。我的訪談對象是說故事的人。她們有時後悔，往往帶有罪惡感或矛盾感受，偶爾刻意違背社會習俗，甚至興致勃勃、樂此不疲。這樣的人，為學術研究與期刊所提供的女性外遇論述，增添了豐富色彩與真實人生的細節。她們述說自己的人生故事，使枯燥的統計數據與專家說法變得令人臉紅心跳。此外，從更深遠的角度來看，她們說出了我們的文化如何對出軌女性抱持一種矛盾的態度。

我們的文化無法放過女性外遇。在這先老實告訴各位，為什麼我會對這個現象感興趣。我二十多歲時，和許多年輕女性一樣，希望擁有一對一的關係，但有時也會受到誘惑。我搬到紐約，因為紐約是生氣蓬勃的文化之都，提供精彩的夜生活，大量志同道合的人聚集在這個大都會，有很多可以挑選的戀愛、上床對象。沒錯，紐約感覺是可以找到一個或好幾個男友的好地方，我的確也在這裡覓得不少對象。我希望腳一次踏一條船就好，每次好好分手後，再換下一個，直至找到命中註定的結婚對象。好幾段在不同時間發生的一對一關係，是社會傳統上勉強可以接受的做法。大家**都這麼做**。

然而，一般人的生活比那還要再更複雜一些。我掉進一種模式：約會，享受美好性愛，愛上對方，認真交往，非常認真地交往，接著就開始感到無聊。接下來的階段，事情永遠每況愈下，我試圖重新燃起熱情，努力說服我的性欲：我們一定可以度過這一關，應該撐住才對。哪個好女孩不是這樣？哪有年輕女性會因為覺得床事無聊了，就無情無義斬斷戀情？我苦勸自己，告訴我的性欲：「別這樣，他是個好男人。」然而，我很難勸退自己的欲望，討價還價那套根本行不通，沒有商量的餘地。我的欲望另有打算，每每看上另一個男人，察覺相互喜歡，接著就順從直覺。每次我劈腿被抓到，或告知實情，場面都很難看。我很快就發現，坦白從寬不是什麼好辦法。男同志朋友建議我，我該直接說出我的欲望，例如：「我真的很喜歡和你在一起，但我想要開放式關係」或「我很喜歡你，但我很難保持一對一關係」。我的男同志朋友那麼做沒問題（如同研究男同志的專家指出[11]，以現代的專有名詞來講，許多同性戀伴侶處於「各方都同意的非一對一關係」〔consensually non-monogamous〕），但如果是我那麼做，男方則會感到受傷。那是人之常情，要是角色對調，男友告知他想劈腿，我也無法接受。每次我誠實說出想法，當時的男友就會口出惡言，做出報復行為——罵我是賤人，或傷心地掉頭離去。我懂他們的心情。我承受不了讓別人心碎的罪惡感，也忍受不了被批判的不舒服，感覺自己做了壞事，是一個壞人。雖然我希望多交一些異性朋友，無法盡到長久對同一個男人保持興趣的道義責任，但我自己也不想碰到花花公子。我是偽君子，想腳踏多條船，但不希望另一半也那麼做。我認識一位美麗大方的聰明女性[12]，即將逼近四十歲大關的她告訴我：「我不想和花花公子交往，自己卻想要遊戲人間。」當然，她下一句話是譴責自己：「我這個人是怎麼一回事!?」此外，這位朋友也哀嘆到現在還單身無子，認為問題出在自己「心性不定」。對她來講，心定下來的意思，就是「一對一關係」。這位朋友沒信教，也不是什麼政治保守黨人士，但她認為自己將下場悲慘，一切都是花心帶來的報應。有誰不會這樣想？

如同我這位朋友，以及我訪問過的許多女性，我學到腳踏多條船這種事，不能太直接，不問、不說。我盡量不說謊找藉口。我也曾有心跳加速、差點穿幫的時刻。有一陣子，我決定乾脆不談戀愛，因為不論是努力忠實，或是允許自己不忠實，壓力都很大。我深信自己一定哪裡有問題：明明是理想和現實上都相當適合我的年輕男性，怎麼可能我愈認識他們、兩人的關係愈親密後，我就愈不想要和他們在一起？眾所皆知，女性想要親密感，也想得到承諾。

此外，我交過的好幾任男友本身也偷吃過，我為此深感受傷，不過我並沒有深入探討他們為什麼會那麼做，因為花心本來就是男人的天性，不是嗎？

過去十幾年，我投入工作，交朋友，談戀愛，上床。想著有一天我會長大，我的「瘋狂」性欲終究會消失。我的「非一對一關係」衝動，可能只是二十歲的人原本就會碰上的發展階段。一旦邁入三十歲，事情就會改變。我會冷靜下來，弄清楚一切是怎麼一回事，人生將變得簡單。然而，當我真的三十歲後，事情還是一樣。走入一段長期關係時，一、兩年內就會失去性致，覺得那段關係行不通——我在乎性，我得放手，或是另尋刺激。沒男友時，我也會找人上床。我覺得自己不正常，因為人人都曉得，男人的性需求多過女人。

然而漸漸地，我發現其他女性也有相同的內心掙扎。我和我的女性朋友現在有一定年紀了，比較了解世事，也比較敢談論這件事。即便是不會真的跑去跟伴侶以外的人上床的朋友，她們其實也不忠實，至少在姊妹淘眼裡如此，因為我們會幻想別的男人，甚至對女性抱有幻想。罪惡感令我們煎熬。有些朋友最後還是出軌了。我們全都在和男友交往一、兩年後感到無聊，但能怎麼辦？劈腿是一件很麻煩的事，還會被罵到狗血淋頭，但每當我們想到或真的和新伴侶在一起，考慮嘗試以前沒做過的事，隨之而來的激情與興奮感，都令人值得冒險，有時甚至覺得**不那麼做不行**。

為什麼會這樣？要是知道答案就好了。依據靈長類學家與演化生物學家莎拉．布拉弗．赫迪（Sarah Blaffer Hrdy）的說法，我和姊妹淘碰上的左右為難，常見於活在農業陰影下的雙足、半持續發情的高階雌性靈長類動物[13]。我們的年齡不是重點，我們的**性別**才是。這個社會告訴我們關於女性許許多多的事，然而實情卻和那些說法相反：許多女性渴望體驗充滿變化與新鮮感的性愛，覺得維持一夫一妻的關係很痛苦，背後的**原因**其實是由於我們是**女性**。從一方面來看，我們演化出高度適應環境的性欲與衝動。頻繁處於特殊生態環境時[14]，雜交是聰明的生殖策略。雌性的早期原人（hominin）或現代人類（human），藉此增加靠高品質精子懷孕的機率，增加孕期與產後會有多名男性願意幫忙、提供母子食物的可能性。另一方面，那個淵遠流長的演化傾向，今日造成我們與文化的衝突。即便是在這個「後第二波女性主義」的年代，我們的文化一直告訴我們，女性天生就會慎選孩子的爸。女人生性害羞，在性事方面扮演被動角色，只會跟一個男人在一起。男人性欲強，女人則會停看聽，對吧？

我大約在三十五歲時鬆了一口氣，因為我找到了身體上與情感上都能滿足我的人，有辦法想像和這個人定下來，一起生兒育女，共度一生。我能對這個人忠實。我的大腦暫時不再嚷嚷著：「我需要性」。我一下子就懷孕，孩子出生後，育兒的辛苦讓我精疲力竭。等孩子從嬰兒時期到會走路、上幼稚園，接著我又懷孕了，重新再來一遍一模一樣耗神費力的過程。不過，等當媽最辛苦的時期過去，不用再餵奶、晚上不再沒得睡，我又變回原來的自己，再度成為自由支配身心的成人。我發現雖然自己左手戴著婚戒，事情卻未產生太大變化。謝天謝地，我和先生的性生活又回來了，我們頻繁地滾床單，我享受這一切。然而為什麼，為什麼在我心中，我依舊對自己沒信心？我有說不出口的幻想，也有比談情說愛還要限制級的露骨白日夢。我和以前一樣，還是愛看詳細描寫性愛的小說與電影，甚至又更走火入魔。此外，我迷戀不恰當的對象，像是已婚的男人、太年輕的小鮮肉、過老的熟男。此外，女性也令我心動，即便我確定自己不是同性戀，甚至也不是雙性戀。**天底下怎麼會有我這種老婆和媽媽？**

我現在有年紀了，而我的作家工作能讓我從專業的角度，研究自己感興趣的主題。我向治療師討教，詢問心胸開放的媽媽友人與專家，再度從人類學與靈長類學尋找靈感，尤其是女性人類學家的研究。此外，我閱讀了由女性研究者所主持的、具顛覆性的新型性研究。**從性的角度來看，什麼樣的女性叫正常？為什麼對伴侶忠實這麼難？**

我列出的問題清單很長很長。我想知道：什麼樣的女性會出軌？為什麼她們會這麼做？

女性的出軌動機是否不同於男性？真正出軌的人和只是想想的人，哪些地方不同？出軌的女性有什麼樣的心路歷程，她們如何自處？為什麼整個社會這樣看待出軌的女性，像在獵巫一樣，覺得應該制止她們、矯正她們、懲罰她們，一定得**處置**她們？最後，我想知道，出軌的女性可以從各領域帶來哪些重要啟示，包括女性的渴望與欲望、「不誠實」的女性不見容於社會的現象、配偶制度與承諾的未來。

此外，已經脫離青春時代的我，也想知道今日的年輕女性碰上哪些變化，以及相關改變如何影響著年齡層、社經背景、身分各異的女性生活。在我寫這段話的同時，與我們切身相關的世界，正在產生變化。#MeToo運動，以及它所掀起的反彈，讓我們以即時的方式，感受到討論女性性自主的風險有多高。在本書寫作的當下，媒體持續替#MeToo運動定調，把相關人士簡單分成兩類人：一方是扮演受害者與控訴者的女性（她們的確是），一方是有罪（他們有的是）或被誣陷的男性。然而，這種過於簡單的二分法，未能討論我認為女性說出的#MeToo故事中最重要的面向：男性再也不能透過言語或行動告訴女性，只有男性擁有性的主控權。哈維・溫斯坦（Harvey Weinstein，譯註：美國的電影大亨，二〇一七年起陸續被多名女性指控長期性侵與性騷擾）、麥特・勞爾（Matt Lauer，譯註：美國著名電視主持人，涉嫌性侵與性騷擾電視台員工）、查理・羅斯（Charlie Rose，譯註：美國資深節目主持人，長期騷擾女性工作人員）這樣的男性，他們讓我們看到「女性是花瓶，是男性玩物」的社會生態，他們以權力關係奪去女性的力量，男性主宰著女性的命運。在此同時，態度不尊重、或者認為女性同不同意只是小事的男性，投射出一種世界觀：取得女性同意是不必要的，是麻煩的障礙。在這樣的心態下，女性欲望只不過是助興劑，真正的重點是男人要什麼。這些男性的所作所為，剝奪了女性的情欲自主權（sexual agency）。#MeToo運動不同。它對上述心態做出回應：「我不是你性欲的延伸。」現在，運動的下一波浪潮是女性說：「你再也不能性騷擾我、不能性侵我、不能不照規矩來，一切必須先取得我的同意；因為我拒絕接受你在做那種事時告訴我的話——性是只有男人可以要求的東西，女人不行。我有我自己的性欲，要不要是我的事。」在本書寫作的當下，女性說出這樣的宣言仍太危險，也太複雜。如果有女人跳出來，挑戰媒體過於任意與簡化的分類、挑釁媒體說的話，將發生什麼事？目前最好還是不要輕舉妄動，躲在熟悉的大型保護網之下：男人要性，女人不要。

不少人擔心，#MeToo運動把女性講得像是「嬌弱的受害者」，抱怨求愛還要先取得同意，一點都不浪漫，扼殺了調情的樂趣。某種程度上，#MeToo運動也剝奪了女性的欲望與主動權。然而，我認為恰恰相反。我們開始思考以女性為中心的性與性欲，聚焦於女性的欲望、歡愉與自主權。也許在未來幾個月或幾年，#MeToo與「到此為止運動」（#TimesUp）將替新的現實開闢出文化空間：女性的性權力（female sexual entitlement）。女性能否改變觀念，認為自己和男性一樣，天生有權、有欲望追求性探索帶來的刺激感、興奮感與樂趣？如果女性能夠做到這點，還有哪些事也會改變？以新觀點看待女性情欲，認為女性「天生」自主、自信、熱愛冒險，將如何改變社會秩序？縮小「性權力鴻溝」是什麼意思？從許多方面來看，蕩婦一直在等我們跟上她們。不論是好是壞，女性會偷情，通常是因為她們大膽，她們認為自己有權那麼做：有權尋求人際連結、有權被理解，以及沒錯，有權做愛。

社群媒體與科技最終可能帶動轉變。這並不代表所有的女性都將外遇，而由女性決定如何寫下自己的性生活，成為自身性故事的主角。從自拍到各種App，例如女性的交友軟體Bumble與Pure，讓你幾分鐘內，就能找到方圓百里內的性伴侶（Pure的廣告詞是：「問題留給治療師，要樂子就找Pure」[15]。風格大膽的官網上寫著：「事後你們可以假裝是陌生人——不會有電話簡訊騷擾，不會在公開場合相認」。性科技專家布麗歐妮．柯爾（Bryony Cole）[16]給了我一個驚人的女性使用者數字。）一名二十多歲的女性告訴我：「我有了iPhone後，整個人生都不一樣了。不必再等手機螢幕閃著簡訊，也不必等會被每個人看到的Facebook留言，或收到男友檢查並質問的推特訊息：『是誰按了你的推特愛心？』我可以用App，像是Snapchat、Instagram的私訊，和很久沒見的朋友重新搭上線，還能幫自己約炮。[17]」相關科技正在改變女人身處的性生態。舉例來說，前述這位年輕女性生活在人際關係緊密的多明尼加社區，男性鄰居會「嚴加看管」女性，但App讓男性難以抓到女性私底下的行為。此外，在這個數位時代，我們也得重新思考出軌的定義。發送性愛自拍照片算出軌嗎？調情簡訊呢？沒有肉體接觸的私密電郵呢？在不遠的未來，會不會也有女性使用的性愛機器人？我們想從性愛機器人身上得到什麼？使用性愛機器人算不算出軌？

另一個新概念，則是過去十年逐漸流行的「多重關係」運動（polyamory，譯註：亦有「多重伴侶」、「多邊戀」、「複數戀愛」等譯法）[18]。「多重關係」是指一次擁有一個以上的性伴侶，而且坦誠告知。如同早已存在的「開放式婚姻」與「交換伴侶」，「多重關係」是一種讓女性重獲自由的選項。然而，多重關係會不會造成舊事重演，引發過時的刻板印象，使當事人和歷史上「踰越分寸」的女性一樣，遭受相同的汙名，被當成蕩婦羞辱，施與人際暴力？有錢有勢的女性或名人[19]，就算同時與兩名男性有親密關係，也無傷大雅。據說英國女星蒂妲·史雲頓（Tilda Swinton）偶爾會和前伴侶與現任伴侶同居，但她否認自己處於「雙重關係」或「三人行」。然而，那收入普通的一般女性呢？非白人女性的性生活、性欲、性嗜好，長久以來遭受嚴格的審視與社會控制，那她們呢？多重關係是否也會改變非白人女性的人生？

此外，如果說一九八〇年至二〇〇〇年間出生的千禧世代，愈來愈認同「後二元」（post-binary），也就是不認同先前定義著我們生活的二元對立之間（包括異性戀VS.同性戀、男性VS.女性、忠實VS.不忠實），兩者間有所謂明確的區別；那麼「女性不忠」（female infidelity）究竟是什麼意思？我很訝異進行訪談時，許多二、三十歲的人士說自己是「非二元性別（non-binary，譯註：又譯性別酷兒，指超越傳統上區分為男性或女性的二元畫分）」。我對今日許多人抱持的信念印象深刻。

最後，本書會探討「女性的性向流動」（female sexual fluidity）。這個詞彙由心理學家麗莎．戴蒙德（Lisa Diamond）提出，用以描述許多女性會感受到不同於自身性取向的吸引，有時真的會採取行動，社會也愈來愈接受這種現象。《享受吧！一個人的旅行》（*Eat Pray Love*）的作者伊莉莎白．吉兒伯特（Elizabeth Gilbert）打破社會常規，為了最要好的女性朋友離開先生，恰巧符合女性以「具備彈性、超越我們目前使用的分類法去愛」的說法。女性的性向流動如何影響我們的婚姻、伴侶關係、外遇與友誼？女性要是發現，自己想和女人在一起的欲望，勝過想與先生相守，這樣算「出軌」嗎？

我在談過一場又一場的對話、讀過一篇又一篇的文章、見過一位又一位的專家後，拼湊女性與性自主是怎麼一回事，不再懷疑我自己、我的朋友、我訪談的對象，我們的性欲、幻想，以及偶爾付諸的行動，是否帶有病態的成分，或者過頭了。此外，我得到的新知，也挑戰著我心底深處未經探索的假設：世上是否有所謂的正確或最佳的配對或伴侶關係。我為了本書所訪問過的專家與參與者、我研究的文獻、我執行的田野調查、其他人與我分享的軼事，一切的一切，讓我對於女性拒絕接受單一性伴侶的方式與原因，或僅僅只是動過相關念頭，她們如何處理這件事，以及何謂「忠實」，有了全新的認識。

Chapter 1

Free Your Mind

大開眼界

我不確定究竟該以什麼樣的打扮，出席主題是「各方都同意的非一對一關係」（consensual non-monogamy）全天論文工作坊。

在那個曼哈頓的初春早晨，天氣一如往常糟透了，陰雨綿綿，一到戶外就發現氣溫比想像中寒冷。我參加的論文工作坊適合研究心理健康的專業人士，但也開放給一般民眾和像我這樣的好奇作家。只要你願意繳一百九十美元的費用，大門為你敞開。

我可能想太多了，穿什麼去都沒關係，但我依舊站在快爆掉的衣櫥前猶豫，思前想後。我有一股強烈的預感，我得穿上合適的衣服，但在探討多重關係的場合要「合宜」的話，又得有點叛逆才行。我突然感覺，這就像要自己一生一世從一而終一樣。你想做該做的事，但又有一點小小的反抗心理。我瞪著滿坑滿谷的上衣、褲子、洋裝，想著我們為了一對一關係所帶來的安全感，做出大大小小的妥協，其中最大的犧牲，就是全然放棄令人目眩神迷的性自主權，把自決權拱手讓出。我必須澆熄心中的部分欲念，不能再去想別人，藉此交換生兒育女的權利，晚上能安心睡覺，不必擔心我們倆不在一起時，你，我的唯一，我生命中唯一的他者，究竟跑去做了什麼。這個難題是佛洛伊德（Freud）在《文明與缺憾》（*Civilization and Its Discontents*）[20]叨叨絮絮探討的主題，也是其他多數談論「終身伴侶」主題著作的主軸：你要放棄或控制性欲，以交換穩定的人生。我們假設這是達成某種人格發展必須習得的事，代表成熟與健康；而女性又更容易做到這點，因為她們「天生」擁有較少性欲。

是否有可能不必妥協，不必遵守此類妥協暗藏的性別與欲望假設？或許在今天的工作坊，我能從試圖避開妥協的人身上，學到一些新東西。我想像那些刻意不遵守一夫一妻制的人，以及支持他們這麼做的人：他們是忍者，穿著性感的黑色連身衣，戴著飛行員那種太陽眼鏡，行動隱祕，善於自保，靈活行走於世上。

我最後選擇了花上衣、紅外套、黑色牛仔褲，出門前又補上亮紅色口紅，因為今天是週五，而且工作坊主題是「各方都同意的非一對一關係」（consensual non-monogamy），即便我每次跟別人提到這件事時，都不小心講成：「非自願的一對一關係」（non-consensual monogamy）。

每次聊天時，要是我口誤講反了，某位心理分析師朋友都會開玩笑：「你剛才不小心透露很多心聲。」這位朋友有太多案主要看，沒辦法一起參加這次的工作坊。另一位精神科醫師朋友，也因工作太多而無法參加，當天早上傳了簡訊給我：「替我邂逅很多陌生人！」我將和接觸多重伴侶關係與性成癮的專業人士共聚一堂。當我告訴出版經紀人今天的任務，他作勢同情我先生：「可憐的約珥（Joel）。」過去幾個月的經驗讓我發現，我要是跟別人提到出軌、濫交、非專一關係，或是任何與拒絕性專一有關的名詞，大家要不是想入非非，就是驚慌失措。

此外，我在不斷地明察暗訪、以及自身經歷中，發現「女人有可能外遇」這點，今日依舊會激怒人們、使人血壓上升，引發各式各樣的跳腳反應。對社會保守派來講，女性外遇是一種徵兆，顯示社會病了，墮落腐化、道德淪喪；原因是人們普遍認為花心是男人的特權，只有男性能在性方面為所欲為，要是連女人都這樣，問題就大了。（我某次寫了一篇講女性情欲的文章，結果一位自稱是「傳統媒體人士」的讀者寫信告訴我：「這位女士，你可真是墮落又可悲。西方為什麼會衰退，原因很清楚了，你只要照照鏡子就能明白原因。」）如果是進步主義者，尤其是自認「性積極」（sex positive，譯註：認為性應該由成年人自行自由掌控）的人士，應當能容忍、甚至讚揚女性的性自主。然而，在性積極人士的世界，外遇的女性依舊被輕視、被講不好聽的話（堅持痛恨希拉蕊〔Hillary〕的網路酸民同溫層中，同時有民主黨桑德斯〔Sanders〕與共和黨川普〔Trump〕的支持者〔譯註：三人皆於二〇一六年角逐美國總統大位〕，顯示整體而言，左派會被女性自主概念激怒的程度，其實跟右派沒什麼分別）。此外，也有許多人認為，透明誠實為上策，支持「揭露的非一對一關係」，不論欺騙的人是男性或女性皆不道德。然而，層層疊疊的歷史淵源與意識型態加在一起後，很難找到一塊女性可以理直氣壯擁有不同性伴侶的淨土，一定得用某種布遮著，偷偷做、說點謊，即便特別開明的人士也一樣。我發現每個人似乎都對拒絕堅守性專一的女性有話要說、有權批評，不管這名女性是明著來或暗著來都一樣。

我要是在雞尾酒派對上，提起自己研究的主題，總會碰上尷尬的時刻。很多人想問我關於女性外遇的事，但他們激烈的態度，通常會讓話題接不下去。經歷幾次不舒服的聊天後，我決定乾脆告訴別人，這次的書寫主題是「女性自主」。女性會出軌的事實令人坐立難安，只講出一半的實話似乎比較禮貌，畢竟有的人可能不想討論這種事。此外，人們因為聯想到個人經驗，當我用了「我」這個字，他們會把自身的憤怒或批判加諸在我身上。不只一名男性陰沉地告訴我：「有些男人是被背叛的那一個」，好像我應該就此改成探討鄉村方塊舞一樣。我因而對自己真正研究的主題含糊其辭。某位同事，平常我都能直話直說，告訴他我在寫什麼，也信任他給的意見；然而這一次，那位同事從對面的辦公桌看過來，告訴我：「我認識一位精神科醫師，他說所有會出軌的女人，腦袋都有問題。」某次吃晚飯時，我問某位伴侶治療師對非專一關係有什麼看法，想不到前一刻都還風度翩翩的他竟結結巴巴：「那種人，他們，他們⋯⋯**生病了！**」同桌的其他人，都是讀過很多書、深入思考世事、貼心與同理心強的人，卻也紛紛贊同，「疾病」與「精神不穩定」兩個詞彙此起彼落。一名女性好心地告訴我：「他研究的是健康的民眾，而你的主題是不健康的人。」彷彿那句話就是事實。我要是和女性朋友提起自己的研究，不管交情熟不熟，通常都會提到強制性的專一關係是女性議題，女性要是缺乏性自主，就不可能擁有真正的女性自主。我的女性朋友對此反應不一，有的興奮附和；有的一頭霧水（一夫一妻與出軌，究竟關女性主義什麼事？）；有的開始譴責出軌女性，痛罵她們「有問題」、「自私」、「破麻」。我覺得最妙的是罵她們「壞媽媽」，而說出這些話的人，自稱是女性主義者。

不過，當我提到正在研究的主題，目前最常碰到的反應是：「**你**怎麼會想研究**那種事**？」和「你**先生**怎麼想？」人們問這兩句話時，語氣從極度好奇到譴責都有，言下之意很清楚：光是研究女性外遇，我就成了賤女人的代言人。

不過我想，今天參加工作坊的人，他們會不一樣。

在紐約西中城與雀兒喜（Chelsea）之間的不知名地帶，有一間外表不起眼的家庭服務中心，正在舉辦「協助非一對一關係伴侶」的活動（我後來得知，那一帶過去被稱為「腰內區」〔Tenderloin〕[21]，十九世紀末、二十世紀初是曼哈頓的娛樂區與紅燈區[22]。街上曾是成排的妓院。社會改革人士稱那一帶為「撒旦的圓環」〔Satan's Circus〕與「現代蛾摩拉」〔modern Gomorrah，譯註：聖經中的罪惡之城〕）[23]。家庭服務中心建築旁，有一間壽司餐廳、一間皮包批發商。大約在一年前，我參加過同系列的演講：〈紐約市的性治療〉（Sex Therapy in the City），聽眾大多是治療師，他們參加活動是為了累積進修學分，順便聆聽同領域的專家如何解決他們執業時可能也會碰上的議題。我本人對「各方都同意的非一對一關係」，也有一點小小的了解，我知道那是不想遵守單一伴侶制、又不想說謊的人採取的做法，理論上是「能決定自身性行為的成人」（consenting adult）所做的事。這種說法聽起來有點性感，但也有點掃興，像是臨床醫學名詞。

我向活動負責人麥可・莫蘭（Michael Moran）報到。莫蘭是友善的心理治療師，活力充沛，頂著時髦的灰白色短髮。他提到自己前幾年主要輔導男同志。對男同性戀而言，非專一關係「通常是一種默契」。不過，近日異性戀伴侶來看診的人數也微幅增加，希望解決**他們的**一夫一妻困境。

我以閒聊的口氣提到：「真是很不可思議，人們承諾相守一生，然後根本沒**討論**過性專一這件事，就結婚了。」話一說出口，我突然想到自己也一樣。我和先生承諾一輩子在一起，根本沒**討論**過以後不能和彼此以外的人上床，就結了婚。在美國大部分的地區，對異性戀來講，「單一伴侶」與「婚姻」是天生一對，就像馬和馬車分不開一樣，至少從前如此。然而，現在我不太確定了，如今我做過好幾個月的研究與訪談，還看到《紐約時報雜誌》（*New York Times Magazine*）有了這樣的封面標題：〈開放性婚姻是否帶來較為快樂的婚姻？〉（Is an

Open Marriage a Happier Marriage?）[24]。我參加過「裙襬俱樂部」（Skirt Club）的派對，看見宣稱自己是異性戀、通常已和男性結婚的女性，和其他女人有一夜情。此外，我在「開放愛」（Open Love）的雞尾酒派對上聊天，參加其他同樣替多重關係社群人士舉辦的活動。事情正在改變，但很難評估相關改變帶來多少影響，也無從得知改變的速度究竟有多快、多全面，因為到處都是自相矛盾的跡象。以影視圈為例，探討非專一關係的影集如雨後春筍般大量出現，例如：Showtime電視網的《多重伴侶：已婚與約會人士》（*Polyamory: Married and Dating*）；TLC頻道的《我的妻子們是好姊妹》（*Sister Wives*，介紹娶了四名妻子的一夫多妻宗教長老）；HBO的《情牽你我她》（*You Me Her*）；網路劇《獨角獸樂園》（*Unicornland*，講紐約市一名離婚的年輕女性，探索自己的關係選項，對象是多對夫婦）。然而，也有前提完全相反的節目，像播出十七季的熱門節目《偷吃者》（*Cheaters*）。這個節目的主軸簡單易懂，是抓姦版的《隱藏攝影機》（*Candid Camera*，譯註：惡作劇節目，用隱藏攝影機偷拍民眾的反應）：「派出監視小隊，跟蹤可能出軌的另一半，蒐集有罪的影像證據[25]。檢視完證據後，被背叛的一方可以選擇和不忠實的伴侶對質。」各種電視節目形成鮮明的對比，顯示我們的國家很矛盾。一方面，我們努力重新定義「忠實」；另一方面，我們又和以往一樣，重視維持社會秩序，強調「忠實」的重要性。

隨便走進一家書店，看一看「關係」那一區的書架，就會發現有些事的確正在發生。《教我如何原諒你》（*How Can I Forgive You?*）、《走過外遇》（*Getting Past the Affair*）、《好人外遇時》（*When Good People Have Affairs*，這個書名顯示，我們一般認為外遇的人不是好人）、《克服被背叛後的壓力症候群》（*Transcending Post-Infidelity Stress Disorder*）等讀物長期熱賣，但近日也出現提供不同說法的書籍，談到一夫一妻制與背叛時，不再採取美國人一直以來習慣的「全心付出／終極背叛」敘事手法。這類的書也很熱門，例如崔斯坦．桃爾米娜（Tristan Taormino）的《愛的開放式：給想探索開放式關係伴侶們的全方位指南》（*Opening up: A Guide to Creating and Sustaining Open Relationships*）[26]也是長銷作品。《道德浪女》（*The Ethical Slut*）[27]也同樣熱銷，這本指南引導希望在一夫一妻制外還能有性愛的女性，如何採取有原則的做法，甚至是以品德高尚的方式（我所有離婚的女性朋友與二十歲世代的朋友，似乎都在讀這本書）。塔米．尼爾森（Tammy Nelson）是為性專一所苦的人士追隨的教主，她的《新一夫一妻制》（*The New Monogamy*）[28]聰明地將一夫一妻制，重新定義成困難的**實踐練習**，就像瑜伽一樣，需要盡心盡力去做。此外，尼爾森建議我們把一夫一妻制，想成一個情節有分輕重的光譜，從「你不能看A片，因為那是背叛」[29]，到「你可以和別人上床，但必須把我們的關係擺第一」。埃絲特．沛瑞爾（Esther Perel）的《情欲徒刑》（*Mating in Captivity*）與《第三者的誕生》（*The State of Affairs*）[30]，以及心理分析師蜜雪兒．山克曼（Michele Scheinkman）與史蒂芬．米契兒（Stephen Mitchell）的作品，全都挑戰我們認為另一半可以是／應該是我們的全世界的看法——一起養育子女、陪伴我們，是我們能吐露心事的密友，也是性伴侶。山克曼建議，萬一無法擁有這種「全方位」的伴侶，不必認定自己婚姻失敗，可以考慮採行歐洲與拉丁美洲的「部分模式」（segmented model）[31]，意思是接受婚姻可以滿足某些需求，但不一定能滿足所有需求。在這樣的情境下，有時外遇與婚姻分屬不同的領域，此時外遇比較可能被視為「個人行為」，而不是「病態行為」。山克曼批評美國五十州對外遇這件事，經常採取「不能有祕密的教條式政策」（dogmatic no secrets policy）[32]。我們進行婚姻治療時，也以這樣的原則，試圖讓伴侶回歸正軌。

公開出櫃的性愛與關係顧問丹・薩維奇（Dan Savage），毫不留情地批評美國假道德，強迫遵守專一關係制度。美國近日出現思維轉向，認為或許該重新思考「終身性專一」的概念，薩維奇於是提出「類單一伴侶」（monogamish）一詞[33]，意思是忠誠於單一伴侶，但偶爾可以和別人上床。薩維奇主張，堅守單一伴侶不容易做到，我們需要其他選項。而男同性戀替異性戀「仕紳化」（gentrify，譯註：改造與裝修房屋，重新打造舊社區，吸引高收入人士搬入，促成地區再生）一夫一妻制，發展出經過調整的非專一關係，有點像是男同志在紐約上西城（Upper West Side，譯註：紐約的藝文活動集中地）與整個舊金山所做的事。然而，單一配偶制所蓋的房子，究竟有多少被「裝修」過？二〇〇〇年時專家指出，美國同居與已婚成人的全國性代表樣本中，約九五％期待伴侶遵守單一配偶制，也認為伴侶對自己有相同的期待[34]。二〇一四年時，澳洲研究人員提出幾乎完全相同的統計數據[35]。深入研究出軌的社會學家沃克指出，儘管社會群體內的性觀念出現變化，「研究與民意調查得出的結果，美國人通常不贊同出於任何原因的出軌……不接受出軌的文化十分強大，沒人會願意承認自己被背叛，也不會在公開場合表示，我們其實不認為出軌真有那麼糟」[36]。薩維奇的「類單一伴侶」街區走在時代尖端，令人興奮，那裡是否有一天將出現星巴克（Starbucks）與Bugaboo牌的高級嬰兒車？

我的腦袋冒出各種念頭。朝市中心前進的路上，出於不知名的原因，我決定在參加工作坊前，取下結婚戒指，把它塞進牛仔褲前面的口袋。莫蘭在現場開始幫與會者辦理簽到手續，我和數十位治療師，一起在擺著咖啡、茶、柳丁的桌旁走來走去，褲袋裡的婚戒一直刺到臀部，讓我意識到它的存在。今天邀請的演講貴賓馬克．寇普（Mark Kaupp）坐在會場前方。寇普是領有執照的婚姻與家庭治療師（LMFT, licensed marital and family therapist），我向前自我介紹，他跳起來和我握手，我們聊了聊彼此的工作，他不停點頭，露出親切的微笑。寇普在加州長大，身材瘦高，個性溫和。我得知他在聖地牙哥州立大學（San Diego State University）教碩博士生的伴侶治療課程，還開了生意興隆的私人診所。寇普今天穿著亮藍色的短袖格子衫、灰色卡其褲、運動鞋，腳掌一直踮來踮去，整個人散發著一股禮貌、極興奮的熱忱，令我想起從小到大身邊遇過的美國中西部人——如果他們把精力用在支持「三人行」或「四人行」，以可能持續一生的方式，在情感上、愛情上、性事上投入超過兩人以上的伴侶組合，就會變成寇普的樣子。

寇普在大家入座後開始演講。我發現他和我爸一樣，經常稱女人為「姑娘」（gal），還把「天啊」（gosh）掛在嘴邊，不過他的演講內容，完全不是我爸會講的話。寇普表示：「之前有一個姑娘打電話給我，問我能否接受治療『有自己生活方式的人』（lifestyle）……她的意思是指自由性愛者（swinger）。我回答當然沒問題！」寇普告訴聽眾：「我的辦公室只擺我家狗的照片，診療時間也不戴婚戒，因為我不希望案主被我個人的選擇影響。到了某個時間點後，我終於**無法再忍受**不能參與同志天體營，只因可能碰上現在或以前的案主。」寇普說話的語氣實事求是，你會不自覺點頭認同，好似你也有選擇，你**無法再忍受**自己設下的限制。寇普熱情、具說服力，還有一股親切、帶點好玩的特質——或許是他的身高給人的印象吧，再加上他很謙虛、很容易咯咯笑；不過他其實擁有豐富的臨床經驗，以令人敬佩的精神，投入籠罩在迷霧中、受許多心理從業人員誤解的婚姻與家庭治療領域。寇普是專家中的專家，被請去教老師的老師。

寇普擁有「情緒取向治療」（Emotionally Focused Therapy, EFT）執照。此心理治療的分支，由著有超級暢銷書《抱緊我》（*Hold Me Tight*）[37]的蘇珊．強森博士（Sue Johnson）開創。「情緒取向治療」的目標是協助接受治療的伴侶，在彼此身上建立健康、安全的情感依附（emotional attachment）。據說如此一來不但可以改善親密關係，還能治癒我們自己。強森博士認為，單一配偶制可以強化健康的依附，非一對一關係則會破壞。對寇普來講，事情比較複雜，因為他雖然高度崇敬強森博士，卻選擇大力支持非性專一人士；即使令人感覺容易親近，卻也經常語出驚人。今天的演講中，他也立刻拋出震撼彈。

寇普告訴我們：「大多數的治療師會告訴你，和『各方都同意的非一對一關係』伴侶合作，根本徒勞無功。非一對一關係行不通，你會失敗！」寇普用力揮舞著雙手，模仿國內許多臨床醫師的看法，台下大概也有不少人屬於那一派。寇普指出，順利擁有非一對一關係的人，大概也不會跑來向治療師求助，也因此他認為治療師應該踏出同溫層，到別的地方了解真實的情況，拓展觀點，尤其是非一對一關係的圈子。常見的狀況是，唯有病患碰上危機了，治療師才會見到非一對一關係的病患。治療師的觀點因此受到扭曲，採取不必要的負面觀點。寇普堅持強調：「非一對一關係**有辦法**行得通。」

坐我後面一位外表時髦的捲髮治療師低聲說：「我實在不覺得行得通。」

寇普向我們解說「各方都同意的非一對一關係」（consensual non-monogamy）定義，他表示那是一個概括性的術語，底下包含多種關係，但所有的當事人伴侶都同意，與他人談戀愛或上床是可接受的行為，與專家所說的「非揭露性的非一對一關係」（undisclosed non-monogamy）或「未取得同意的非一對一關係」（non-consensual non-monogamy）相反：有人在外頭發展，但沒有事先告訴伴侶或一起討論。寇普提到他曾在「聖地牙哥LGBT社區中心」

（San Diego LGBT Community Center，譯註：LGBT為男同、女同、雙性戀、跨性別的縮寫），擔任男同志的出櫃團體催化員（group facilitator，譯註：負責帶出團體動力、促成團體教育或團體治療的領導者）。他介紹自己當時的經驗，討論他後來輔導處於開放式關係的男性案主。接下來，寇普說明他在「承諾」與「非專一關係」這方面的個人經驗，也談到他和伴侶目前正在實驗，在兩人的關係中加進所謂的「第三人」（Third），也就是他們雙方將一起展開一段關係的新伴侶。這個「第三人」實驗是寇普的點子，他告訴我們，就在今天主持工作坊的這個當下，他的伴侶與新人正在聖地牙哥了解彼此，他有點擔心，希望一切順利。聽到這裡，正用筆電打筆記的我，以全部大寫的字母打出：「**這個人為什麼現在還能專心演講!?**」

寇普要我們三到四人一組，於是我轉身和後排的兩位女士一組。其中一人看起來很不想待在這裡，一直盯著手機。另一個人是剛才那個捲髮、覺得非專一關係行不通的人。我們閒聊了一下，發現我不但認識她的伴侶，我們倆家中也都有十幾歲的孩子。寇普用投影機放出一張投影片，我伸長脖子看上頭的字，一共有四點，每一點都以問號結尾：

看見自己的伴侶／配偶與他人做愛，而且看起來很享受的樣子……那會是什麼場面？

你有什麼感覺？

那兩個人享受性愛，對你來說代表什麼意義？

我轉頭回到我的小組，三人都沉默，大眼瞪小眼。我回想過往的經驗，以前我要是有機會和新對象上床，那有如某種人際關係的非洲塞倫蓋提（Serengeti）動物大遷徙，前方有滿坑滿谷的大量動物可供選擇，有著無窮可能性，但也帶有潛在的危險，我會感到心中一陣興奮。接著我又想起，平日交稿時間迫在眉睫時，洗碗機卻壞了，又接到老師打來的電話，說兒子在學校出問題，這種時候我真想跪下去。我想像一天之中發生了那麼多事，晚上又看見老公在跟別人上床。

「你先請。」剛才說非專一關係不可能成功的捲髮女士，我讓她先發言。

我們這組有三個人，但比較像只有兩個人，因為另一個人不太想參加的樣子。寇普要我們討論的主題，顯然讓她坐立難安。我和捲髮女士決定，既然我們的「第三人」躊躇不前（我實在忍不住那樣想，在心中放聲大笑），我們就先開始了。我們的討論結果是，如果看著自己的伴侶和別人上床，而且伴侶還一副很享受的樣子，我們會感到嫉妒、「性」奮、受傷、憤怒、好奇、激動、難過等情緒。我們可能把這件事解釋成：我不夠好、他／她對我感到厭煩了、我或我們的關係有問題、人本來就喜新厭舊，跟我這個人好不好沒關係。萬一我們的伴侶愛上這個第三者，我們會感到困惑、悲傷、受到威脅、天崩地裂。我又另外加上我可能還會想殺人。（剛開始研究這次的新主題時，我先生用天塌下來也沒關係的口吻告訴我：「萬一有必要的話，你就去外遇沒關係，反正是做研究嘛。」他比我認識的大多數人都還要有自信，穩若泰山，這方面他比我強很多。我立刻嚴厲警告他：「如果你想藉機出去鬼混，**想得美**。」）

寇普詢問每一組的討論結果，我率先發言。寇普專心聆聽，抓到關鍵字，我說覺得想殺人，但也被挑起性欲。寇普解釋，嫉妒使人感覺一把刀插在心上、腹部遭受重擊。與嫉妒情緒相反的則是「別人開心，你也開心」（compersion）——見到伴侶享受和你之外的人上床，你感到興奮。我們與新伴侶展開關係時，在最初的階段，可能會感受到「新關係的新鮮感」（NRE，new relationship energy）——與他人在性愛與情感方面產生連結時，大腦湧出的強烈感受、荷爾蒙與神經化學變化。我們會感到飄飄然，充滿希望，熱情洋溢。這種現象也被稱為「深戀感」（limerence），我覺得很有趣，因為英文發音和「五行打油詩」（limerick）很像，但它真正的意思是，你會想和新伴侶待在一起，好好交流感受，有時甚至到了奮不顧身也要在一起的程度。此外，另一個需要知道的縮寫是「CNM」，因為一直反覆講「各方都同意的非一對一關係」（consensual non-monogamy），實在太拗口。

在場人士紛紛提出其他看法、觀察與問題。一名男士提到：「那個人的性別，我想知道第三者的性別會如何改變事情。」不曉得為什麼，我覺得那位男士是直的。我猜他的意思是說，看見妻子和別的男人上床，不同於看見妻子和別的女人上床，不過開口問這些好像不太禮貌。

一名治療師提出：「有這種三人行行為的人，有可能重演原生家庭的情形。」

一位帶歐洲口音的男士想知道：「這是否與公平有關？」

看來沒人想說出碰上這種事會讓自己有什麼感受，只想談高深的治療理論，我覺得在這群心理健康專家之中矮人一截，這裡不是我該來的地方，我就像目瞪口呆望著紐約摩天樓的觀光客。

研討會一下子陷入沉默，寇普耐心等待。

最後，終於有一位深色頭髮的女治療師脫口而出：「事情會很美好，也或許會一團糟。」

大家不自在地笑了一下，寇普點頭。

寇普不打算放過我們，要我們再做另一個練習：「如果你和你的伴侶決定要往外發展，請定出幾條你希望當事人遵守的規則或原則。」

我們繼續和原本的組員討論。我提議的規定是：「第三者不能是我們認識的人，而且週末不能見面。」我突然想要保護我擁有的友誼，而且週六與週日是神聖的日子，我假想中非一對一關係的丈夫，必須把那兩天留給我。我這組的第三人組員點頭，雙手交叉胸前。捲髮組員以不容商量的口吻表示：「只要我要求，你就必須結束外面那段關係。」哇，**我**剛才怎麼沒想到那點？她真是太有先見之明。

接著各組分享自己提出的規定。

「保持良好的口腔與生殖器衛生。」

「不能留下紀錄，不能拍照，社群媒體上不准放任何東西。」

「不能留下抓痕或種草莓。」

「只能有插入式性行為，不准含情脈脈看著彼此或接吻。」

「可以有性行為，但不能有性高潮。」

「如果我們有孩子，不准讓社區裡的人知道我們這種生活方式。」

「只能見這個人三次。」

「只准見這個人一次，然後就要另外找人。」

「不准跟這個人講我的事，或我們的關係。」

「事後你得回家向我報告。」

「你跟別人上完床，也得跟我上床。」

「你跟別人上完床，不准跟我上床。」

「完事後別告訴我。」

好像差不多了。寇普問，還有沒有覺得應該定下的其他規定，大家想了一下。

一名六十幾歲的女士是冷面笑匠，提出：「記得帶戰利品回家，像是內褲什麼的。」

坐冷面笑匠旁邊的男士說：「不准讓外面那個人，認識我們家的狗。」

寇普立刻點出，究竟是什麼條件，讓我們在這個想像的情境中感覺握有主控權——在各方都同意與知情的前提下，我們或我們的人生伴侶另有他人。

寇普表示：「在這類狀況下，約法三章很少能帶來足夠的安全感。我們怎麼可能事先預見所有的可能性？試圖掌控的結果，反而會帶來更多無力感。」寇普提到先前協助CNM伴侶的經驗，他把輔導的重點擺在當事人的「依附連結」（attachment bond），讓他們自行擬出規定，盡量不插手。寇普表示，按照經驗來看，「關係安全感」如果夠強，規定會隨時間變動，甚至取消。「我的工作是協助身處非專一關係的人士，當面臨不安或充滿恐懼時，讓他們回到**彼此身邊**。如此一來，壞事變好事。原本有可能弱化或摧毀關係的東西，反而會強化關係。」

寇普接著告訴大家，非專一關係有三種。三者之間可能有重疊之處，但分屬相當不同的族群。第一種，一群人採取「開放式關係」（open relationships），也就是伴侶同意你可以到外面發展，但他們可能不想談這件事，甚至不願知道。寇普表演摀住耳朵的手勢，簡單總結這種做法是：「你可以出去玩，但不要讓我聽到任何風聲。」第二種，「自由性愛者」（swinger）則是除了自己會和他人上床，也會「換妻」或「換夫」。這類型的人士會和伴侶討論自己做的事，也會討論兩個人要如何同時和其他夫婦換妻／換夫，或者各自行動。此外，他們會參加大會、遊艇活動、性愛俱樂部，與同好交流他們稱為「生活型態」（lifestyle）的性模式。我小時候看過一九七〇年代的《愛情，美國式》（*Love, American Style*）這齣戲，不曉得為什麼，聽到這裡，我忍不住想到節目片頭百花齊放的煙火。「自由性愛者」和「開放式關係」一樣，原始的兩人組合是「主要關係」（primary relationship），他們邀請他人進入兩人已存在的關係。關係的界線，雖然有時會受到影響，但或多或少是明確的，階層清楚：原本存在的配對連結（pair bond）是本壘板。

此外還有第三種，「多重關係」（polyamorous或poly）。寇普解釋，多重關係是指擁有數名戀愛／性夥伴／親密夥伴，所有的夥伴都完全知情且同意。多重關係人士認為，自己有能力愛一個以上的人，也有能力同時身處一段以上的關係。相較於自由性愛者，多重關係人士通常與夥伴尋求更深刻的情感連結，有時不獨厚任一連結或夥伴關係，有可能所有連結都是平等的。從生活安排與情感的角度來看，多重關係耗時又複雜，有時有口頭或書面的締約，由專精此類事務的律師與治療師擬約。此外，多重關係需要對話，也需要訂定基本原則，還需要大量的「說清楚」與「確認」[38]。如同寇普所言，「處於多重關係的人，通常每一件事都得弄得一清二楚才行！」雖然沒有精準的數據，多重關係人士，以及與多重關係人士合作、研究他們的專家，似乎同意多重關係通常由女性發起[39]。多重關係人士（我在心中稱他們為「多重人」〔poly peep〕）[40]大多會強調，自己的關係「不只」與性有關，情感元素和肉體元素一樣重要，甚至情感更為重要（我覺得真掃興。從這角度來看，就連通常由女性主導的多重關係運動，也和我們的文化一樣，堅持主張女人性需求較低）。

多重關係人士有可能以「三人行」（throuple或triad）的方式生活，也可能四人行（quad）、五人行以上。多重關係人士出發點良好、真誠、一切弄得清清楚楚，不過他們和寇普一樣，抛出了驚世駭俗的概念。他們所挑戰的概念，和美國國旗或上帝信仰一樣神聖。基本上，多重關係人士認為，人人有自由決定該怎麼做，然而他們破壞了異性戀兩人為「一對」（dyad）的觀念，也破壞了其他定義更廣的兩人組合。就連自由性愛者與處於開放性關係的人士，更別說工業化西方其他角落的每一個人，一般都強烈重視與相信「伴侶以兩人為單位」的概念（即便兩人該怎麼組，各地略有不同）。不少多重關係人士承認，其他人適合「兩人為一對」；然而他們認為，從現實的角度來看，那樣的概念除了過時，也是許多痛苦與不滿的根源：因為「兩人為一對」的做法，執行且宣揚了萬分守舊、侷限自由的思想，包括女人是男人的財產、人類「演化成」兩人配對等等。此外，人們認為拒絕性專一在道德上有罪，或者純粹不利於社會風氣。性愛不專一，是一種「誘人入門的毒藥」，將導致其他形式的墮落，破壞文化的根基。（我後來參加了另一場性研討會，現場一名年輕女性開玩笑：「老人要是死光，對性別平等與關係來講是天大的好消息。」）

非多重關係人士認為，愛就像井裡的水，總有一天不管再怎麼撈井底，井裡已經沒水——這是愛與欲望的「稀缺模式」（scarcity model）。多重關係人士則相信「富足模式」（bounty model）。多重關係的提倡者與教育者林米莎（Mischa Lin）[41]問我，要是生了兩個孩子，我們難道會說：「必須送走一個，因為我的心空間不夠大，無法容納兩個孩子」？交到新朋友時，難道我們就會和原本的朋友斷交，告訴他：「抱歉，我的精神與心力只夠分給一位朋友」？我們不會做那種事，而對多重關係人士而言，有足夠的證據顯示，只要有心，其實愛、性欲、感情幾乎取之不盡，用之不竭，不會有用光的那一天。

寇普表示，當人們打電話問他：「我們是多重關係，你能協助我們嗎？」他會回答：「當然，你們全部一起過來吧。」有時他的診所沙發會因此擠到快坐不下。

我在筆電上打出幾個字，全用英文大寫字母強調：「**勇敢或瘋狂？**」我在向多重關係人士提問，同時也問寇普。

中場休息過後，我回到中心。與會人員已經看了幾分鐘的治療影片，內容是寇普約一年前的某次三人行治療。影片中的男性，大約四十歲出頭，深色頭髮，坐在沙發上。他的左右兩邊，一邊坐著一個瘦高、深色頭髮的女人，另一邊坐著一個身材圓潤、面帶愁容的金髮女人。我的第一印象認為深色頭髮的女人是局外人，幾乎要替她感到難過。男人與金髮女人手牽著手，凝視著彼此的眼睛。深色頭髮的女人表示：「我希望我們的關係能夠生根、持久。我希望建立我們之間的連結，繼續保持開放的關係。」男人與金髮女依舊凝視著彼此，我感到他們兩人在深色頭髮的女人講個不停時，幾乎同步翻了白眼。深色頭髮的女人，把手擺在男人肩上，他只短暫瞄了她一眼。男人說出「我也不曉得事情是怎麼一回事」這句話時，我很想打他。

寇普問金髮女人，她感覺如何。

金髮女人表示：「我害怕再度被推開。我不懂你們兩個人究竟要什麼，我恐懼未來，不懂界線在哪裡，也不曉得我們希望三人的關係是什麼樣子。」

寇普停下影片，要大家發表心得與看法。一名治療師表示，她認為深色頭髮的女人很假。另一名治療師猜測，深色頭髮的女人發現，金髮女人靠著楚楚可憐得到男人的注意力；她也想學金髮女人裝脆弱，但裝不出來。我想舉手發言，說出我討厭那個男人左擁右抱，享齊人之福，兩個女人的注意力都放在他身上，但這種心得沒什麼意義，所以我沒出聲，反正也不重要。寇普似乎知道大家看完影片的感受。

寇普告訴我們，男人與深色頭髮的女人是已婚伴侶，他們兩人最後切斷與金髮女人的關係，金髮女人是三人行中的第三者。我在心中小小揮拳，慶祝成功，接著又希望金髮與深色頭髮的兩個女人，乾脆甩掉那個男的，兩人變成伴侶，這樣才公平。不過，坐在我前面有一位年輕漂亮的非裔美國人治療師，她的反應正好和我相反。她感嘆那對男女又回到一夫一妻制：「哎，真是令人沮喪的結局！」她支持三人行的概念，我則很難理解這種事。

工作坊上，氣氛激烈起來，愈來愈多人踴躍發言。寇普提醒大家：「冷靜，盡量不要摻雜個人情緒。」寇普沒有特別針對誰，不過他明智地建議在場所有治療師碰上類似的情境時，「最好收拾自己的情緒，想辦法喜歡案主，理解他們的遭遇。」

寇普告訴我們，以他的經驗來講，我們能給的東西，會隨我們的「依附安全感」起伏。我們的依附安全感愈少，感受到自己與所愛對象之間的連結就愈少，他人帶來的威脅感就愈強。我們的依附安全感愈多，能給的東西也就愈多，甚至不只給一個人，有可能給無數人。從這個意想不到的角度重新看待非一對一關係，就會發現把自己限制在兩人一組的性關係或浪漫關係，具有限制性。而其根源來自焦慮，多過道德或甚至是實務上的考量。

我想了想寇普的觀點後，可以理解在平行宇宙裡，可能有另一個我，那個我對於自己和丈夫的關係，夠有安全感，有辦法接受他和別人在一起。此外，我對於我們之間的相互依附（mutual attachment）夠有自信，我有辦法和別人做自己想做的事，又不會影響或破壞我的婚姻。寇普認為，「各方都同意的非一對一關係」是某種方法，可以讓人「不再說謊，以真誠的方式，開始過人生，建立關係」。這個說法聽起來似乎完全合理，「既然人們管不住自己的老二，為什麼不放他們一條生路，可以不必偷偷摸摸，假仁假義，覺得自己是失敗者？」

儘管如此，我依舊忍不住想到吃醋與八點檔情節，但我猜得不對；我後來得知，多重關係、自由性愛者、處於開放式關係的人們，「通常擁有較高的關係滿意度與幸福感」，「在身處的關係中所感受到的嫉妒，並未超過一夫一妻制的伴侶」[42]。然而，多重關係人士或「只是」處於開放式關係的人們，他們實際上如何過生活？相較於明確的制度（例如：會發放結婚證書的制度）或抽象體制（例如：與一夫一妻制相關的產業，每年製造出成千上萬的書籍、治療服務、多場研討會，探討如何度過外遇帶來的椎心刺骨之痛），多重關係屈居下風。有孩子是很累人的一件事；孩子還小的母親，依舊比較可能是孩子主要的照顧者。相較於家中有嬰幼兒的父親，母親比較沒機會「在外面玩」。女性怎麼可能平衡「事業成就的需求」與「未釋放的性欲需求」？多重關係帶來的複雜情緒狀態，又該怎麼辦？身兼精神科醫師、性治療師、《值得做的愛》（*Love Worth Making*）作者的醫學博士施朗德（Stephen Snyder）[43]後來告訴我，他在過去這些年接手過的開放性婚姻案主，大多數是男同志或「年長伴侶，他們有時間、有精力、成熟〔足以應付複雜的協商〕，孩子也都大了，不住在家裡」（施朗德博士眨眼補充，他毫不懷疑下一波的性革命，將由退休人士在背後推動）。

我心想，對有錢有閒的理想主義者來講，多重關係、各方都同意的非一對一關係、開放式關係，或許是好主意。然而，對其他人來講，實在不切實際。此外，所謂要透明化、要誠實，有道德感的非一對一關係，不斷追求事事都要坦誠。如同《大西洋月刊》（*The Atlantic*）專欄作家雨果・施維策（Hugo Schwyzer）所言，坦誠是「通往『各方都同意的非一對一關係』〔CNM〕沒得商量的入場費」[44]。這句話在我心中響起警訊，因為一九九〇年代，我念研究所的時候，信奉的是傅柯主義（Foucauldian，譯註：法國哲學家，曾研究監獄的歷史，了解社會機構如何掌控個人）。到現在我依舊認為，不論有多符合道德規範，強制性的訊息揭露是一種社會控制手段。到頭來，比起告訴女性，她們一定得遵守一夫一妻制，CNM有比較好嗎？此外，坦白從寬的做法也帶有清教徒的意味。我們美國人高度接受CNM，近日的研究發現，超過兩成的單身美國成人，曾有過CNM的經驗[45]。然而，美國人每一次犯這種道德罪時，似乎都需要懺悔與告解。此外，我認為從某種角度來看，事事坦誠也以我不願意深入探討的方式，侵犯了隱私權。如果自己就是想當一個蕩婦，我不想要有人告訴我，如何當個有道德的蕩婦。蕩婦的魅力，不就在於以香豔刺激的姿態，自由地告訴道德：「去你的」？我不耐煩地想著，這些人快點滾出我的香閨好不好。

光是討論多重關係與CNM，我就已經倍感威脅、防衛心強，不曉得實際生活在其中的人要怎麼辦。我特別要讚揚多重關係者，他們除了努力找出不同方式，想讓事情行得通，還採取相當前衛的立場。我們關於性、親密、關係的整個思想體系，建構於二元思考與伴侶應為兩人的概念。然而，對多重關係者來講，那些東西是歷史的遺跡，他們不用指引著我們的北極星。

從文化的角度來看，我們究竟是如何走到今天這一步的？居然舉辦與參加「各方都同意的非一對一關係」研討會？「各方都同意的非一對一關係」甚至成為一種潮流？研究CNM的歷史學者伊麗莎白．謝芙（Elisabeth Sheff）[46]指出，歷史上，浪漫派詩人最早有意識地進行非一對一關係的實驗，接下來由超驗主義者（transcendentalist，譯註：美國的思想解放運動，強調人是自身的主宰）接棒。超驗主義者將團體生活與團體性愛的概念，帶進實驗性社群的生活，其中包括抱持進步主義的「布魯克農場」（Brook Farm）。該農場是一個自由性愛社群，由擔任過一位論派（Unitarian，譯註：新教的一支）牧師的創始人在霍桑（Nathaniel Hawthorne，譯註：十九世紀的美國小說家，探討通姦罪的《紅字》為其代表作）的協助下成立；此外，約翰・韓佛瑞・諾耶斯（John Humphrey Noyes）的「奧奈達社群」（Oneida Community），強調團體式的「婚姻」與性愛，社群成員的孩子，一同住在集體的兒童宿舍；弗朗西絲・萊特（Frances Wright）也曾於一八二六年成立「納首巴實驗社群」（Nashoba experimental community），自由黑人與白人在大農場上「一起工作與做愛」，對抗種族歧視。

然而，學者謝芙所談的「第二波」CNM——一九七〇年代激進的自由戀愛、共同生活、開放式關係、自由性愛運動，感覺完全背離傳統。「同住」在當時引發主流人士議論紛紛，現代人大概會感到不可思議。此外，非自由性愛人士要是搞砸了一夫一妻制，大部分的人大概不會講出來。有一部分原因是配偶治療是近年才「流行」起來的事物（美國在一九七〇年只有三千名家庭婚姻治療師，二〇一七年五月的官方數字則有近四萬三千人）[47]。任何碰上婚姻問題的人，以及任何對性愛與不忠議題感興趣的人（更別提公開討論與同意不遵守性專一的人士），不像今日有那麼大量的支持者、專家意見、經驗者與顧問。就連「各方都同意的非一對一關係」一詞，似乎到了二〇〇〇年才首度出現，由當時學院裡寫論文談自由性愛者的心理學家提出，而且幾乎只是順帶提到[48]。當然，這個詞彙會問世，是用來描繪出實際發生的事，但當時它發生在被汙名化的一種次文化中（其實是兩種——前文提到的寇普、莫蘭、薩維奇等人全都指出，老早在CNM一詞出現前，男同志與自由性愛者就已經擁有CNM關係）。

在那個陰暗的春日，寇普舉行的工作坊吸引不少治療師參加。專業人士認為那個工作坊重要到應該參加，因為五花八門的「非一對一關係」是現在進行式，包括各方都同意／揭露的「非一對一關係」、非各方都同意／非揭露的「非一對一關係」、女性的「非一對一關係」、跨性別的「非一對一關係」、異性戀與同性戀的「非一對一關係」。從某些角度來看，人們對這件事感興趣的程度，似乎到達關鍵多數或引爆點。在《今日心理學》（*Psychology Today*）、CNN、《沙龍》（*Salon*）雜誌、《石板》（*Slate*）雜誌、美國全國公共廣播電台（NPR）等思想／新聞平台上，聰明的作家與專家寫下驚世駭俗的文章[49]，例如〈或許單配偶制不是愛的唯一方式〉（Maybe Monogamy Isn't the Only Way to Love）、〈重新思考今日的一夫一妻制〉（Rethinking Monogamy Today）、〈多重關係的重要文化時刻〉（A Cultural Moment for Polymory）、〈黑人做的事：黑人社群裡真實的各方都同意的非一對一關係〉（Black Folks Do: a Real Look at Consensual Non-Monogamy in the Black Community）。此外，還有服務讀者的文章，例如〈你適合各方都同意的非一對一關係嗎？〉（Is Consensual Non-Monogamy Right for You?）、〈約會專家解釋多重關係與開放式關係〉（Dating Experts Explain Polyamory and Open Relationships），協助我們弄清楚究竟該怎麼做。此外，各方都同意的非一對一關係，除了是許多電視節目會出現的情節，今日還成為一種特定的角色：在精彩的《閨蜜向前衝》（*Insecure*）第二季，影集創作人伊莎・瑞安（Issa Rae）讓筆下的女性角色充滿欲望與性自主能量。不論在電視或電影的世界，這都是相當少見的安排。主角莫莉（Molly）和一個處於開放式婚姻的男性上床（有一次，兩人在浴缸裡調情時，男人突然必須離開，因為老婆不小心把自己鎖在家門外）。而充滿陰鬱色調與權力鬥爭的影集《紙牌屋》（*House of Cards*），第一夫人則在先生完全知情同意的情況下有情夫。如果說我們的Google習慣可以佐證的話，探討此類主題的節目與文章，顯然深深挑起我們的好奇心。性研究者、金賽中心（Kinsey Institute）研究員艾美・摩爾斯（Amy Moors）發現，二〇〇六年至二〇一五年間，「多重關係」（polymory）與「開放式關係」（open relationship）等詞彙的搜尋次數大幅增加。學者謝芙稱之為「第三波」的CNM。[50]

顯然，各方都同意的非一對一關係正在影響我們，原因在於不是每個人都適合一夫一妻制。誠然，二〇〇八年的〈社會概況調查〉（General Social Survey，GSS，追蹤社會態度與社會變化的全面性社會訪談）顯示，五分之四的美國人表示，外遇「永遠是不對的」（always wrong）[51]。二〇一三年時，蓋洛普（Gallup）調查了一千五百多名成人，九一%認為外遇是

「道德有問題」[52]。然而，依據〈社會概況調查〉及其他樣本具代表性的研究也顯示，在我們一生之中，大約二〇%至三七．五%的人會出軌[53]。專家表示，真正的比例大概更高，因為人們會少報自己的偷吃行為。曾有資料來源顯示，美國高達六成的男性與五成的女性表示，「自己處於婚姻狀態時，曾與配偶以外的人性交」[54]。專家指出，相較於只問「前幾年」或「過去十年」的情形，要是以「一生」為單位，詢問：「你這輩子是否曾對配偶或長期伴侶不忠？」，大概會得出更高的數字。

我們很難得出精確的統計數字，因為人們不願承認自己做過說出來不好聽的行為。此外，我們對於不忠與出軌的定義，在過去數十年間出現變化。舉例來說，有時被稱為「微劈腿」（microcheating）的「與某人有親密的情感連結，但不曾上床」，算劈腿嗎？如果沒結婚，這也算出軌嗎？簡訊調情或收到全裸／半裸照片，算不算不忠？（曾有調查發現，約三分之二的男性與超過一半的女性，發過調情簡訊，其中一半的受訪者已婚。）[55]民眾的看法與做法不斷在改變，專家今日將「不忠」分為數種類型，包括插入的性交、沒插入的性事、完全與性無關，但依舊被視為出軌的「精神出軌」（emotional infidelity）、以數位方式交換調情簡訊與照片的「網路出軌」（cyber infidelity）。

瑪麗安娜．布蘭登（Marianne Brandon）等專家告訴我們，我們的文化規範是一夫一妻制，然而我們的「未揭露非一對一關係」比例很高[56]。不論我們如何定義出軌，人們顯然會做這件事，而且發生的頻率不低。有研究認為，出軌是一種「在社會上被當成祕密、但廣泛流行（大家心知肚明）的行為」[57]。寫下《一夫一妻制鴻溝》（*The Monogamy Gap*）的社會學家埃里克・安德森（Eric Anderson）明白指出：「出軌和忠實一樣常見……即便社會看重一夫一妻制。」[58]換句話說，我們用來判斷自己是否心理健康／符合道德的基準線（一夫一妻制），其實一點都算不上基準。

然而，遵守單一配偶制不容易，甚至光只在心中猶豫，就會帶來龐大壓力。《新一夫一妻制》的作者尼爾森告訴我：「人們想著：**我是怎麼一回事，為什麼我做不到？**我的案主歷經**無數的**掙扎，尤其是女性。」[59]出軌的風險很高：無數的研究都告訴我們，夫妻如果離婚，外遇是最常見的原因。[60]

如果說一夫一妻制是大挑戰，我們是如此難以遵守，為什麼還要繼續堅持採取一夫一妻制？人類學者從長遠的角度，以冷靜客觀的態度，看待不忠這件事。許多人類學者告訴我們，單一配偶與單一伴侶的婚姻，不存在於我們的血液裡，也不存在於我們的DNA裡[61]。相關制度其實是全人類相當晚近才發展出來的妥協做法，不完美，但讓我們能夠在目前的生態環境下（未與大家族一起生活、缺乏輕鬆或高品質的育兒選項），有辦法找到一起養孩子的同伴。某些資料顯示，長期的忠誠關係對身心雙方面有好處。然而，也有研究顯示，婚姻對男性的健康來講是好事，對女性則不然。一項針對一萬一千多名成人、樣本具代表性的十六年長期性研究顯示[62]，婚姻不僅對健康或幸福的影響程度很小，我們所相信婚姻帶來的所有正面效應，其實大概只是因為受訪者採取較正面的方式評估自己的生活，而並非具體數據真的有所改善。在我們認為單身有問題的文化裡，擁有單一伴侶或許會有某些心理上的好處，但這種好處似乎完全不足以讓我們快樂到在街上跳舞，或是買下戒指。

事實上，二〇一〇年的調查中，五分之二的美國人表示[63]，婚姻「正變得過時」，該年僅五一％的美國成人處於婚姻狀態，達美國史上新低[64]。同一份皮尤研究中心（Pew Center）的研究告訴我們，在過去半世紀，不論經濟狀況如何，婚姻在美國逐漸失去「市占率」，所有的年齡群組都愈來愈少人結婚。然而，今日的我們，比一九七六年更無法容忍外遇[65]：從前不到五成的高教育程度GSS填答人表示，外遇「永遠是不對的」，二〇〇八年卻升高至七五％。專欄作家施維策感到出乎意料，指出我們認為出軌不道德的程度，勝過「自殺、複製人、多重關係」[66]。調查結果顯示，我們比以前都還要能容忍離婚、婚前性行為、同性戀、同性婚姻，但從某種角度來看，外遇依舊是「我們最後的性禁忌」。

婚姻制度正在走向末日，人們不再踏入婚姻，一對一關係承受著壓力，我們面臨不忠的問題。有的人或許會以為，一切的一切，背後的起因和男性、雄性行為有關。千百年來，大家不都是那樣講的嗎？男性「性欲比女人強」，也因此男人會背著妻子或女性伴侶偷吃，原因是別無選擇？因為雄性需要征服與四處播種？因為男性天生就是會到處尋求新伴侶，女性則天生想要有人陪，想要伴侶制帶來的安全感，安心感比高潮帶來的爽度重要？不是嗎？

仔細探究這些論述，我們有可能大吃一驚。究竟不忠的人到底是誰，人們又是以何種方式不忠，我們有許多假設可能是錯的。事實上，在性自我這一塊，女性被以錯誤方式呈現。在性事上，女性並非較為含蓄、矜持、有所保留的性別。我們並非更渴望有伴侶、從一而終、追求熟悉感的那一性。說到底，關於忠實這件事，相較於男性，女性也非假道學的那一個。

Chapter 2

Women Who Love Sex Too Much

太熱愛上床的女性

想像一下，一個素不相識的陌生人，請教你幾個問題，包括你婚後是否曾與配偶以外的人上床。

二〇一三年時，〈社會概況調查〉的新數據出爐[67]：相較於一九九〇年，女性背叛丈夫的可能性提高四成[68]，先生們的出軌機率則一如往常。此一研究發現不是特例，也不是新發展。一九九三年時，在大西洋另一頭的劍橋，一位英國學者發現，要是剔除外遇研究中號稱有二十位以上性伴侶的男性（他們是樣本中的「離群值」），男女外遇的比例幾乎一樣[69]。此外，一九九一至一九九六年間，四項全國調查顯示，四十五歲以下的出軌數據，男性與女性幾乎不相上下[70]。一九九二年的調查中，十八歲至二十九歲之間的美國女性，劈腿比例甚至高過同齡男性[71]。更為近日的〈社會概況調查〉也有相同發現。此外，二〇一七年的研究顯示，二十五至二十九歲之間的女性，她們的群交與3P經驗的多寡，和同齡男性一樣[72]。女性體驗過性愛牢房、BDSM（皮繩愉虐）、多重關係、性派對的可能性，更幾乎是兩倍，不同於想當然耳的「在性事方面，男性天生比女性熱愛冒險」假設。

某些專家認為，這種在性自主與性冒險方面的新性別平等（經常被通稱為「縮減不忠之間的鴻溝」）[73]，原因可能包括愈來愈多女性外出工作，接觸到更多潛在的性伴侶，與配偶或伴侶分開的時間延長，旅行機會增多（人們通常在出差時出軌），更別提今日的女性在財務方面更有餘裕、更獨立。萬一出軌被抓到，比較不可能一生就毀了，她們冒得起這樣的險。此外，科技大概也在性探索方面，助了女性一臂之力。各式各樣的社群媒體平台與App，讓女性有機會背著另一半出軌。然而，不論是利用科技，或是利用自身經濟能力與外出工作機會，展開一段婚外情（或者只是上上床），前提都是你想要出軌，你有欲望。

如果說，所有年齡的女性，都會和配偶以外的人上床，單純只因這是女性的天性呢？多位研究「女人的性」的學者，他們近日的研究結果顯示，或許事實正是如此。過去十年，學術界有三大巨頭，包括加拿大安大略省京斯頓（Kingston Ontario）皇后大學（Queen's University）的生物心理學家、「性欲與性別實驗室」（Sexuality and Gender Laboratory）主持人梅雷迪思·崔弗斯（Meredith Chivers）；內華達大學拉斯維加斯分校（University of Nevada Las Vegas）的臨床心理學教授瑪塔·梅亞納（Marta Meana）；春田密蘇里州立大學（Missouri State University in Springfield）的社會學家、研究女性外遇的專家沃克。三人全都剖析科普作家娜塔莉・安吉（Natalie Angier）所說的「層層包裹的妥協與約束」[74]。那些外在的束縛，徹底隱藏與扭曲女性性愛的真實面貌，使女性成為自身與自身性欲的陌生人。她們是誰、她們的動機是什麼、她們要什麼，三位專家所揭露的事，動搖了許多人最根深蒂固的假設。我們的性自我被重新思考、重新檢驗，或許女性的真實面貌終將展露在世人面前。

開路先鋒

性研究者是一群友善的人，至少二〇一七年到加拿大蒙特婁（Montréal）參加「性治療研究協會」（Society for Sex Therapy and Research, SSTAR）年度大會的人們都待人親切。那次的研討會主題是：「修復關係與促進性健康」（Healing Relationships and Fostering Sexual Well-Being）。我四月底抵達魁北克省最大的城市，天氣冷到不像話、天色昏暗，不過現場的性學專家、性研究者、性治療師、性教育者，全都溫暖歡迎我這個四處亂闖研討會發表時間的門外漢。他們報告的題目包括〈色情片失控使用者的辯證行為團體治療〉（Dialectical Behavioral Group Therapy for Out-of-Control Internet Porn Users）、〈持續性生殖器性興奮症狀對女性的心理社會、性、關係運作的影響〉（Impact of Persistent Genital Arousal Symptoms on Women's Psychosocial, Sexual, and Relationship Functioning），以及〈性癖好覺察〉（Kink Awareness）。沒人拒絕我的訪談邀請，或者趕我走——那是與專家打交道的作家會碰上的職業災害。大家送我書、提供聯絡方式，還推薦或許能派上用場的期刊文章。研討會上，在場的學術同仁提問時，雖然丟出挑戰性十足的問題，氣氛仍相當融洽。我開始好奇，該不會對性抱持開放、好奇、實事求是的態度，其實與歡快的性格、開朗的人際互動風格有關——許多人認為「性」是一件羞恥、私密的事，如同最新發現的深海生物，棲息在海洋最深處。牠們生長的暗處最適合牠們，天生該待在見不得光的地方。下午五點時，飯店酒吧熱鬧起來，參加研討會的性專家來杯小酒放鬆心情，我趁機觀察到很多事。

我很幸運，崔弗斯博士願意接受訪談，她建議我們兩人找一天晚上，在飯店酒吧碰面。那天稍早，我和其他一百名左右的與會者，目睹崔弗斯博士展現搖滾明星般的自信風采，穿著黑外套、黑牛仔褲，在講台上收放自如，講解自己近日的研究。演講時，如果是現場多數聽眾熟悉的主題，崔弗斯博士一下子就帶過，包括學者羅斯瑪麗・巴松（Rosemary Basson）提出的「反應性欲望」（responsive desire）概念[75]。依據無數性研究者與治療師的說法，女性比男性更常出現這種「欲望風格」，意思是碰上性刺激**之後**才感到性奮的傾向，而不是因為期待而感到性奮（那被稱為「自發性的欲望」〔spontaneous desire〕，和餓了就會想吃東西的欲望相似）。我聽得一頭霧水，很難跟上，不過幸好我已經略知崔弗斯的研究。我讀過她以皇后大學「性欲與性別實驗室」創始人、主任、主要研究人員身分所做的研究，她請受試者坐在椅子上看A片，那張椅子看起來像普通的單人沙發椅，但首先研究人員會把受試者的身體，連至一台叫

「體積描記儀」（plethysmograph）的機器。一個迷你裝置被塞進女性受試者的陰道，或貼在男性受試者的陰莖上。如此一來，崔弗斯和她帶領的研究生，就能測量血流——準確得知有多少血液湧進受試者的陰道壁、陰莖，或是使陰蒂充血。崔弗斯的團隊因此更能掌握哪些事會觸發／不觸發受試者的身體反應。

崔弗斯給受試者看露骨的照片或色情影片，內容分為男女性交、女女性交、男男性交。值得注意的地方在於，說自己是異性戀的女性，幾乎不管看到什麼，身體都會起反應，包括男男性交、女女口交、男女性交。異性戀女性充滿冒險精神，至少在她們的大腦裡如此。她們是不挑剔、不偏食的雜食動物。不管她們理論上是什麼樣的人，都並未特別對哪種類型的性事感興趣，看到什麼都喜歡。有一個全球媒體都喜歡報導的細節，就是連崔弗斯播放巴諾布猿（bonobo，黑猩猩的近親）的交配影像，她們的身體都會起反應。另一方面，如果是自稱直男的男性，欲望何時會被挑起則較好預測：直男會對「男女」或「女女」的性愛畫面起反應。看見兩名男性做愛，或許也能讓他們血脈賁張，但直男最強烈的反應，發生在看見符合他們自述性喜好的電影與畫面，巴諾布猿則讓他們軟掉。男性和女性不一樣，男性的欲望大致符合他們自我認同所帶來的預期——也就是說，男性的性興奮模式，比較有辦法明確分類。

上述這一切究竟是什麼意思？答案是，我們的性欲似乎不在乎我們勾選了什麼欄位。套用《女人到底要什麼？》（*What Do Women Want?*）作者丹尼爾·伯格納（Daniel Bergner）的話來講，或許女性是性的無政府主義者[76]。伯格納曾觀察崔弗斯做研究，主張令人出乎意料的女性欲望，基本上顯示我們可被稱為全球「性方面最大宗的偏離標準者」。

我和崔弗斯博士喝酒聊天，博士解釋自己近日的研究，指出女性欲望除了難以分類，女性的性欲其實也高過人們的陳述。崔弗斯一邊啜飲著尼格羅尼雞尾酒（Negroni），一邊告訴我二〇一四年所做的研究：她先請受試者觀看性愛影片，接著又請他們說出與伴侶做愛和自慰時的反應與欲望[77]。值得留意的是，男性與女性描述的欲望強度，基本上是一樣的。「整體而言，在性欲方面，人們一致認為男女有別……〔在性學的研究領域〕，那是牢不可破的假設」[78]。崔弗斯停頓了一下，接著以謹慎的語氣指出，相關發現在她的領域與論文發表會上引發爭議。「聽見人們一再一再重複，男性的〔性欲〕強過女性，就好像那是事實一樣，實在令人沮喪。或許我們過去一直以錯誤的方式測量欲望。」崔弗斯指出，其他得出初步發現的論文，也有幾篇結論和她一樣。崔弗斯認為如果研究人員測量被促發或反應型的欲望，而不是自發性欲望，理應會有更多人得出相同的研究結果。

崔弗斯舉手投足內斂優雅，散發著一股貴族氣質，看不出是會拋出震撼彈的人。她和寇普一樣，在顛覆性研究時，抱持著研究哲學的審慎態度。在性學的領域，以及幾乎是美國社會的每一個角落，人們都依舊認為男人要的性比女人多，睪酮與雄激素是性衝動的主要趨力。崔弗斯指出：「人們喜歡緊抓著自己假設的事實不放，但不代表那就是真的。」[79]對她來講，一切以科學為依歸。

崔弗斯的實驗室所進行的第三項實驗，研究結果再度令人訝異：想到「和男性友人上床」會令異性戀女性性奮的程度，低於「長期伴侶」或「全然的陌生人」。飯店酒吧的現場人聲鼎沸起來，人們開始擠到我和崔弗斯身旁。崔弗斯解釋，想到和陌生人上床，女性受試者的性奮程度和直男一樣。女性在性幻想時，和男性一樣享受性伴侶帶來的新鮮感。此外，其他被視為比較是「男人會幻想的東西」，女性同樣可能感到性奮，打破一般的分類定義。

崔弗斯告訴我，她的研究生涯亮點是某次發表時，現場一名女性站起來告訴她：「我喜歡你的研究，你讓我們看到，饗宴上可以有更多選擇，以前沒人想過的東西。」崔弗斯小心翼翼地強調，女性不一定真的想讓性幻想成真，也不一定想得到能挑起性欲的事物，不過她的研究如果能夠去除汙名，讓人們理解女性也有五花八門的豐富性幻想、擁有強烈欲望，她深感榮幸。崔弗斯希望自己的研究「能允許女性享受這個內在的遊戲場」[80]，協助其他女性了解自己的真實經驗沒有對錯，例如自認是異性戀，但享受與其他女性上床。崔弗斯笑著說：「跑來找我的女性問：『你的意思是說，我不怪，沒有不正常？』我回答：『沒有，你只是女人而已。』」

崔弗斯指出，女性與一夫一妻制，以及廣義的一對一關係本身，其實並非她研究的領域。不過她認為，如同性癖好在過去數十年得以去汙名化，在性愛過程中喜歡扯頭髮、打屁股、啃咬、使用手銬等等，今日甚至稱得上主流的做愛方法；或許有一天，人們也會開始接受「各方都同意的非一對一關係」，出現更大的社會改變，影響婚姻與伴侶制度。崔弗斯沉思：「為什麼我們認為，相較於多重關係人士，應該讓兩人的組合壟斷市場，享有一切的法律保障與福利？我認為在接下來二十年，將有更多人站出來，要求放寬合法婚姻的定義。」崔弗斯知道，許多人努力保有一對一關係，她同樣也希望這樣的人士獲得支持，讓所有人都明白，做到長期的性專一並不容易，也不一定「符合天性」。崔弗斯表示：「所謂人類有辦法建立長期的伴侶關係，從第一天到第七千天，雙方都能以相同的程度，對彼此性欲完全不減，那說不通，不符合任何已知的心理模式。因為我們知道，人類會隨時間逐漸習慣。」崔弗斯搖了搖頭，「我猜，能夠打造出真正的一對一關係，一輩子都熱情不減，那是少數人才能辦到的事。」崔弗斯陷入思緒，人們的確可以想辦法，利用A片、幻想與其他方法「助性」，崔弗斯是專家，她了解哪些事能挑起女性的欲望，也曉得女性真正的欲望強度。不過從她的觀點來看，性專一「需要很努力」！[81]崔弗斯做過多年研究，證明女性不是我們想的那樣，女性在許多方面和男性沒有太大差別，但即便有理論與數據的佐證，光是承認女性和男性一樣，遵守一夫一妻制時會有所掙扎，就已經算是相當激進的觀點。

不是你，是我

梅亞納和崔弗斯一樣，兩人都是一絲不苟的研究者，然而她們的研究發現卻令人感到大膽與如釋重負。我和梅亞納約在蒙特婁見面，地點同樣是我和崔弗斯聊過天的飯店酒吧。深色頭髮的梅亞納身材嬌小、活力十足，令人無法忽視，不時站起來「表演」她要強調的重點。梅亞納不同於許多一板一眼的研究者，解釋自己的研究時妙語如珠，帶著一股玩心（她甚至允許我像個追星粉絲和她自拍）。不過，梅亞納研究的是不愉快的主題，她以極為嚴肅的心態看待它。梅亞納做過一項質性研究，研究十九位處於長期伴侶關係與婚姻的女性[82]，當事人除了性事方面得不到滿足，其他方面還算滿意。梅亞納特別研究她們為什麼性趣缺缺。人們認為缺乏性欲是典型的女性問題，老是以大同小異的方式解釋。基本上，所有的解釋都是：「女人性冷感很正常，不然你以為呢？本來就是男性的性欲比女性強。」

梅亞納不否認傳統說法也可能為真，然而依據她的研究與臨床經驗來看，大概還有其他因素在起作用。梅亞納發現，基本上，人們處於一段關係時會各司其職、扮演固定的角色，最後變得過於熟悉彼此。然而，角色的制度化，以及過於熟悉配偶或長期伴侶，**對女性**來講卻是個大問題。我和梅亞納面對面坐在一張小桌子旁，望著太陽從烏雲中短暫露臉。梅亞納指出：「大量資料告訴我們，長期關係會讓欲望消失，尤其是**女性**的欲望。」[83]她要我想一想，我們為了晚上要出門梳妝打扮時，我們是如何忽視長期男性伴侶的意見，而原因不只是伴侶不敢告訴我們，穿那件洋裝真的顯胖。「他說的話就是沒什麼分量，他就只有你而已。他沒看見你想要被看見的樣子！但如果是被不熟的人仰慕，或是被陌生人欣賞——那就很有分量！」梅亞納大笑。梅亞納告訴我，在性與性欲方面，她合作的女性碰上類似的情形。伴侶對我們有欲望是天經地義的事，也因此他們渴求我們所帶來的刺激感，比不上陌生路人投來的挑逗眼神。

長期關係對女性的欲望來講，特別具挑戰性。這句話在我腦中響個不停，我感受到衝擊，因為梅亞納的研究結果，不同於我從小到大聽到的男女關係，例如女性需要親密感與熟悉感，才有辦法投入性事。然而，梅亞納的另類觀點聽起來很合理。我想起某位六十歲出頭的女性，她聽到我在研究什麼後，講了一句心直口快的話，嚇了我一跳：「我想要整晚做愛，只要不是跟我先生就好！」我在做為期數月的聊天與訪談時，其他數十位女性也告訴我類似的話。女人說：「我的婚姻相當美滿，但我永遠想著其他男人。」幾位處於長期關係的女性表示：「或許我只是對性感到厭倦」，但聊到後來，她們會說，如果不必擔心後果，她們很願意和X、Y、Z上床。梅亞納本人的研究，以及她所做的回顧研究，顯示此類女性可能是常態而非特例。二〇一七年的一項研究，調查一萬一千多名十六歲至七十四歲間的英國男女，發現與伴侶同住造成失去性欲的可能性，女性是男性的兩倍[84]。關係已維持一年以上的女性也一樣。《新聞週刊》（*Newsweek*）以斗大標題寫著：「研究發現：與男友同居會使你性趣缺缺」[85]。某一派的解釋是，女性原本就對性事比較不感興趣。另一種解釋則是女性碰上了梅亞納研究對象的煩惱：如果情境對了，性冷淡也會變得不冷淡。如果這個解釋才正確，那麼從前的說法會被打破。古老的傳說認為，女性跟男性不一樣，女性必須處於親密感十足的長期關係，才有辦法進行活躍的性事。女性一定得有使她們安心的熟悉伴侶，才會有性致。然而，梅亞納仔細分析她的女性受試者群組，那群女性希望再次感受到欲望。梅亞納進一步探索後發現，問題其實出在熟悉感與親密感扼殺了性欲（梅亞納向我再三確認，我明白她目前為止只研究過異性戀女性）。

梅亞納表示，直男若能定期從長期伴侶那得到性，有很大的機率會表示自己對性事感到滿意，女性則不同。梅亞納不是第一個這樣告訴我的專家，當然也不是唯一的一個。梅亞納解釋：「婚姻通常會讓一度大膽、性感的東西，變成例行公事，女性尤其受到影響。」對配偶「過於熟悉」的結果，就是情人變家人。梅亞納曾在演講上提過，「粗魯的求愛（丈夫或伴侶完全沒試著調情，製造上床的氣氛），以及當媽媽、『當妻子』（在伴侶生活中，大小家務事都得管）帶來的疲累，往往會讓女性失去性致。」

我問梅亞納，她的研究對象是否提過尋求婚外情，梅亞納搖頭，指出那些女性希望能從終身伴侶的身上，獲得性滿足與性興奮。梅亞納表示：「不過，太多在長期伴侶關係中性趣缺缺的女性知道，自己要是向外發展，性欲八成會馬上回來。」[86]她彈了一個響指。

梅亞納近日專注於研究「女性的性欲自我聚焦」（female erotic self-focus）[87]，這個詞彙聽起來像「自慰」，但不是。梅亞納直覺猜測，女性本人如果是性感尤物，她們會因此性致盎然的程度，不亞於或勝過擁有性感的男性伴侶。梅亞納因此詢問一群男性與女性：「你會想和自己上床嗎？」許多女性的答案簡單來講是：「**當然會**」。女性受訪者的回答方式，讓梅亞納感到在某種層面上，她們已經那樣做過。男性的答案則不同。大部分的男性甚至聽不懂梅亞納在問什麼。梅亞納告訴我：「對女性來講，知道自己被渴求，她們就會性奮。也就是說，女性的性欲具備美好的自主性，人們一直沒注意到這點。」梅亞納表示，她和研究生合寫了一篇論文，題目玩了文字遊戲，叫：「不是你，是我」（It's Not You, It's Me）[88]。話一說完，我們兩個人大笑。英文的這句話，原本是常見的分手道歉（不是你的問題，是我），這下子卻變成理直氣壯說出女性在性愛過程中想要什麼、需要什麼：感到自己性感、有人渴望得到自己。梅亞納喜歡用流行文化來解釋論點，她因此提到歌詞「你讓我感到自己是真女人」（You make me feel like a natural woman），以及加拿大女歌手仙妮亞・唐恩（Shania Twain）的「男人，我感覺像個女人」（Man, I feel like a woman）、美國女歌手凱蒂・佩芮（Katy Perry）的「把你的手，放在我身上，放在我的緊身牛仔褲上」（Put your hands on me in my skin-tight jeans）。梅亞納大膽假設：「這些歌詞究竟在講什麼？聽起來莫名其妙。你是女的，你當然感覺自己是女的，對吧？但我覺得，這些歌手特別強調歌中談**她們自己**的部分。你懂我的意思嗎？」

梅亞納假設，女性會因為自己性感而**性奮**。為了測試這個假設，她問男女受試者另一個假設性問題：想像一下，你在一面大鏡子前做愛，你有多少時間看著伴侶的身體？你有多少時間看著自己的身體？答案出爐：女性看自己的時間，遠超過男性看自己的時間。在某些時刻，男性就像根本不在現場。梅亞納說完後立刻指出：「這個結果的意思，不是女性沒被伴侶挑起興致。我的研究結果很容易被誤解。」[89]梅亞納想要強調的，其實是女性性欲中的**獨立**成分。她研究的女性，「並未每一分每一秒都凝視著伴侶的眼睛，感到渾然忘我。女性有時只是專心看著性感的身體部位」，或是自己有多辣。梅亞納總結：「相較於男性，女性的性奮程度，可能得看她們與自己之間的情欲關係。」她表示，這種現象可能是好事，也可能是壞事，最終要看我們對自己的感受。不過無論如何，女性擁有獨特的性自主，女人的性愛與我們女人怎麼看自己有關，我們不能無視於自身的感受。

女性見到性感的自己會有性欲，是不是因為女性經常被物化？梅亞納不耐煩地搖頭，大喊：「意識型態與性是糟糕的床伴組合！」梅亞納這下子真正進入主題。她認為自己發現的事，遠比虛假意識（false consciousness，譯註：指刻意灌輸誤導性的觀念，造成被剝削的族群被蒙蔽，沒發現自己被利用）深刻。況且即便真的是虛假意識，或是自戀，那又如何？「我們要給這件事冠上什麼名字，我真的不在乎。然而，一旦你試圖把意識型態強加在性上面，不論是進步的意識型態或保守的意識型態，性都會反抗！性的本質是越界（transgressive）。」梅亞納不希望讓女性被批判或被壓迫，不管是哪一方的意識型態都一樣。梅亞納認為真正重要的是，她的研究顯示在某種程度上，異性戀女性是自身的情欲目標。她們與**她們自身**之間的情欲關係，帶來大量的性趣。梅亞納的研究除了打破概念性的成見，還提供許多實務上的應用。知道哪些事能讓女性性奮，協助女性弄懂那些事，有可能讓女性再度性欲高漲，挽救許多不快樂的婚姻。

我們習慣在異性戀的婚姻與長期關係中，女性是對性事缺乏興趣的一方，但梅亞納的研究提出出乎意料的結論，點出先前沒人想到的**原因**。梅亞納在「性治療研究協會」（SSTAR）大會上的演講中提到，在她的研究中，她留意到許多女性提起自己在伴侶關係中沒性致，感到自己沒有太多能使上力的地方[90]；在我耳裡，那聽起來很像是女性感到無望，於是乾脆放棄性。為了翻轉這種情形，梅亞納呼籲聽眾中的臨床工作人員，除了要協助女性擁有務實的期待，也要讓女性知道，她們也有能力影響自己的性致，她們自己也有責任。我在做筆記時，想像大鏡子突然熱賣，臥室裡開始流行鏡子裝潢。如果那是梅亞納對世人的貢獻，那是相當好的貢獻。

「靠出軌來支撐關係」

密蘇里州立大學的社會學助理教授沃克[91]，和剛才提到的崔弗斯、梅亞納一樣，她們的研究成果促使我們重新思考女性的性愛。此外，在女性行為、女性本質、女性要什麼、女性如何表現、環境扮演的角色等面向，沃克的研究結果也挑戰了我們最重視的基本信念。沃克大量回顧社會學與心理學領域的女性外遇研究。此外，在艾希利．曼德森偷情網站（Ashley Madison，公司的廣告詞是：「人生苦短，及時行樂」〔Life is short. Have an affair〕）二〇一五年發生著名的駭客竊取資料事件、因而關門大吉之前，沃克做過一項四十六名女性網站使用者的調查[92]，打破我們對於女性外遇最深信不疑的幾件事：一、女性唯有婚姻不快樂時才會出軌；二、女性不像男性，女性要的是情感交流，而不是性方面的滿足；三、如同女星黛安·蓮恩（Diane Lane）在電影《出軌》（*Unfaithful*）中飾演的角色，女主角因「跌倒」（譯註：英文亦有「墮落」之意）擦傷膝蓋，恰巧認識了日後一再幽會的第三者，女性「只是」不小心陷入婚外情。沃克所研究的女性群組不一樣，沒人是因為在節日派對上喝多了，才不小心和同事上床。有一次，沃克早上送女兒上學後，在電話上直截了當告訴我：「這些女性會有婚外情，不是單純不小心上了床，也不是希望有人陪。」[93]

金髮的沃克，偏好擦紅色口紅，講話帶有美國南方懶洋洋的口音。她相當清楚自己的研究發現，打破了某些眾人熟悉的刻板印象，也知道那會引發嚴重不安。沃克依據自己的女性外遇研究，寫成《出軌妻子的祕密生活》（*The Secret Life of the Cheating Wife*）一書。她不只一次告訴我，她希望讀者在發現出軌女性的真實面貌，有多麼不同於令人心安的老生常談後，不會遷怒於說出實情的作者。然而，沃克的電子郵件簽名檔，寫著法國社會學家皮耶·布迪厄（Pierre Bourdieu）的名言，那是她的座右銘：「我的目標是防止人們說出各式各樣有關社會世界的胡說八道。」[94]沃克想讓我知道，她訪談的女性風趣、聰明、世故。最重要的是，她們令沃克感到，她們完完全全和一般人沒兩樣，從事普通的工作、享受當媽媽的生活、和鄰居友善交談，某些人還上教堂。

此外，她們還下定決心外遇。

沃克強調：「我研究的女性上〔艾希利．曼德森〕網站，填好檔案，查看來信，篩選候選人，接著到外頭見面，『面試』那些人。這是一個相當有**計畫**的過程。」那些女性告訴沃克，自己那麼做是為了找到性伴侶，為了**上床**。沃克的研究對象介於二十四歲至六十五歲之間，大多守著無性的婚姻，或是沒有性高潮。她們告訴沃克，她們只是想要、需要無法在家中得到的東西。然而，或許更令人意想不到的是，在沃克的樣本中，大多數女性表示，除了性事之外，她們的伴侶關係或婚姻關係很幸福，**在外面與人上床是她們維持主要關係的方法**。她們不是在尋找出口，也沒要找新老公，不尋求情感連結或伴侶關係。她們只是想要解決關係中的兩難：她們無法或不願意終止無性／性事不滿足的伴侶關係或婚姻，但還是想要擁有美好的性愛。這些女人過了多年的性剝奪生活，感到不滿足，無法維持一對一的關係，於是她們決定做點什麼。她們自述除了這點之外，其他都和普通人一樣。四十六歲已婚的艾瑞卡（Erica）表示：「某天，我覺得自己受夠了。我真的希望我記得，當初究竟是為了什麼原因，才會在網路上『找個人』，因為那一點都不像是我會做的事。」[95]三十八歲、同樣已婚的李吉娜（Regina）插話：「我很努力忍，盡最大的努力一直撐著，但一旦放棄後，我不懂自己先前到底為什麼遲遲不行動。」[96]四十七歲的蒂芙尼（Tiffany）向沃克坦承：「缺乏性愛把我逼瘋。」[97]五十三歲的喬姬（Georgie）表示：「〔過了多年的無性生活後〕，我終於決定該滿足自己的需求。」[98]

那些女性一旦跨越那條線之後，就以不帶感情的方式，認真想辦法找到伴侶，也就是沃克所說：「同時發生的關係」（concurrent relationships）[99]。四十五歲的受訪者艾佛芮（Avery）解釋，她希望在「外面的伴侶」（outside partner，OP）身上尋求哪些東西，以及自己是如何審查人選：「我會問老二的尺寸、方便的時間地點，還會問對方想要什麼樣的關係、喜歡哪種性交方式。以上這些事，第一封電子郵件就會問。」[100]三十三歲有伴侶的海瑟（Heather）告訴沃克：「（雖然聽來膚淺），但我希望外面的伴侶那裡要大、要持久、了解女性的身體，還有不會到處亂講話。」[101]此外，這群女性有明確的「偷情守則」（ROE，rules of engagement），避開似乎會在感情上糾纏的男性，以及想談戀愛、不只想上床的人。她們的主要關係已經夠複雜，婚外情只上床，簡單就好。三十三歲的楚迪（Trudy）表示：「我只要〔老二〕，不要老二帶來的〔麻煩事〕。」[102]三十七歲的蒲麗婭（Priscilla）表示：「我大力支持不談感情的性。」[103]對這群女性來講，找到完全清楚界限在哪的男性相當重要。海瑟表示：「我盡量找不會太黏的男人，享受美好性愛就好。」[104]

要是有一方開始認真，或是嘗鮮帶來的樂趣消失，這些女人就會快刀斬亂麻，**另覓**新人選。萬一男人和當初說好的不一樣怎麼辦？沃克咯咯笑了起來，告訴我：「如果本人和他們自稱的不一樣，女人會立刻找下一個，毫不內疚！」[105]那些女人已經選了一個性事上無法滿足她們的老公或人生伴侶，外遇時不會犯相同的錯誤。為什麼不直接離婚就好？主要原因是結束婚姻太複雜。女人們告訴沃克，她們不想離婚的原因很多。許多人表示，她們愛自己的丈夫，不想傷害對方。除了沒有性，或是性事令人不滿足，她們其實享受婚姻生活。有的人則說，不想要攪亂孩子的生活與日常作息。也有人說，離婚代價太高或太麻煩。

這群外遇女性以務實的方式，擁有「同時發生的關係」，手腕高超，表面上都能維持好太太、好伴侶的形象，但她們在外面找到自己需要的性愛，更別提多彩多姿的新鮮感與刺激感有多醉人。四十八歲的達希（Darcy）解釋，過了多年的性剝奪生活後，「有的樂趣……來自於品嘗菜單上我通常不會點的菜」[106]。三十四歲的喬丹（Jordan）表示：「我要的是那種剛在一起的感覺……心中小鹿亂撞。每次他們碰觸你，你都神魂顛倒。」[107]沃克告訴我，她研究的出軌女性，大多表示自己有罪惡感，但沒人後悔外遇。許多人甚至「感到自尊心回來了，覺得自己充滿力量，享受外遇對象帶來的性滿足」[108]。此外，不少人同時和好幾個人上床，就不必配合單一外遇對象的心情或時間表。她們如同黑色電影裡工於心計的女人，事事都算好了；沃克稱她們外頭的伴侶關係為「實用主義的性關係」（relationships of sexual utility）[109]。她們只關心自己的歡愉。沃克補充說明：「那點相當不同於她們生活中的其他所有關係。她們在外頭的關係所施展的力量與自由，遠超過她們在婚姻裡的情況。」[110]

沃克指出，這些女性花心思開創出一個空間，既能滿足自身需求，又能避開離婚帶來的汙名、麻煩、經濟窘迫、情感傷痛。沃克稱她們的做法為「靠出軌來支撐關係的轉圜策略」（infidelity workaround）[111]，魚與熊掌可以兼得。當然，沃克研究的女性還是得承受不少風險。要是丈夫發現了，她們試圖維持的婚姻，大概會破裂（由於使用艾希利・曼德森偷情網站時，女性必須提供的個人資料沒有男性多，也因此二〇一五年發生的駭客事件，沒有影響到沃克的研究對象）。此外，那群女性也知道，如果偷情被抓到，她們在社區裡的名聲就會毀於一旦，遭受排擠。另外，使用偷情網站時，女性要是想終止關係，或甚至只是沒回約炮訊息，男性使用者就會怒火攻心，採取報復行動。曾有男性在線上邀請一名女性（她沒放照片），女方沒回，男人就開罵：「你這頭死肥母豬，反正也沒人想要幹你。」[112]男性使用者有時還會在女性的自我介紹「心得欄」留言，兩人沒上過床，卻編故事、給差評，作為女方沒回訊息的「報復」。看來就連男女一起在外頭尋求出軌機會，喜歡罵女性賤人的文化依舊無處不在。女人們告訴沃克，光是使用網站，行使不回應男性約炮邀請的權利，就經常會碰到這種事。

雖然有風險，但沃克研究的對象太渴望性，願意承擔相關風險。她們計算、考量過選項：一、她們可以出軌，滿足性欲，接受出軌帶來的風險；二、不要出軌，繼續過著性事不滿足或無性的生活；三、公開表明自己處於非一對一關係，風險是在社區裡承受汙名。另外，丈夫會回擊，也可能會離婚；四、直接要求離婚，面臨一名女性所說的「人生四分五裂，丈夫心碎，我也心碎」[113]。離婚必須處理孩子的監護權、財務會受影響，還得面對社會與家人的不諒解。套用沃克的話來講：「這些女性不願意再擲一次骰子，再婚對象可能還比現任老公差。」她們用高效手法，追求自己要的東西，不同於世人的假設。人們認為，女人不在乎性、女人不像男人性欲那麼強、有外遇的女人如果陷入愛河，「婚姻一定會被摧毀」，因為「外遇女性想要談情說愛，而不是上床」。然而，實情如同沃克所言：「這些女性享受和外頭的伴侶相處的時光，但不渴望騎白馬的王子會來救她們，一起奔向夕陽。」[114]沃克研究的對象挑戰了我們對於女性情欲、忠貞、外遇動機的一切既定假設。

沃克直言自己的婚外情網站研究樣本數太小，不具代表性，但這項研究得出的結果，符合她二〇一四年標題為〈我不是女同，只是怪物〉（I'm Not a Lesbian, I'm Just a Freak）的先導研究（pilot study，譯註：相較於正式研究，樣本數較小、研究時間較短的探索性研究）[115]。該研究試圖了解一群三十四歲女性的經驗與動機。她們與男性結婚、理論上處於一夫一妻制，但上網尋求與其他女性有性接觸的機會。她們的自我認同是異性戀，卻渴望同性一夜情的新伴侶所帶來的豐富新鮮感，也真的依據欲望行事。這群女性不尋求伴侶、關係、情感連結，也不認為自己「實際上」是同性戀或雙性戀。她們說自己擁有「強烈」、無法分類的性欲。以她們自己的話來說，她們是「怪物」（freak）。這樣的用詞顯示她們相當清楚，自己要是「出櫃」（out）、被人發現做了什麼，自己將承受汙名，也因此她們「躲在櫃子裡」（undercover，其中一位研究對象的用語）。

大量社會學、社會心理學、性研究的資料都支持沃克的發現。舉例來說，無數的研究發現，男女都一樣，即便對主要關係並無不滿，照樣可能出軌[116]。有的研究指出，要是保證一定會很享受，又不必擔心安全性，女性從事隨意性行為（casual sex）的機率和男性一樣高[117]。此外，女性按照「有沒有性魅力」來挑選潛在性伴侶的頻率，也和男性一樣高[118]。一九九七年至二〇一八年間的研究發現，四十歲以下者，男性與女性不專一的比例沒有區別[119]。尋找外遇對象的網站上，雖然男性使用者多過女性，女性卻更可能真的赴約上床。男性填好自我介紹，女性真的付諸行動[120]。數據顯示，沃克所研究的八十名女性，雖然她們的行為大概會讓許多人嚇一跳，甚至駭人聽聞，更別提相當「不像女性會做的事」，但其實她們完全算不上是特例。

崔弗斯、梅亞納、沃克的研究發現所指出的可能性，既帶來解放，也令人不安。萬一在一夫一妻制中特別掙扎的人是女性，而不是男性，那該怎麼辦？萬一相對而言，女性才是在專一的關係中，感到窒息的一方；女性才是兩性中墮落的性別，男性整體而言比較遵守一夫一妻制，那該怎麼辦？萬一長期伴侶關係帶來的制式性愛與角色的制度化壓抑著女性，男性則沒感覺；要是女性也渴望得到新鮮豐富的性體驗與性伴侶，想要的程度甚至超過男性；萬一女性的性奮是自主性的，而不是因為凝視著靈魂伴侶的眼睛，從根本上來講與伴侶無關；萬一自稱婚姻幸福的女性其實有外遇，而且不是為了情感上的滿足，只是為了滿足性欲；萬一以上都是真的，那麼關於女性的性自我，幾乎我們以為自己所知的每一件事，顯然都沒那回事。就好像沃克、梅亞納、崔弗斯是技藝高超的魔術師，她們抽走上方擺放著高級完美餐具的桌布，站在原地的我們目瞪口呆。我們的人生與銀器擺盤，依舊神奇地放在桌上，只是檯面下的東西露出來了。

我從寇普那聽說，目前是由女性而不是男性，帶領著新型關係運動。其他的多重關係支持者與專家也那麼說，包括「紐約開放愛」（Open Love NY）的共同創始人林米莎；臨床心理師、「各方都同意的非一對一關係」專家雷大衛（David Ley）；以及我在多重關係社群的座談會與社交場合碰過的多重關係人士。人們一再告訴我，通常是女性告訴伴侶，自己想要開放式的關係與婚姻，或是想要兩人關係之外的性生活與戀愛生活。在近日這股重新調整親密關係的浪潮中，女性才是走在前面的那一個，而不是男性。

不過我在想，或許梅亞納研究的女性，也是在帶領一場社會運動，只不過這場運動沒有口號，背後的女性只是默默推動，沒講出自己在長期關係中得不到性所帶來的不滿。從更深層的角度來看，這些女性在罷工。她們說「我不幹」，不是因為她們不喜歡性，也不是因為她們不愛或不在乎另一半，而是因為永遠都和同一個人做老套的愛，激不起她們的性欲。與其塞給這些女人「女性威而鋼」，不如就告訴她們實情，女性會感到無聊很正常？不如就實話實說，會想和許多伴侶、以各種不同的方式上床很正常？就講出來，女性也會動偷吃的念頭，身心也會想要出軌，欲望甚至比男性還強烈？

如果是這樣的話，抗拒一夫一妻制的女性，就不是心理不正常，也不是令人難以想像的女人中的特例。她們其實是女性心底最深處的自己，她們是女性自主的模範，甚至是能夠傳授寶貴心得的老師。沃克所研究的出軌女性，以及黑色電影與十九、二十世紀小說中的蕩婦；非洲波札那（Botswana）的採獵者與納米比亞逐水草而居的遊牧者；紐約、倫敦、上海那些嫁給男性、卻參加成員只有女性的性派對女人；如果說那些女性全都能替我們指引一條道路呢？萬一她們指出的路，帶來更令人滿意的伴侶關係，提升自尊，甚至通往幸福呢？這將違反我們所知的一切，使我們心慌意亂，甚至天翻地覆。無論如何，我坐下來和化名為莎拉（Sarah）與安妮卡（Annika）的兩位女性對談時，我立志要以更深層的角度看她們的故事，不僅僅把她們當成承受出軌代價的警世故事。她們是某種帶路的雪巴人（Sherpa，譯註：散居於喜馬拉雅山的居民，大多從事高山嚮導工作），以第一手的經驗，帶我們走向迷人、刺激、或許是背叛，但最終值得前往的地帶。

莎拉與安妮卡兩人住的地方，只隔幾個城鎮，然而她們的出軌經驗有天壤之別。不過，她們現身說法，讓崔弗斯、梅亞納、尤其是沃克的研究發現立體起來。莎拉與安妮卡讓我們看到，某些女人是如何一心追求性帶來的刺激、她們願意承擔的風險，以及當她們抓住機會時，即便在表面上相當開明的文化，她們依舊得付出的代價。最重要的是，莎拉與安妮卡的故事讓我們看到，女性情欲與環境彼此交互作用——女性身處的文化、她們身邊的人、她們的生活物質條件，全都會造成影響。我們不禁要問：如果女性無法享有性自主，女性究竟有多自由？如果說，我們因為「屬於」一個男人，性方面無法自主，女性的自決程度（self-determination），又能高到哪裡去？此外，我們是如何在不經意之間，繼續深信不疑某些讓我們乖乖聽話（雖然有時不情願）的意識型態，認為「沒錯，女性天生如此」？那些觀念說，女性要克制自我；女性是被欲求的對象，而不是自己主動去追求；好媽媽、好女人對性沒興趣；出軌的女性，基本上不是正常的女性，而出軌的男性，雖然會遭受批判，但他們比較像男人。許許多多似是而非的說法，正是莎拉與安妮卡想打破的成見。

Chapter 3

How Free Are We?

我們有多自由？

四十歲出頭的莎拉是金融資產經理人，看上去嚴肅認真、拚勁十足，但在她精明幹練的外表之下，令人意外地脆弱。我們在她辦公室附近一間小餐館碰面，莎拉看起來愁眉苦臉。[121] 我們在幾個月前認識，我提到我的寫作計畫，莎拉說願意分享自己的故事，希望說出來能讓自己釐清頭緒。不過到了最後，其實是莎拉幫我弄清楚不少事。莎拉的故事挑戰我們重新思考身為獨立女性是什麼意思，以及在性事方面，美國女性與自己、與這個社會磨合時，面臨的所有看似有、但其實沒有的選項。

莎拉在結婚近十年的時候，某天在離家半個美國的一間餐廳吃晚餐，恰巧認識也正在出差的保羅（Paul）。莎拉等晚來的同事出現時，發現彼此就住在附近，孩子也差不多年紀，上同一所學校。莎拉的同事來了之後，兩人便互道晚安，不過隔天保羅寄了信過來。莎拉讀信時，感受到多年沒感受過的心中小鹿亂撞。那封信其實沒寫什麼，不過莎拉告訴我：「光是保羅保持聯絡，就代表他對我感興趣。我很興奮。」

莎拉有三個孩子，自認婚姻不幸福。先生「有時比較像我的另一個孩子，不像伴侶」。兩人的性生活似乎平淡無奇，「雖然是按表操課，但過得去」。莎拉和保羅先是每週通好幾封信，接著變成每天魚雁往返，再來開始傳簡訊。兩人一下子就深入交談，先是談孩子與工作的細節、白天晚上發生哪些事，沒多久就聊起知心話。保羅正在治療憂鬱症，莎拉感到事業停滯。每封信、每封簡訊，讓兩個人更貼近彼此，還共進過幾次午餐。莎拉低頭凝視美耐板材質的桌子，向我解釋：「因為午餐感覺比較安全，同事之間本來就會吃午餐。我們之間有性的吸引，但我能告訴自己，我們光明正大。」

莎拉愛上保羅不經意間流露的自信與魅力，還有保羅對她感興趣這點很重要。這麼多年來，保羅似乎是第一個真心對莎拉感興趣的男人，會問問題想了解她、她的生活、她的想法，還似乎對她的回答很感興趣。以莎拉的話來講：「在保羅身旁，我覺得自己是個值得別人認識的人。我感覺**有人要**，很興奮。至於〔我先生〕……沒有神祕感，也沒有……」莎拉想著該怎麼說才好，「沒有**發現感**。」莎拉想要被發現，想要對某個人來說有新鮮感，想要和新的人在一起。她也想知道保羅的一切。「他令我著迷。」莎拉抹掉玻璃杯壁上的水珠，簡單總結。

保羅和莎拉約會幾個月後，決定替彼此共同的吸引力做點什麼，兩人約好某天傍晚在旅館見面。那天到來的前一週，莎拉性奮不已，一想到自己即將與保羅做的事，在公司、在家裡活力充沛起來。然而，她也緊張得要命，罪惡感纏身。「我腦海裡一直有一個聲音在說：**這是不對的行為，你知道的**。」無論如何，莎拉告訴我，為了她也說不上來的原因，她心動了，總覺得自己有權把握這次的機會。或許是因為這麼多年來，她不只照顧孩子，還照顧先生。或許是因為她勤奮工作，她覺得這是獎勵。也或許只是因為好奇，只因為性欲。不論促使莎拉覺得自己有權踏出去的原因是什麼，她「在遇見保羅之前，大概是世上最好的妻子與母親（不論『最好』的定義是什麼）」。莎拉停下來想了想，向我解釋：「我只能說，我感到快樂，覺得自己有魅力。」保羅的仰慕帶來美好光環，讓婚姻帶來的挫折、為人母的日常壓力，不再那麼令人難以忍受。

然而，莎拉搖了搖頭，告訴我孤男寡女共處一室後，自己終究沒敢跨過那條線。她實在太緊張，罪惡感太強。她開始哭，保羅安慰她沒關係，似乎理解她對於上床的焦慮。然而莎拉分析，保羅大概感到受傷，覺得被拒絕，也或者只是煩了，因為保羅自此斷了一切的聯繫。

兩年過後，莎拉依舊想念保羅的信，想念生活裡有他。

此外，莎拉依舊在試圖了解，為什麼自己會感到如此難過。說穿了，她和保羅「僅僅」只是來了一場網戀。莎拉不懂為什麼真的面對面時，自己無法完成那最後的一步？她攪著咖啡，猜想：「我大概依舊對我的婚姻抱持希望。」聽起來可以理解，也是明智的抉擇，但莎拉顯然後悔自己沒能在已婚狀態下，和其他有婦之夫上床。她一直是好媽媽、好太太，但她不快樂。如果能夠重來，這次她會堅持到底，做她認為是錯的事。

莎拉不是唯一有這種感受的人。我訪問其他女性時，她們認為自己碰上逃脫不了的基本矛盾：拒絕一夫一妻制以外的性愛，或是拒絕有婚外情，感覺上是女性自然會做的事；然而她們深感懊悔，憤怒自己做出重大犧牲。儘管饒舌歌手CupcakKe高唱女性的性自主[122]、《柯夢波丹》（*Cosmo*）雜誌大談如何在床上得到滿足[123]、《副人之仁》（*Veep*）影集中的女總統「像個男人一樣」，想上床就上床[124]，我們的社會仍有著根深蒂固的觀念，依舊認為女人在性方面就該乖乖的——像莎拉那樣的女性，她們努力控制自己、壓抑自己，但沒人會覺得她們的犧牲有什麼，畢竟女人本來就不該有那種欲望，好似我們的文化容不下莎拉的欲求。正常版本的故事，應該是女性出軌後後悔不已，得到報應，一輩子身敗名裂，例如文學作品裡的包法利夫人（Emma Bovary）、安娜·卡列尼娜（Anna Karenina）、派娣·柏格蘭（Patty Berglund）。後悔沒外遇、外遇卻不太後悔或一點也不後悔、一開始就不接受一夫一妻制，或是在長期伴侶關係中苦苦掙扎的女人，是我們不熟悉的女性類型。一百二十五年前，挪威文學家易卜生（Ibsen）筆下的女性領先時代：《玩偶之家》（*A Doll's House*）的女主角娜拉·海爾茂（Nora Helmer）為了自主與自尊，拋棄所有的人生；個性複雜難解的海達·高布勒（Hedda Gabler），為了讓涉及舊情人的醜聞不曝光而自殺。近半世紀前，未婚女性開始可以合法吃避孕藥[125]，性開始與生育脫鉤，性也開始與婚姻脫鉤；在那之後，我們看見小說《怕飛》（*Fear of Flying*）中的溫伊莎（Isadora Wing）渴望來一場「無拉鏈快交」（zipless fuck）[126]。然而，今日世界各地的莎拉，讓我們看見許多人依舊深信不移的刻板謊言：健康正常的女性性欲沒有男性強，女性要知足常樂。這種說法暗示著女性一旦向某個人承諾相守，自然而然比較不可能出軌（更別提在各種基礎上她們也比較沒這個權力）。

代表了主流科學看法的「今日心理學」（PsychologyToday.com），刊出〈研究證實：男性比女性好色〉（It's Official: Men are hornier than women）一文[127]，聲稱已經證明女性「不像男性受到強烈的衝動與渴望驅使」，因為理論上女性比較不常自慰或擁有性幻想（即使某些資料反駁這種說法）[128]。

〈研究證實：男性比女性好色〉和許多文章一樣，引用佛羅里達州立大學（Florida State University）心理學者一九七八年至一九八二年的一篇研究。該研究指出，相較於男性被美麗的陌生女性邀請上床，如果是女性被英俊的陌生男性勾搭，女性比較不可能答應[129]。然而，該研究的批評者早已指出，同樣是與陌生人有一夜之歡，女性被殺害的機率較高[130]。此外，即便並未丟掉性命，女性更可能懷孕、得性病、沒高潮，要是被鄰居看到她們有一夜情，她們會被斜眼罵難聽的話，甚至連朋友也會跟著鄙視她們。

情境決定一切。如果告訴女性：「假設這個男人邀你上床，他不會殺害你，也絕不是爛人，而且保證他的技術好到能給你高潮；你也不會懷孕、不會感染得病；你媽媽永遠不會知道，同宿舍的室友或鄰居也不會有人知道。這個男人不會抱怨你的身材，事後也不會到處亂說。他事後會／不會傳簡訊，你們會再見面／永遠不見面，都依你的意願決定。」總歸一句話，所有的事完全不必擔心。如果我們要真正知道女性的性欲多寡，一切的條件都必須設定好，讓她們感到可以那麼做，願意承認自己有性欲。除非是做這樣的測驗，要不然我們必須考量，剛才提到的研究，大概只是在評估相較於女性，男性有多願意承認自己有性欲。猜猜誰會贏？

離婚與雙重標準

有研究顯示，相較於妻子發現先生偷吃，如果是先生發現妻子紅杏出牆，離婚機率較高[131]。其他專家告訴我們，**女方**外遇特別容易使婚姻或伴侶關係破裂[132]。要是考量這個社會長久以來對偶外性行為抱持的雙重標準，相關發現十分合理。

除了獨立宣言提到的生存權、自由權和追求幸福的權利，雙重的性標準也是美國人的基本信念。派翠莎．史考特．德茲（Patricia Scott Deetz）與詹姆斯．德茲（James Deetz）在探討普利茅斯殖民地（Plymouth Colony）歷史的《他們生存的年代》（*The Times of Their Lives*）提到，在普利茅斯及其他清教徒首度開墾貧瘠農地的地方，人們過著虔誠生活，以極度扭曲的方式嚴懲通姦[133]。一六三六年首度編纂法典時，通姦是死罪，用死亡來懲罰（普利茅斯不曾有人因通姦罪被處死，麻薩諸塞灣殖民地〔Massachusetts Bay Colony〕則嚴格執行，曾有三人因而喪失性命）[134]。一六五八年時，法令規定通姦至少要處以鞭刑，還得強制在衣服上縫上「通姦」二字[135]。

德茲夫婦告訴我們，一六三九年時，在達克斯伯里（Duxbury）一地，有一個叫羅伯特．曼德姆（Robert Mendame）的人，他的妻子瑪麗（Mary）被控與「印地安人」提辛（Tinsin）有染[136]。瑪麗被處以鞭刑，還被迫穿上繡著「通姦」的衣服。她要是不服從，臉將被打上烙印（提辛和瑪麗一樣「被鞭打，但是被綁在柱子上」）。瑪麗如果是男的，命運將完全不同，因為殖民地在十七世紀那段期間，男性就算已婚，依舊可以和未婚女性上床，就算被告，罪不會那麼重。相關處罰是鞭刑或坐牢三天，罰款十鎊[137]。不過，如果是與已婚婦女上床，那算通姦：「通姦被視為破壞婚姻的結合，理由是女方已婚。先生則不受相同的約束。[138]」德茲夫婦解釋，和別人的老婆上床除了有損道德，還侵害了丈夫的財產權（某些歷史學家指出，這種看法源自中古歐洲，後文會再提到這件事有悠久的傳統）[139]。瑪麗．曼德姆這樣的女性是財產，不只先生會在意，全社區都會幫忙看著。她們要是犯錯，等於是丈夫的財產被侵占，丈夫、上帝、律法容不下這樣的事。男性要是和這樣的女性有染，除了違背行善的個人誓言，這名男性如果有妻子，也是破壞了與妻子的誓言。此外，他等於破壞了鄰居的財產，不尊重社會契約。不過，不論是否已婚，男性某種程度上比較有放縱的自由。

要是社會不採雙重標準的話，瑪麗有很多方法可以逃過一劫。

近兩百五十年後，理查・馮・克拉夫特－埃賓（Richard von Krafft-Ebing）認為有必要寫下《性心理疾病》（*Psychopathia Sexualis*）一書，以清教徒會感到自豪的筆法，替性的雙重標準辯護：「相較於丈夫不忠，妻子不貞在道德上問題大上許多，法律永遠應該施以更嚴厲的懲罰。不貞的妻子不但使自己受辱，也使自己的丈夫與家人受辱，更別提會有生父不明的問題。」[140]這種虛偽的概念內建在我們腦中，我們至今依舊活在這種看法的陰影裡：女性出軌遠比男性出軌還要聳人聽聞，天理難容。

卡西爾達・潔莎（Cacilda Jethá）是精神科醫師[141]，她與克里斯多福・萊恩（Christopher Ryan）合著了顛覆社會觀點的暢銷書《樂園的復歸？遠古時代的性如何影響今日的我們》（*Sex at Dawn*）。潔莎告訴我一個故事，說明性的雙重標準難以回溯源頭，在不同的環境下都會頑強生存。潔莎的體態宛如舞者，能夠流利說六種語言。某個秋天晚上，我們共進晚餐，潔莎提到自己剛開始執業時，在東非莫三比克南部的馬拉夸內（Marracuene），參加過ＨＩＶ及性病的傳染預防研究，研究經費來自世界衛生組織（World Health Organization）。潔莎與政府的衛生署合作，訪察男女國民的性行為，不少次還連帶得知他們的偶外性行為。潔莎告訴我：「那一帶的人一旦訂婚，男性通常會到礦場工作，替婚禮與婚姻生活籌錢。長時間男方不在的情況下，女方通常會腳踏兩條船。這種事大家心知肚明。此外，由於當地文化認為，生完孩子後，兩年間不能有性事，經常有丈夫在那段期間在外頭和人上床。」然而，儘管當地的文化相對開放，潔莎仍立刻注意到男女受訪者以相當不同的方式，提起自己的外遇。潔莎指出：「男性比較放得開，毫不避諱地講出來！」她搖頭，「女性則死都不肯講，你得用各種方法旁敲側擊。女性顯然比較猶豫能不能講，即便那是大家都知道的事，她們還是認為不能講！男性則完全不覺得，甚至幾乎以驕傲的口吻提起。」

數千里之外，不少我在美國訪談的女性告訴我，她們跟男人不同，外遇「會一直跟著（她們）」。我請她們解釋那句話什麼意思，她們說話的語氣，好像那是世上最明顯的事。的確有過多女性死於嫉妒的丈夫或情夫之手，某些國家依舊對一時控制不住情緒的情殺案件法外開恩。不過，我訪問的女性通常擔心名譽受損，或被抓包後會離婚。這樣的恐懼可以看出女性如何抉擇一夫一妻制，以及男性的伴侶如何抉擇性專一。不過，在要不要冒險出軌這方面，異性戀男女的選擇有著一個重大的差異。

即便是在全球擁有「無過錯」離婚制度（no-fault，譯註：無需證明配偶有過錯或出軌之情事，提出雙方有不可化解之歧義即可離婚）的地區，離婚也會帶來情緒與經濟上的創傷，最受影響的大多是女性。雖然許多人都有刻板印象，想到掏金女騙丈夫錢的畫面，但婚姻破裂時，女性在經濟上遭受的打擊，通常遠超過男性。社會經濟研究所（Institute for Social and Economic

Research）二〇〇八年的研究發現，二七%的女性離婚後陷入貧窮，是男性的三倍[142]。背後的原因通常是女性為了帶孩子，先前離開職場或不曾出過社會。然而，即便是婚前、婚後、離婚後有工作，離婚仍然平均導致收入下降兩成[143]（分居女性的貧窮率是驚人的二七%，是分居男性的近三倍）[144]。此外，此一收入下降效應是長期的，影響深遠：整體而言，女性離婚後，收入一般不曾回到離婚前的水準[145]。澳洲報告發現，離婚女性的資產比已婚女性少九成[146]。女性不笨——她們看見數字、統計資料，以及姊妹、女性友人、女性同事遭遇的現實人生，將一件事謹記在心：離婚很貴。看來錢的考量會讓人不得不遵守一夫一妻制，而並非因為想要選擇性專一。

對莎拉來講，離婚是犧牲一切。她得靠自己付房貸、做家務，放棄小小的奢侈花費，例如讓孩子參加他們喜愛的暑期住宿營。莎拉有著大大小小的考量，想到為了自身的種種欲望（包括性欲），她將得過著較為窮困的生活，孩子尤其會受影響，她因此無法提離婚，也無法冒外遇可能被抓到的險。她覺得要是被抓到，丈夫絕對會離婚。我們坐在那裡，莎拉提出總結：雖然她很久以前就在考慮離婚，開口提離婚「感覺很自私，同時幾乎算得上在自虐」[147]。

換句話說，莎拉決定不和保羅上床，原因不只是她壓抑自己。莎拉碰上人類學家所說的「桎梏」（constraint）——生態與環境現實決定了我們的選項與人生障礙。一般而言，桎梏包括掠食、疾病、獲得卡路里的困難等因子。當然，莎拉不怕被美洲豹吃掉，又有疫苗讓她和孩子能遠離病原體。她生活在工業化的西方，不必打獵，也不必採集食物，到雜貨店就能買到吃食。以人類學的術語來講，莎拉和大多數的美國人一樣，生活在生態釋放（ecological release）的狀態之中。儘管如此，在性自主這方面，莎拉依舊同時面臨內部與外部的龐大桎梏。

莎拉在考量保羅的事情時，害怕「搞砸」與丈夫的關係只是其中一個顧慮。莎拉提到，萬一社群（例如：孩子學校裡的其他家長）認為她有外遇，那會特別丟臉。莎拉拿起一片吐司，開了個玩笑：「我將成為那個衣服上繡著『偷情媽媽』的人。」莎拉不是拘謹保守的人，婚前和不同男人上過床，也不批判朋友趁丈夫不在家和同事偷情。然而，莎拉和我訪問過的許多女性一樣，抱持著我無法反駁的看法：她相當確定親朋好友與離婚法庭法官，有可能對「出軌的妻子與母親」抱持偏見。要是她被控通姦，監護權聽證會可能對她不利，即便她居住的州採「無過錯」離婚法條，理應能使她不至於遭受偏見。

此外，莎拉和許多美國女性一樣，只擁有很脆弱的社會安全網。她的父母住在美國的另一頭。萬一丈夫和影集《離婚》（*Divorce*）早期的某一集中[148]，莎拉．潔西卡．帕克（Sarah Jessica Parker）扮演角色的先生一樣，試圖趕她出門，莎拉沒有娘家可以依靠（莎拉有許多朋友，但帶著孩子和朋友一起住，根本是不可能的事。美國文化以核心家庭為主，又高度重視隱私權）。

莎拉解釋，為了以上種種原因，她「想要」留在乏善可陳的婚姻裡，那一天無法在旅館房間和保羅上床。雖然幾乎是不自覺的，莎拉在心中計算過離婚的利弊——人類學家稱這種考量為「生活史的權衡」（life-history trade-offs）[149]。算一算之後，莎拉決定不要離婚。「萬一」的嚴重後果無處不在：**萬一我先生發現了怎麼辦？萬一保羅的老婆發現了怎麼辦？萬一我進一步愛上保羅，讓生活變得無比複雜怎麼辦？**

此外，莎拉真的離婚後，考慮是否該再次與保羅聯絡，此時她的考量變成平衡追求滿足感與風險。莎拉依舊想和保羅上床，但保羅自從那次週五下午在飯店不歡而散後，再也沒回過信。莎拉告訴我，她覺得要是自己主動聯絡，「太死纏爛打」。即便她也感受到其中的諷刺，但「女人不會那麼做」，不會倒追男人。這下子，莎拉心中的盤算變成：**萬一他拒絕我怎麼辦？萬一他覺得我不要臉怎麼辦？萬一我真的是不要臉的女人怎麼辦？**我們雖然生活在生態釋放的狀態，但意識型態的釋放複雜許多——不受審查、免於他人和自我批判的自由。女性的釋放尤其複雜，因為文化對於男性與女性的性愛，充斥著大量的雙重標準，對女性的感情與性欲也多有誤解。

莎拉最終認為，自己想和保羅在一起是一個徵兆，代表著婚姻已經無從挽回。離婚程序走了超過一年半，壓力十足，令人精疲力竭。一如莎拉所擔憂的那樣，她在情緒上、財務上都被掏空。從後見之明來看，這位能幹的女性，如今坐在日光燈下的破舊桌椅裡，眼眶含淚。她懊悔的不是離婚，而是從前循規蹈舉。她為了當個「好女人」，讓自己不但被情有可原的恐懼包圍，也被道德規範禁錮，無從決定如何使用自己的身體。莎拉離婚後，跟幾個男人約會過，和其中兩人有美好的床事，感情上也擦出火花，但不曾有和保羅在一起時的那種感覺——欣喜地了解一個人與被了解，以及即便有風險，多年後再次發現自己是值得被渴望的、自己原來還擁有能興奮起來的深層欲望。也許對莎拉來講，保羅這麼重要，是因為他再次點燃了她心中那種感覺。如同梅亞納教授的解釋：「陌生人可以被任何人吸引，卻被你吸引——那在我們心中有重大意義。」[150]也或者保羅真的是個很獨特的人，不過莎拉這輩子不會知道了。「桎梏」除了能發揮狗鏈的束縛功能，也是貞操帶。

我和莎拉坐在餐廳裡，早餐的巔峰時刻過去，我忍不住要同情她，這個希望自己當初要是出軌就好了的女人。她曾與這個男人走近到差點有婚外情，想要當這個男人出軌的對象，想再次與他聯絡。我坐在那，覺得莎拉要是早點拿出決斷力就好了。

從前的我們

莎拉如果來自另一個世代，大概會做出不同的選擇。紐約作家潘蜜拉·杜克曼（Pamela Druckerman）在《外遇不用翻譯》（*Lust in Translation*）一書中，介紹一群在一九六〇年代初，和莎拉一樣住在高級郊區的女性[151]。她們住的地方，從曼哈頓過喬治華盛頓大橋（George Washington Bridge）就能抵達，也就是長島（Long Island）、威斯特徹斯特郡（Westchester）

等較為時髦的地區。世隔多年後，杜克曼追蹤這群女性，她們已經搬到佛羅里達州的養老社區，不過這個特殊的女人圈子，以及她們在全美各地為數不少的同儕，她們的性生活，有如故事背景大多設在郊區的美國作家齊佛（Cheever）筆下的小說。她們的故事點出許多事，包括在女性外遇這點上，我們不一定會隨著時代變遷變得更加寬容。

《外遇不用翻譯》中訪問的羅麗塔（Loretta）與芭芭拉（Barbara），回憶自身及朋友圈裡的性事。羅麗塔受訪時六十八歲，結過三次婚，芭芭拉則比她長九歲。

「伊帆（Yvonne）有外遇……」[152]

「琳達（Linda）……接連外遇。」

「愛麗絲（Alice）的婚姻有時還算幸福，有時又不太算。某一年大家幫她辦驚喜生日派對，結果那天下午她在旅館偷情。」

「我想大部分的人都知道，萊斯（Les）的老婆和情夫在一起好多年。」

芭芭拉簡單總結：「反正我們這群人，就跟《冷暖人間》（*Peyton Place*，譯註：美國小說與同名電影，講述某小鎮複雜的亂倫、強暴、外遇等情愛糾葛）演的一樣。」

羅麗塔解釋：「電影明星做的事，我們有樣學樣，在紐約和情人出去喝杯酒什麼的……就像辛納屈（Sinatra）的歌。歌詞是這樣的，你閉上眼睛……」

羅麗塔那個年代的歌曲提供了她們的故事背景，可能還說出她們閨蜜圈的渴望與性文化。

她們懷抱著〈遠大夢想〉（High Hopes），和全美國的人一樣相信〈最美好的還在後頭〉（The Best Was Yet to Come）。她們是美女，就像〈伊帕內瑪女孩〉（Girl from Ipanema），身上穿著Pucci與Lilly Pulitzer的高級時裝，讓池畔與俱樂部生色。她們在派對上喝酒跳舞，站在自己感興趣的男人身旁，老公則在別的房間。她們想飛上月亮，終年感受〈夏天的風〉（Summer Wind）。然而，雖然以上這些歌，唱出她們的希望與欲望，〈午夜的陌生人〉（Strangers in the Night）這個歌名則完全不符合現實情況。這些當年的年輕人妻，在數十年後爭著告訴作家杜克曼，她們勾引的對象與勾引她們的人，正是女性閨蜜友人事業有成的已婚丈夫，情夫是老公平日一起工作、打高爾夫、從事社交活動的人，不是什麼陌生人——這群郊區太太沒因為出軌，被社交圈排擠，正好相反。社交圈是外遇的園地，有著千絲萬縷的影響。

杜克曼訪問伊蓮（Elaine）後，寫下那個年代與環境的標準外遇故事[153]。已婚的伊蓮在二十五、六歲，在叔叔家舉辦的派對上，對艾爾文（Irwin）一見鍾情。不久後，兩個人就在伊蓮的車子裡做愛（「我幫他口交，在車內！我告訴自己：**如果要做，那就全都做！**」）艾爾文告訴伊蓮，他永遠不會離開妻子，不過伊蓮自有方法。兩人在城裡見了幾次面後，伊蓮執行計畫：「我跑去跟他老婆交好，這樣四個人就會永遠聚在一起……有的時候，我和艾爾文人都在紐約，我們在旅館睡著，兩人都晚回家，於是我們四個人那天晚上〔一起聚會〕，〔我〕先生和〔他〕太太一直沒發現我們的事。」伊蓮白天陪艾爾文的太太逛街，晚上對著艾爾文說：

「嘖嘖，你老婆買那什麼東西！」

在距離半世紀後的我們眼中與耳裡，伊蓮工於心計，寡廉鮮恥，甚至有幾分惡毒。然而，伊蓮不是特例。她和她的同類安排一次又一次的幽會，她們知道自己在做什麼。她們和莎拉一樣，有大把機會可以放棄私會計畫，三思而後行，但她們沒放棄，大膽去做，還把事情告訴閨蜜，甚至把已婚情夫介紹給母親。此外，她們談起年輕時做的事，並未不好意思（不像莎拉，對於自己**沒做**的事感到羞恥與懊悔）。相反地，也許是因為她們做自己的主人，冒很大的風險，反倒把外頭那些風流韻事，視為人生一輩子最美好、最刺激的時光。她們告訴杜克曼：「我們沒有任何罪惡感，我們的事每個人都知道，非常刺激，非常有趣！」[154]另一名受訪者南茜（Nancy），也提到進城見情夫的故事。她的情夫是已婚的地產開發商，「某一次，我到紐約和他見面，我故意安排偵探跟著我……追蹤我！」[155]

這群女人對婚外情開始認真後，最後離開另一半。情夫金屋藏嬌，找公寓安頓她們和孩子，等各自的離婚手續都辦妥後，再接走她們。當然，她們依舊付出了代價，但以今日的眼光來看不算什麼，例如當伊蓮告訴父母，她要為了艾爾文離開丈夫，她的母親十分沮喪，但父親塞錢給她。閨蜜也協助她搬家，讓她順利帶著孩子，離開和很快就會變前夫的先生一起居住的家——在那個年代，法院的標準做法是把完整監護權判給女方。伊蓮和艾爾文最後結婚。事實上，那個「從美國東北郊區搬到佛羅里達的團體」，那些今日上了年紀的女性，日後全數嫁給外遇對象，其中幾人後來又再度外遇再婚。人類學家會把那個佛羅里達群組，視為把外遇當成「過渡期橋樑」（bridging）的一群人。世界各地的女性，某些人一邊靠偶外行為測試潛在的伴侶，一邊繼續享有擁有伴侶的好處——大多是物質上的好處，不過也有人因此得到另一半一起養孩子的同伴與合夥關係，而且有伴侶社會地位也會比較高。外遇是從一段婚姻過渡到下一段婚姻的潛在出口。學者布魯克．謝爾札（Brooke Scelza）研究納米比亞（Namibia）地區的女性外遇，不過她在這方面的研究發現，可以套用在全球更廣的女性身上。謝爾札回顧全球女性的外遇史：「外遇讓女人得以生下她選擇的男人的孩子……或是評估潛在未來配偶的好壞，但繼續保有她在目前的配偶身上投注的心血。」[156]這樣的敘述聽起來不太浪漫，但強調出即便是持續一輩子的外遇，也就是最後再婚，那種我們會認為外遇起因是再婚對象帶來更大的熱情與刺激的想法，其實依舊跳脫不了冰冷的「生活史的權衡」。伊蓮、南茜與其他女人，她們靠著心計找到靈魂伴侶。女人有辦法採取這種「橋樑」或「更換伴侶」（mate-switching）策略[157]的時刻，包括生態情形或環境允許時：也就是身旁有親友支持，協助她們度過換伴侶的衝擊，例如伊蓮的父親塞錢給女兒、閨蜜協助伊蓮搬家等等；或是當社會上的意識型態與分工方式，造成女性這類依賴人口，必須不斷尋找下一個男人，如杜克曼所言，女性必須從父親的保護，過渡到一連串丈夫與情人的保護[158]。另一種可能則是當時有權勢的人物帶頭做了示範，其他人跟著模仿，例如伊蓮的年代碰上著名的花花公子約翰．甘迺迪總統（John F. Kennedy）。

一名受訪者表示，自己到猶太教士拉比那討論罪惡感。為了她想另嫁他人，許多相關的人，人生因此天翻地覆，但拉比告訴她，硬是維持不快樂的結合，反而才會摧毀大家的人生。那位拉比本身也離過婚。拉比的建議，令她感到如釋重負，有了勇氣。此外，當時的文化氛圍也幫了忙——不論男女，外遇都是司空見慣之事。

杜克曼訪問的女性所說出的故事，她們的愛情生活，的確充滿著表裡不一與祕密；相較於我們今日的集體觀點，伊蓮、南茜、蘿莉塔與她們的同類，在當時並未被當成病態的人物。如今我們則有大量的書籍，書寫大大小小令人震驚的出軌欺騙手段。看當代的《教我如何原諒你》這種書名，就能得知今日的社會氛圍[159]。整體而言，杜克曼的受訪者對於自己做的事，尤其是她們撒的謊，不感到羞恥，甚至拜託杜克曼在書中直接用她們的真名（杜克曼最後依舊使用化名），不像採行「各方都同意的非一對一關係」生活方式的人士，還要呼籲偶外調情要坦誠、透明、誠實。伊蓮、南茜、蘿莉塔在第一任婚姻中生下的孩子，成年後對母親的過往感到驚駭；某些受訪者抱怨，她們的孩子甚至不跟媽媽講話。在這個例子裡，做母親的人該有的行為，以及對於外遇的接受度，世代之間的差異是跨越不了的鴻溝。

伊蓮、南茜、芭芭拉、羅麗塔，以及她們的朋友伊帆、琳達、愛麗絲，生活在和莎拉不同的性文化裡。她們在不諳世事的年輕歲月說出：「我願意」，接著在婚後擁有有趣的性生活。今日的我們則反過來：先獲得性經驗，**接著才**「定下來」。伊蓮那一群人不敢相信，今日的年輕人對從前那個年代的事，如此大驚小怪。她們可能會勸莎拉：「享受一下人生吧！」「拜託，每個人都出軌！」不過，她們也曉得，這種話只能對彼此講，或對自己找上門、不會用道德批判她們的好奇女記者講。

生態

安妮卡是徹頭徹尾的現代曼哈頓人，不過她不像同輩的莎拉，比較像杜克曼訪問的那群養老社區女士。她身上散發的時代氛圍，令人想起背景為一九六〇年代的影集《廣告狂人》（*Mad Men*）。安妮卡顯然在婚姻中，不太感受到結婚十年的莎拉感受的婚姻限制，曾多次外遇。介紹我們兩個人認識的女性訝異，安妮卡似乎對出軌一點罪惡感也沒有。這是怎麼一回事？我好奇有了認真的關係後，就不會劈腿和別人上床的女性，以及仍舊會那麼做的人，這兩種女性究竟有何不同。佛羅里達那群年長但絕不保守的女士，她們是因為生長在特殊時空，因而成為那樣的人——那是辛納屈與甘迺迪的花花公子年代。如果你是不甘人生只有這樣的年輕女性，你會為了自身的利益，一起參與那個男歡女愛的遊戲。今日若是跨越那條線、進入非一夫一妻關係的女性，她們則冒著被誤解、非難、排擠的風險，有時甚至會被丈夫或男友殺害。出軌和不會出軌的女性，基本上是否有不一樣的地方？如果有，哪裡不同？和她們的生長環境有關嗎？與經濟狀況有關嗎？還是說性情不同？她們是如何逃脫自我譴責的束縛？

自我譴責具備強大的力量。杜克曼在《外遇不用翻譯》一書中提到，某位美國女性和自己的醫生彼此有意，但那位女性不曾行動，因為她感到連自己都不認識自己了[160]。還有一名已經訂婚、即將結婚的女性，在網路上發表文章，她因為在酒吧親了不是未婚夫的男人，就那麼一次，她差點罪惡感深到跑去自殺[161]。我們每一個人都有說自己絕對不可能外遇的朋友，再怎麼樣都不可能。某些朋友則說她們受到誘惑，「但永遠沒那個膽子」。這些莎拉們，她們渴望性冒險與性自主，但猶豫不決，不敢真的去做。她們和心中沒有顧慮的安妮卡，哪裡不同？前文提到的那群佛羅里達女性，她們先是早婚，接著和丈夫以外的男人有性冒險，挑戰了我們的假設。我們還以為，現代美國人的觀念愈來愈開放，能夠接受女性外遇，性進展有如在空曠空間往前飛的箭，勢如破竹。那群佛羅里達女性提供了令人信服的女性性權力模範，她們儘管結了婚、發過誓要忠貞，依舊有性欲，於是去追求性愛。這端看要從什麼角度解讀，你可以說，在那群佛羅里達女性的年代之後，我們其實是退步的。接下來安妮卡的故事讓我們清楚了解到，女性的人生境況，許多看似與她們的性欲無關的事，像托兒選項、勞動參與、親友網絡等等，事實上卻完全左右著她們最私密的決定。

我訪問完莎拉一、兩週後，坐在安妮卡舒適明亮的廚房裡，閒聊彼此的孩子與工作。安妮卡的個性溫暖迷人，心胸開放，有著一頭優雅隨性的金髮，以及極具感染力的幽默感。安妮卡是北歐人，在少女時代，跟著家人移居芝加哥的富裕郊區。適應新環境並不容易。安妮卡表示：「我習慣高度的獨立與成熟。在家鄉的時候，我可以和朋友在學校的午休時間，到校外吃午餐、喝啤酒，但到了美國後，如果因為塞車上學遲到，還得提出母親的書面證明。好幼稚，好奇怪！」[162]

美國的性標準也令安妮卡感到困惑。安妮卡笑稱，北歐的性教育「幾乎是做給你看」。許多資訊以詳細的細節說明，孩子還沒到青春期就開始教性教育。學校沒教的，安妮卡也會從誠實以告的母親那聽說。「我還記得，某一次母親告訴我：『有孩子的大人，他們會把孩子托給別人，去開房間，自由一下！』……母親讓我覺得性是有趣的事。」在安妮卡成長的地方，性的確是放眼望去「有點無處不在」。「在我的家鄉，你會在廣告看板上看見（女人的胸部），不像在這裡，感覺是很羞恥的事。拜託，在我的家鄉，就連性交易也是合法的。我向來認為除了賣淫，什麼都可以。」

然而，為了父親的工作，安妮卡舉家搬到芝加哥郊區。那個地方的身體與性，與北歐很不一樣。「那裡的學校把性教育稱為『健康教育』，基本上只解釋精子如何讓卵子受精，還警告你不准有性行為。」

安妮卡擺出餅乾，泡了一壺茶，我們聊天。我問哪些形容詞可以形容她的性生活，安妮卡大喊：「多彩多姿！」接著話說從頭。

安妮卡剛移民到美國時，不太能適應，但依舊在新高中交到幾個朋友。此外，她也交了男友，快畢業時開始有親密行為，但美國同學的反應令安妮卡無法理解。「在北歐的時候，我那個年紀的孩子會選擇和人上床，女生某些時候甚至會帶男朋友到家裡過夜。我們的父母都知道，也都允許。但在美國，這裡凡事都要保密，很多小孩都跟別人上床，但只能做，不能講，尤其是女生。這是一個閒言閒語很多的環境。大家謠傳學校裡有兩個女生墮胎，繪聲繪影，但你以為呢？沒人在談避孕的事！大家去派對喝個爛醉，然後就做愛，和我的家鄉太不同了，我無法理解。」

安妮卡接著到加州念大學，在那裡認識了當地人丹（Dan），丹覺得安妮卡很異國風情，幽默風趣。個性害羞的丹身材瘦高，安妮卡回憶：「我立刻愛上他的身材。」此外，丹已經從學校畢業，在中型大學城找到工作，安妮卡那時才剛展開大學的冒險旅程，所以最初沒答應和丹約會。然而，丹沒放棄，安妮卡覺得丹成熟能幹，這點和他的身體一樣具備吸引力。「丹是真正的男人，有工作、有生活。校園裡的那些兄弟會男孩，整天還在喝酒打混。」安妮卡快念完大一時，兩人開始約會，安妮卡從最開始，就感到兩人在性方面並未完美契合。「我覺得幾乎每次都是我主動，好像我很怪。」安妮卡沒和丹討論這件事，只是懷疑起自己的價值，一點一滴喪失自信。「我一直在想，是不是我有問題。」不過，安妮卡喜歡兩人共處的時間，像是一起登山、在丹的住處做菜、聊天。很快地，兩人開始認真交往，認定彼此。安妮卡告訴我：「不過，我們不曾談過要一對一專心交往這件事，只是陷入愛河，因為大家都是那樣談戀愛。」

安妮卡凝視著窗外，陷入思緒之中。

放暑假時，丹要工作，安妮卡則四處旅遊，偶爾會跟碰到的男人上床。她和丹同樣「不曾討論過這件事。我那個時候就對於什麼叫獨立，心中自有一把尺。」安妮卡不確定自己不在時，丹在做什麼，「我猜他也和其他人約會」。不過，也可能沒這回事，因為丹似乎對性沒有太大的興趣。安妮卡一直要自己不去想這件事，心想：**哪有女人會這麼在意這種事？**反正安妮卡好幾個大學的女生朋友，也和男友採取這種「不問，不說，不講」的心照不宣，所以安妮卡沒特別感到自己狀況特殊，即便她希望丹對她更感性趣一點。此外，差點被抓到偷吃和保有祕密，令安妮卡感到尷尬又有壓力。安妮卡畢業後，她和丹在城裡找了一間公寓同居，丹很快就提出要結婚的事。

安妮卡幫我們兩個人各倒一杯茶，告訴我：「可能是因為我的北歐背景，我不是很急著結婚。我父母有朋友在一起很久了，也有孩子，但還是沒結婚。」

此外，性事也是一個問題，丹上床的性致沒有安妮卡強。「那令我感到……被拒絕，沒人要。丹總是說，那是因為他的睪固酮濃度低，或是他累了。某段時間，我會和工作或派對上認識的人一夜情。老實講，要是我和丹有美好的性生活，我不會和別的男人上床。我覺得我有權擁有性生活。」然而，「非揭露的非一對一關係」是很大的情緒負擔。幾年下來，安妮卡有幾次差點被丹抓到。某一次，一個男的把外套忘在兩人家中，丹起了疑心，問那是誰的衣服。安妮卡心臟砰砰跳個不停，編了個藉口——那件外套是兩人某個共同朋友的衣服。安妮卡心想，為偷吃冒險實在不值得。

然而，和別的男人在一起很刺激，讓安妮卡感到自己還有人要，因為丹對性絲毫不感興趣。安妮卡和社會學家沃克訪談的對象一樣，靠非揭露的出軌來「支撐」缺乏性事的伴侶關係。

丹再次求婚，安妮卡以為這樣可以解決問題，至少這是她該為丹做的事。「我心想：**他是美國人，婚姻對他來說有很重大的意義。或許結了婚，對我們兩個人來說都好。**」安妮卡答應結婚，有一陣子事情真的好轉。

然而，過了起初的蜜月期後，丹又回到對性不感興趣的狀態，跟婚前一樣。安妮卡再度和別的男人上床，心中的確懷有罪惡感，但也感到很刺激，整個人活了過來，她有人要。

「我還記得那個感受……」安妮卡露出被嚇壞的表情，吸了一口氣，「電話鈴聲響起，我知道是外遇對象打來的，我得假裝那是別人，因為丹就站在那裡。那很累人，我好幾次差點得心臟病，那種壓力——說了一個謊，就得說更多謊來圓，那是外遇真正困難又累人的地方！有時我會想：**好，我得停止做這種事，太困難、太危險。**」事情差點被拆穿的心驚肉跳時刻，是偷情故事裡必備的重大轉折元素。不信的話，可以去看電影《大開眼戒》（*Eyes Wide Shut*）、YouTube上自成一類的「偷吃被抓」（cheaters getting caught）影片，或是紐約作家卡門・麗塔・王（Carmen Rita Wong）的小說《永不嫌遲》（*Never Too Late*）[163]。小說中，能幹的已婚拉丁裔女同志曼達（Magda），因為和報復心強的女性來了一場一夜情，幸福生活急轉直下。

安妮卡和許多小說或真實人生中的女性一樣，無法制止自己出軌，因為她們從外遇中得到太多，包括安妮卡渴望的新鮮多元性體驗。「我認為不論你多努力，不管有多刺激，即便你婚姻幸福——而我不幸福，至少在性這方面不幸福——你依舊會想念你非常興奮的那種感受，一切是新奇的，你茶不思飯不想，你和這個新認識的人之間，有著非常強烈的情緒感受與性體驗，我一直在追求那種感覺，我抗拒不了。」

安妮卡和莎拉、杜克曼的佛羅里達受訪者一樣，生活在前文梅亞納教授所談的「性欲自我聚焦」之中[164]。別人如果認為她性感火辣，她就會感到自己性感火辣。安妮卡想要被渴求，當廝守一生的男人不渴求她時（或是以梅亞納的研究對象來講，永遠只能與單一男性在一起時），安妮卡變得憔悴，以我們不願承認、但也無法否認的方式被驅使。

安妮卡直覺就知道自己是怎麼一回事，但她還以為那些事實使她「不同於」其他女性，以為自己一定是哪裡有問題，居然不只想跟丈夫上床，也對其他男人有欲望。不過，安妮卡因為在北歐長大，還擁有一、兩個和自己一樣的閨蜜，除了想要認真的關係，也想要有性生活，也因此安妮卡自責的情緒沒那麼強。安妮卡和我訪問過的多數女性一樣，把有性欲當成負面的事，認為那是一種缺陷。她告訴我：「我因為認識其他無法維持一夫一妻制的女性，減輕了自己不正常的感受。」安妮卡和丹偶爾還是會上床，沒避孕（安妮卡告訴我，她和婚外情上床時，永遠使用保險套），也因此結婚幾年後，安妮卡懷孕了。此時她人生已經有一群姊妹淘，當中有高中同學、大學同學、在非營利世界工作認識的朋友，其中有幾個人也懷孕了。安妮卡隨時隨地都在害喜，身體非常不舒服，靠著姊妹淘的相處時間撐下去。女兒出生時，她哺乳不順，壓力大，睡眠不足。安妮卡辭去沒有真正育嬰假的工作，因為家裡請不起保姆，又不想把新生兒交給全天的托兒所，只靠一份薪水在城市裡生活不容易。丹開始大量出差，他告訴安妮卡這樣才容易加薪與升遷，領更多分紅。

「丹不在家時，我盡量每天都用揹巾帶孩子出門，到附近的咖啡館和女性朋友見面。要不然我會非常寂寞。」安妮卡光是回想那段時期，整個人看起來就憔悴起來。

安妮卡告訴我：「當時我父母已經搬回北歐，他們來探望我們的時候，不敢相信我們過得這麼慘。」安妮卡起身到廚房弄了點東西，端上更多餅乾。「我的家鄉有很好的托兒服務，以各種方式協助產後的女性。相較之下，美國什麼都沒有。」

安妮卡在女兒出生還不到一年，「才剛剛比較會帶孩子」，又懷孕了。

許多事第二次會比較簡單——懷孕、生產、換尿布、幫剛出生的兒子餵奶。然而，安妮卡比以前更累了，身心俱疲。朋友偶爾會過來拜訪，發現睡眠不足、心情沮喪的安妮卡，和孩子一起坐在客廳地板上哭。安妮卡想過要回去工作，但現在有兩個孩子，托兒費更貴。出去上班的錢，大概還不夠請保姆或請人帶孩子。安妮卡查了家裡負擔得起的日托服務，但覺得對方一個大人顧太多小孩。她可以自己在家帶，花錢請人好像不太好。安妮卡感到被困住，心情時好時壞，她形容「我的性欲冬眠了」。安妮卡是完美的典型例子，說明了生態與環境狀態是如何支持或困住女性。原本自信果決的安妮卡，因為移居的國家缺乏幼兒照護服務，對新手媽媽很不友善，婚後又住在男方的屋簷下，缺乏娘家爸媽與親戚的支援，被折磨到不成人形。安妮卡的女性朋友扮演著助一臂之力的重要角色，但朋友也各有各的壓力和挑戰，大多和安妮卡一樣，財務上得靠丈夫，育兒時孤立無援。

等孩子會走路後，丹升了職，更常出差。他現在薪水比較高，終於真的住得起市區，卻提議搬到附近的郊區，理由是那裡的公立學校系統比較好。安妮卡不覺得這是好主意，因為她不快樂的青少年時期，就是在美國郊區念書，文化上被孤立。然而，丹說服她搬到郊區後，生活空間比較大，會有一個大後院，住起來比較舒服。需要圖書館、兒童博物館、家庭餐廳的話，他們可以開車到附近的鎮上。安妮卡對於離開城市感到不安，即便是在最黑暗的日子，熱鬧的街道與城市生活仍能振奮她的精神，跟支持她的姊妹淘見面也容易。然而，他們最終還是全家搬到郊區。

新家讓安妮卡在多數時候處於孤立無援的狀態，一個人帶著孩子整天關在家裡，工作成為遙遠的記憶，丹幾乎永遠都不在家。

「有很長一段時間，家裡只有一輛車，所以我連離開家都沒辦法。後來雖然又買了一輛，但我永遠很累，想到要把孩子準備好，弄東弄西，大老遠出門一趟……就覺得還是算了」。夏天的時候，住在城市裡的朋友會過來看她，在泳池旁和孩子享受悠閒生活。安妮卡靠著期待與朋友見面的機會苦撐下去，感受到人際連結，不再那麼孤單，但她無法向朋友透露自己的日子過得有多苦，因為「這樣會破壞相處的氣氛」。在大多數的日子，安妮卡都是獨自一人。

「那裡的每棟房子彼此都離得很遠，鄰居之間不可能有太多互動。基本上，有好幾年時間，我等於是住在車庫裡，和孩子一起做勞作。」安妮卡安靜下來，簡單總結：「當時我的精神狀態愈來愈差。」

在這個階段，她和丹的性生活完全消失。丹告訴安妮卡，出差讓他很累。安妮卡告訴我：「我的生日在四月中。某一次，四月初的時候，我說我想在生日那天做愛，因為我們聖誕節後就沒做過愛！」安妮卡說她不想離婚，因為她基本上還是喜歡丹，也不想讓孩子有離了婚的父母。此外，安妮卡和莎拉一樣，不想在聚餐時形單影隻，也不想當在學校接孩子時的單親媽媽。安妮卡表示，還有就是「我直覺知道，離了婚社會地位會下降。你是**那個離婚的媽媽**。人們甚至可能會覺得你瘋了。美國對離婚女性很不友善，不信任她們。」安妮卡歎氣，「你是瑕疵品」。

家裡最小的孩子上幼稚園後，安妮卡的人生倒了過來。丹坦承在外面有交往很久的女友，他把妻兒送到郊區住，目的是想跟女友多相處一點時間。丹所謂的「出差」，其實大都是和外遇對象在一起。

故事的發展急轉直下，我試著壓下訝異的表情。

「我猜某些人會說這叫報應，或是報復，或是管它叫什麼，誰叫我那麼多年都偷吃。」安妮卡面無表情，「然而，我們住在郊區時，我完全沒亂來。我很孤單，在先生『出差』時，一個人養孩子」。她深吸一口氣。

「我沒工作，跟這個世界沒有聯繫，整天待在家帶孩子，身邊沒有家人、沒有朋友，無依無靠。」安妮卡要我一定得寫出來，她的外遇都發生在有孩子之前。孩子出生後，她沒時間、也沒興趣在外面玩，誠心想讓婚姻路走得長遠。

莎拉與安妮卡的故事，一直讓我想起伯格納的《女人到底要什麼？》那本書[165]。伯格納曾經跟在研究人員金・沃倫（Kim Wallen）身邊一陣子。沃倫是美國艾文理大學（Emory University）「耶基斯國家靈長類研究中心」（Yerkes National Primate Research Center）的神經內分泌學家與心理學家，曾對恆河猴（rhesus macaque）進行觀察。過去母猴通常和公猴一起被關在籠子裡，交配似乎都由公猴主動，粗魯爬到母猴身上，母猴默默忍受。這件事除了被記錄在獼猴的靈長類動物文獻，也被當成來自動物世界的證據，證明雌性的性欲基本上是被動的，比雄性「少」。難道不是嗎？然而沃倫不相信這個論點，心想：**要是增加動物待在籠子外的時間呢？會不會改變恆河猴的性之舞，也改變我們對於雌性性欲的看法？**果然，母猴不再被關在籠內後，過著令研究人員瞠目結舌的性生活。母猴在生活的範圍變大後，不再呆呆忍受交配，成為主動的一方，自信滿滿、鍥而不捨，像跟蹤狂一樣尾隨公猴，還拍打地面，像在敲摩斯密碼一樣，命令：「把性給我端上來！」此外，母猴和一同生活的所有公猴都交配過幾年後，母猴陷入無聊，懶洋洋的。沃倫心想：**要是多給她們幾隻新公猴呢？**果然，有了新鮮貨之後，母猴再次為性瘋狂。她們出了籠子後，跟在籠裡完全不同。

另外，我想起人類學家貝弗麗．斯特勞斯曼（Beverly Strassmann）在馬利（Mali）做的研究[166]。當地的傳統強迫女性在每個月的「那個時候」，必須待在「月經小屋」裡。斯特勞斯曼指出，如此一來，男性就能「回推」妻子的經期，得出大約的排卵日，判斷妻子是否忠貞。這是一種很有效的桎梏，生父為偶外配對的私生子率（extra-pair paternity），馬利一帶全球最低。

女性人生中的性愛、經濟、生態環境，彼此深深連結，牽一髮而動全身。以安妮卡的例子來講，郊區房子和關獼猴的籠子、馬利的月經小屋，沒有太大的不同——一個扭曲與改造她的性欲的有限空間。此外，安妮卡的先生靠這個辦法，得以追蹤妻子的去向、將她與其他男性隔離開來，自己卻能在外頭為所欲為。莎拉是另一個版本的故事，同樣受到桎梏。莎拉是女權主義者，事業有成，但依舊不敢滿足自己的性欲與談戀愛的欲望。她無法做想做的事，缺乏性自主能力，以矛盾的心態遵守男女不平等的強大行為準則，最終感到後悔、憎恨、悲傷。兩個女人的經歷都屬於整體大規模文化轉向的一環，可說是放大版的外遇故事，經濟、個人、性方面的女性獨立與女性自覺，變成附屬於他人之下，必須尋求許可、依賴他人。愈來愈多人類學者告訴我們，這種轉化背後的無情操縱動力，不是個別的男性或女性、不是政治或政治人物，也不是民族國家的興起，甚至不是制度性宗教。

而是農業。

要不是因為農田與農業的出現，安妮卡、莎拉與你我，今日可能過著相當不同的生活。

Chapter 4

Ploughs, Property, Propriety

犁、財產、體統

今日美國女性的性生活，每個安妮卡與莎拉先前已經碰上、未來可能遇到，以及想要而不可得的事，大多和人類上古時代一個想都想不到的時刻有關。我們的性欲與超我，我們感受到的自由程度與行為規範，我們因為欲望高漲渴望突破，又因自我譴責縮回來，如同被釘住的蝴蝶、被困住與保存在琥珀裡的蟲子。一切的一切都是遠古的一個事件帶給今日的人為影響。原本四處移動覓食的女性被「固定住」，固定在歷史的頁面上，失去行動能力，轉換成不同的生存方式、思考方式、生活方式⋯⋯以及不同的性愛生活。

女性的重大命運轉變，大約發生在一萬至一萬兩千年前，地點是肥沃月彎（Fertile Crescent）的約旦河谷（Jordan Valley），也就是今日中東一帶[167]。在那裡，人類的活動產生變化，從原本靠狩獵與採集維生的生活型態，開始栽種植物，愈來愈依賴耕作而來的作物，不再為了生存四處覓食。此一轉變帶來人類史上的重大轉捩點：農業興起，人類開始專注於收成，不再那麼仰賴四處遊蕩的採獵生活方式，定居下來，開創帶來「進步」的環境。理論上有了農作物後，人類再也不必過著朝不保夕、僅夠餬口、為明日擔憂的生活。有更多食物給更多人吃、更能確保資源充足，人口隨之增加。錦上添花的是，種植作物甚至還能不時帶來前所未有的餘糧，我們開始替長遠的未來儲備穀物，即便碰上水旱災等從前會帶來重大缺糧問題的事件，也不必擔心。有了穩定的儲糧後，就有辦法維持高人口數量，據說人類除了人口數因此倍增，「進入文明」。我們再也不必為了尋找食物，在大地上遊蕩，蓋起永久性村莊，建立前所未有的龐大社會，過著人口密集的生活，以求接近作物與作物收成者。人類活動愈來愈複雜，不再「僅僅」為了求生存而蒐食。

> 群居人口學會種植、儲存、分配食物，發展出現代文明的特徵：人口密集的都市、集權政府、制度性宗教、私人財產、專門的職業、公共工程、稅賦、科技、科學。人類在開始種植作物、馴化動物之前，當過千萬年的狩獵採集者。然而，事情一旦發生，走向現代文明的轉變便銳不可當。[168]

能夠儲存食物、預先替饑荒做準備，絕對是農業帶來的好處。農業的確帶來重大的生活改善：早期農夫留下的骨骸顯示，他們比狩獵採集者更不容易得骨關節炎[169]，較少有重複性的關節使用，整體而言一生承受較少苦難。此外，農業顯然促成人口增加。

然而，歷史學者、考古學者、人類學者的新發現，很難替農業是人類得以「進步」的主要功臣說法自圓其說。考古證據與人類遺跡顯示，對我們的祖先來講，從採集走向農業，並未一路改善人類的生活型態與健康[170]。知名的人類學家與作家賈德・戴蒙（Jared Diamond）直言不諱，把人類走向農業稱為「我們自此不曾再站起來的災難」與「人類史上最嚴重的錯誤」[171]。大量仰賴碳水化合物、缺乏鐵質的新型飲食，不利於人體的成長發展。雪上加霜的是，地力耗竭最終導致農作物缺乏營養素。在此同時，比鄰而居的農夫競爭水與田地等資源，此類競爭與食物短缺帶來了財產概念；接著又帶來爭奪財產的衝突。人類生活於全新世年代（Holocene）的祖先，由於和其他人類、農場動物、人類與動物的排泄物生活在一起，讓自己暴露於大量的新型疾病之中，包括肺結核、梅毒、不特定骨發炎（nonspecific bone infection）等等，水源也遭受汙染。重度仰賴穀物的飲食，改變了人類的顏面形貌——顎部縮小，使牙齒咬合不正，還帶來嚴重威脅健康的感染。

事實上，農業革命或新石器時代革命，除了代表勢不可免、無法阻擋的進步，經濟與社會關係全面重組，建立起階級，結果有好有壞，但大部分是壞的，對女性尤其不利[172]。簡單來講，人類先是為了食物、日後又為了獲利，走向重度依賴種植作物維生，就此改變兩性之間的每件事。人類種下三個相關概念的早期種子，日後帶來後果——女性成為男性的財產；女人就該待在家裡；女性「天生」該守著單一配偶。更奇怪的是，由於耕牛與耕馬的緣故，女性最私密的決定，就此成為公共事務；女性的性自主改由社會與律法來操控。

「為我被性包圍」

女性搜食者四處遊走，每週可能多天遠離丈夫或伴侶。相較之下，農業讓女性的生活變得靜態[173]，更容易掌控。女性的自主權出現不易察覺但影響深遠的轉變：較為靜態的農場生活，增加了女性的脂肪儲存，促進生育力，縮短了每胎之間的間隔[174]。換句話說，女性以更快的速度，產下數量增加的孩子，母親本人以及大量嗷嗷待哺的孩子，進一步更加仰賴男性提供食物。

關鍵在於進入農業時代後，人類的居住模式與社會型態也隨之改變。人類學家逐漸形成共識，認為人類並未演化成一夫一妻制的兩人組，而是一起養育孩子的夥伴[175]。在這樣的生活方式下，男性與女性除了以鬆散的連結，一起扶養下一代，還非常有可能與數名伴侶交配。此一生活方式帶來眾多好處。「多重交配」（multiple mating）會構成、不斷強化社會紐帶，減少衝突。合作程度增加，意味著所有人都更能照顧彼此與後代，改善每個個體的繁殖成功率（reproductive fitness，後代會接續繁衍下一代的機率）[176]。今日依舊存在的狩獵採集者與搜食者，提供此理論大量的輔助證據。他們之中的許多人共同扶養後代，「配對模式」（mating pattern）是不那麼嚴格的單一伴侶制。此外，從北美洲到南太平洋，記錄各地原住民的歷史文獻也提供了證據。然而，這理論不符合我們重視的一九五〇年代觀念：「早期的男性」負責狩獵，提供肉類給女性伴侶；女性伴侶帶著兩人的孩子在洞穴裡等待，以人類學家所說的「雙親、一夫一妻制的配對連結方式」（biparental, monogamous pair bond）扶養孩子[177]。儘管如此，目前的學界共識是天擇與早期的人類生活史，其實偏向一種相當不同的社會策略——彼此合作的女性聯盟，以及男女合作[178]。「合作養育」（cooperative breeding）至少可以部分解釋為什麼智人（Homo sapiens）存活下來，其他的早期原人卻消失無蹤。還有什麼會比團結更能增加生存能力？聖路易大學（Saint Louis University）人類學副教授凱薩琳・麥金儂（Katherine C. Mackinnon）告訴我：「其他動物會吃掉我們人類。人類沒有爪子，也沒有又尖又長的利齒，但我們有彼此。合作養育等形式的社會合作，是相當適合我們的社會策略與生殖策略。」[179]

現代還存在的狩獵採集者，讓我們一窺更新世（Pleistocene）可能的人類生活方式。證據也顯示，我們的早期原人祖先，如同現代的狩獵採集者，通常採取從妻居（matrilocal，入贅）的生活方式[180]。也就是說，每一位女性終生和親族生活在一起，仰賴親戚及其他「異親」（alloparent，譯註：親生父母以外的孩童照顧者）或幫手，彼此互相幫忙。幫忙照顧孩子的親友，從小看著這名女性長大，會為了她的利益著想，提供食物與保護她和她的孩子。在這樣的環境下，女性大力協助彼此生存，當女性擁有強大的社會支持，比較不會因為辛苦的育兒工作陷入窘境。其他人會幫忙抱孩子、供應食物，甚至幫忙哺乳。女性擁有自主權是天經地義的事。

全球許多環境下的原住民，依舊以這樣的方式生活。原住民女性擁有社會自主性與性自主權，無意間闖進此類世界的歐洲殖民者對此感到困惑與憤怒。一七六七年抵達大溪地的薩繆爾・沃利斯（Samuel Wallis）船長，對當地美麗女子的行為激動不已，驚異「她們的美德經不起鐵釘的誘惑」[181]。大溪地人對歐洲人帶來的鐵製物品深感著迷，再加上他們習慣以性建立社會連結，大溪地女性經常與水手尋歡作樂。沒有多久，沃利斯船長全船的人，晚上都睡在甲板上，因為他們把所有拿來掛吊床的釘子，全都拿去交換性。兩年後，英國探險家詹姆士・庫克（James Cook）對大溪地人大白天就在做愛表示憤慨，認為他們一點都不顧廉恥，也不顧隱私[182]。大溪地的年長女性顯然會以老江湖的身分，就在庫克的船員與一群大溪地人面前，以和善的語氣，在現場指導與年輕男性做愛的年輕女性；庫克嚇壞了，因為那名女性其實幾乎不需要大家的建議。大溪地的性，顯然不同於庫克本人預設的標準，帶有群體的含義，和每個人都「有關」，大家會在一旁觀看評論。近一百五十年前，一六二三年時，重整會（Recollect，此一宗教團體為日後的方濟各會〔Franciscan〕）的修士加百列・塞加道（Gabriel Sagard），與懷安多特人（Wyandot，又稱溫達特人〔Wendat〕）相處過一段時間[183]。懷安多特人講易洛魁語（Iroquois），生活在休倫湖（Lake Huron）沿岸，以母系、從妻居氏族的形式生活。懷安多特人以種植玉米、打獵、捕魚、採集為生。女性負責照顧作物，是當地長屋型住宅的一家之主。數個家庭透過母系的親族關係生活在一起。塞加道曾經目睹一場傳統的懷安多特治療儀式，懷安多特文化中最有效的藥派上了用場：性。塞加道寫道：

鎮上所有的女孩，聚集在一名生病女子的長椅旁。有時是因為〈幻象〉或夢境……的召喚，生病女子請來大家；又或者是當地巫師（Oki）為她的健康著想，為了治癒她召集大家。女孩聚在一起，一一被詢問，她們願意在隔天晚上，與鎮上哪一名年輕男子睡覺。每個女孩說出一個名字，儀式的主持人立刻發出通知，所有的男子在晚上到來，在那名生病女子的面前，與選中他們的女孩睡覺。從屋子的一頭到另一頭，大家排成一排度過整晚。待在屋子兩端的兩名大家長開始吟唱，搖晃龜殼，從晚上一直到次日清晨都不休息，直到儀式結束。[184]

前述這段話中的「睡覺」是委婉的說法。這個儀式被稱為「endakwandet」，翻譯後的意思是「為我被性包圍」。據說此儀式的治療力量源自女性欲望。在這個宇宙裡，女性的欲望不僅沒被操控，展現女性欲望甚至還能救命。懷安多特人的性事，基本上由懷安多特女性主動。在我們眼中，她們的性自決程度令人驚歎：

居於休倫湖畔的懷安多特人認為，婚前就有性關係完全正常。進入青春期後，很快就開始有性行為……女孩和男性一樣主動……女孩有權在任何時候決定要選誰當情人，年輕男性必須尊重。年輕男性與女性有時會建立長期但非正式的性關係，而這並不阻礙雙方同時和朋友擁有其他性關係。[185]

歐洲人抵達前，試婚是美洲原住民生活中的一環（在今日許多狩獵採集社會，也是典型的做法）。年輕的懷安多特男性贈送海狸皮或貝殼串珠項鍊「求婚」，年輕女性自由測試潛在的丈夫人選數晚，接著決定是否要締結這段關係。不論最後是否答應，都可以留下禮物。這樣的交換和性本身一樣，可以促進社會附著力，讓人一窺女性「有權選擇，改變心意，再次選擇」的世界觀。男性負責提供女性歡愉。耶穌會的傳教士以訝異、驚恐的筆觸，書寫懷安多特女性的自主性。傳教士無法理解，懷安多特的父母如果生到女孩，竟會欣喜若狂。傳教士日後開始壓制當地的婚前性行為、試婚、「為我被性包圍」儀式等習俗，不過不容易做到，因為懷安多特人是母系的從妻居社會，當地人抱持女性平等主義，女性可以自由選擇性事的觀念根深蒂固。一直要到一八七六年的〈印地安法〉（Indian Act），才全面強制執行歐洲的觀念與社會制度，改變懷安多特的居住模式與氏族傳承的習俗。

懷安多特人與大溪地人在與歐洲人接觸之前，並非「高貴野蠻人」（譯註：歐洲人對原住民的理想化幻想，認為他們的文化尚未受到文明的汙染），他們的生活型態也不是伊甸園模範。在以狩獵採集為主的生態環境，女性是主要生產者，合作養育實際上有效又慷慨——分享食物、育兒能力、性——符合每一個人的最佳利益。從某個角度來看，這樣的無私其實有利於個人，目的是促成團體凝聚力、保護彼此、提供一定程度的安全感、得到社會與孩童支持，以及減輕母親的負擔。今日當媽的我們，被孤立在郊區房子或公寓裡，媽媽疲憊、孩子無聊，懷安多特人與大溪地人是夢中才存在的美好生活模式。人類學家告訴我們，那種生活型態的特徵包括全面的平等主義與「重視社會強度」（deliberate social intensity）。男性要是試圖對女性施以暴力或強制行為，或甚至只是不合理的占有欲，每個人都會看到，最後介入處理。此外，借用人類學家赫迪的話來講，女性由於生活在緊密的親族網絡中，永遠可以「用腳投票」，離開再也不想在一起的伴侶[186]。

高度農業化的文化則與懷安多特人及其原住民祖先，形成強烈對比。女性大多會離開娘家的支援體系，和一個沒有血緣關係的男性（丈夫），以及這個男人的親屬，生活在一起。活在男性的親族網絡之中，隱私權時有時無。今日近七成的農業與後農業社會是「從夫居」（patrilocal）[187]。女性生活在陌生人監視的目光下，遠離能保護自己的父母與手足、阿姨和舅舅。女性的性欲被整肅，接收到明確訊息：你最好給我乖一點。人類出現財產概念及隨之而來的變化後，沒多久就開始認為，女性是男性的財產。與已婚女性上床，或已婚女性有婚外情，都是在「侵犯丈夫的財產」。相較於她們未從事農耕的祖先，農業社會的女性遠離原生家庭，身邊沒有會為她們著想的異親，生育率又提高，帶著一大群缺乏謀生能力的孩子，不得不遵守與服從無形與有形的婦德規範。夫婦要是脫離大團體自行生活，受到的保護就又少了一層，女性更加得依賴男性伴侶的支援，命運得看男方是否對她好。雪上加霜的是，大多數的時候，女性身旁沒有人會把她的最佳利益放在心上。隱私權掩蓋住男性的行為，男性因此不受到大型社會單位的監督，不必直接對社會負責。

學者海倫．費雪（Helen Fisher）與前文提過的安吉、萊恩、潔莎等思想家，近年來再三強調與拓展一個概念：女性之所以會從擁有自主權變成依賴人口，農業扮演著關鍵的角色。農業使居住模式與生產模式產生變化，削弱了女性自決權，帶來眾多影響，以重要、全面、持久的方式，使我們被「性別化」（gendered），也使我們被「性化」（sexed），我們再也不是懷安多特人。

然而，把錯怪在農業頭上，就像怪女人是禍水，沒注意到一個更難以察覺、更揭露真相的事實。在今日的美國，像莎拉那樣的女性，經歷了或多或少具強制性的一夫一妻制。事情究竟是怎麼一回事？為什麼會那樣？其實起源於那個事實。把農業社會細分來看，在某些形式的農業環境中，女性其實過得不錯。事實上，專家告訴我們，在有鋤頭與挖棒（digging stick）的地方，在有灌溉農業、社會結構為母系、從妻居的地方，女性是重要的主要生產者，家裡主要靠她們養。早在一九二八年時，人類學家賀曼・鮑曼（Hermann Baumann）便在論文〈非洲鋤耕文化依據性別分工〉（The Division of Work According to Sex in African Hoe Culture）中指出：「可以說，女性與鋤耕文化存在著連結；那就更不用說，女性統治、從妻居的社會系統與原始土耕之間，存在著公認的連結。」[188]

在全球各地的鋤耕農業，女性負責除草、耕田、翻土，也就是作物能順利成長的關鍵步驟。由於鋤頭可以輕鬆舉起與放下，女性有辦法一邊工作，一邊看著也在外頭幫忙的孩子。女性因為和男性一起工作，負責執行**主要**生產的基本工作，在個人、家庭、社會、政治等各方面的事務，皆擁有力量與發言權。在此同時，稻田農業需要許多幫手，婦孺也得出力。稻田農業和鋤耕經濟一樣，女性的工作很重要。在稻田與鋤耕田，女性勞力是整個群體能否過得好的關鍵。女性的社會地位反映出女性不可或缺的貢獻。沒有女性的話，大家都沒東西吃。

經濟學家與社會學家指出，盛行在特定區域的農業習俗淵遠流長。在東南亞的某些地區，女性在農業經濟中扮演重要角色，因此保有母系繼承與從母居生活帶來的優勢，或稱為「女性留居」（female philopatry）——意思是女性待在自己出生的原生家庭中[189]。也就是說，男性若要結婚，基本上得「接受面試」，生活在妻子的親族之中。這種內建在社會中最基本階層的做法，可以平衡權力的不平等，避免男性對女性施以控制與暴力。維吉尼亞大學（University of Virginia）的社會學教授雷・布魯格（Rae Blumberg）廣泛書寫不同類型的農業與連帶的女性命運[190]。教授告訴我們，女性祖先在稻田裡工作的地區，包括印尼、馬來西亞、緬甸、柬埔寨、寮國、泰國的部分地區，女性依舊擁有重要的權力與自決權。

> 〔這些地方的〕女性被納入……勞動力，女性至少掌控著部分的經濟資源，例如收入、賒貸能力、土地及其他遺產。東南亞女性向來是創業者，也是獨立的市場交易者。除了透過整體而言對女性有利的親族／財產制度，女性手中握有繼承而來的資源，也掌控著經濟力量。[191]

相較之下，某些灌溉農業則為**男性**留居——也就是男性待在原生家庭，女性搬進男方家中。這種農業社會裡的女性，日子就沒那麼好過。以東亞為例，包括中國北方、日本、南韓、台灣，以及南亞的巴基斯坦、印度、孟加拉的許多地區，由男性主導的親族與財產制度，通常讓女性淪為家中的無薪勞動力。此外，由於這些地區的地方市場由男性代代掌控，女性依舊很難獨立做生意賺錢。

不過，女性碰上最糟命運的地區，似乎是過去或目前盛行**犁耕**農業（plough agriculture）的地區。只要是使用犁的集約農業，女性命運每況愈下，甚至到達令人絕望的程度。她們成為唯一的依賴人口，自主性全面減弱與受限，許多時候甚至毫無自主權。而情況起因於一個原始的農耕工具，以及它帶來的許多社會變化。

相連的命運：女性與役畜

可能早在公元前六千年，肥沃月彎的美索不達米亞人，就在使用牛拉的犁[192]。較為小型的犁，則再早兩千年就出現了。後來埃及人，以及再後來的希臘羅馬人，也靠馴化的騾子拖曳較重的大型犁[193]。犁這種農耕工具，不同於丹麥經濟學家伊絲特・波色亞（Ester Boserup）指出的「輪耕」（shifting cultivation）所使用的挖棒與鋤頭，犁需要強大的手臂握力，也需要足夠的上身與身體整體力量，才拖／拉得動，或是必須要能夠操控拖犁的役畜。

人類學家奧古斯汀・富恩特斯（Agustín Fuentes）告訴我們，一項整合四十六項綜合分析的研究顯示，我們認為的兩性「基本差異」，只有少數具普世性[194]。昆族（!Kung）男孩的專注力和昆族女孩一樣好。約旦、卡達、阿拉伯聯合大公國等三個中東國家的女孩，數學比男生好。不過，全球各地男性的握力、扔擲速度、扔擲力氣皆勝過女性。在用犁耕田的環境，男性因此突然在體能上占優勢，持續占上風。原因除了犁田需要動用上半身的力氣，也因為幫忙犁田的大型動物相對危險，有可能失控，不適合一邊犁田、一邊帶孩子。這兩件與犁田有關的事加在一起，帶來新型的嚴格性別分工：男性在外耕田，女性從事次級生產，包括在家育兒與準備食物。這種「主外／主要生產」vs.「主內／在家／次要生產」的區分，帶來「女生天生該扮演的角色」觀念，包括女性應該「待在家」；母親「本來就是」雙親中主要負責照顧孩子的人；以及女性的勞動價值比較不重要，不如男性賺得的養家收入[195]。

在新型的地位階層中，女性再也不是主要生產者，女性的命運急轉直下。男性這下子不必給聘禮（交換可以與某人的女兒結婚的權利），反而可以要求嫁妝。女性的父母有義務付錢給別人，讓他們帶走自己的女兒，娶為妻子。在某些文化，生女兒「太貴」，於是家庭開始殺死女嬰。某些地方則把女兒送給別人當妾或小老婆——這是最好的結局了。此外，自從人類開始使用犁，性別分工讓女性的地位低於男性後，也開始重視處女的觀念。人類學家奧特納（Sherry Ortner）指出，在階層嚴明的社會，女性貞操具備貨幣價值，地位低的家庭向上爬的唯一辦法，就是把女兒嫁給地位高的家庭[196]。作家安吉指出：「強迫維持處女之身……成為家中男性必須嚴加看管的任務，就連女性也幫忙監視。」如果女性再也不是主要生產者，她們的次要價值必須被緊緊守住。男性想方設法看管女性，女性本身也經常協助男性這麼做。

歷史學者史蒂芬妮．昆茲（Stephanie Coontz）指出，「女性裝飾」（female ornamentation）很快就開始助長耕犁所帶來的性別階層與階級[197]。起初在中東，接著是全球各地使用犁的地區，沉重的珠寶、限制行動的華麗繁複衣裳、修長的指甲，全都能讓人知道這名女性不工作——她沒辦法工作。人們連帶也會知道，這個女人的丈夫是成功的富人，以及這個女人不是自由之身。從這個角度來看，女性裝飾的功能，顯然在「讚美」新版本的女性特質，還能在象徵意義上隔離女性。某些地區甚至真的把女性關起來。公元前二〇〇〇年時，男女授受不親在中東已是普遍的做法。女性消失在公眾的視線之中，地位高的男性得以向這個世界展示，他們是如此富有，妻女不僅不必工作，甚至連離開房子都不需要。足不出戶與女性身上的裝飾品一樣，清楚證明了女性的剩餘價值，也助長了女性是財產的觀點。她們不是人，也不是生產者。女性是昂貴的物品，被有錢有勢的男人養著。為了方便起見，也為了實際的作用，必須關住女人，把女人和男人隔離開來，擺在深宅大院裡男性止步的「閨房」（zenana）或「女人的住所」裡，確保女性不會在性方面犯錯[198]。**小心啊！**不論是律法、道德觀念或文學作品，現在全都提醒著男性：「千萬別讓別人把種子，播種在你的土壤裡」[199]。

萬一真的出事，女人墮落了，這下子孩子父不詳的問題，比歷史上任何時刻都還要麻煩：男人面臨將財產、土地、權力留給非親生子的可能性。女性只能有一個伴侶的制度，如今被強制執行，變成被歌頌讚揚的神話，還制度化與立法，成為一定得遵守的基本原則。在新版的社會，資源被一家之長傳至下一位一家之長手中。要是未能確保女性只有一個性伴侶，新社會將瓦解。

指望女性會自律忠貞，成為男性一輩子最大的賭注。

耶洗別（們）

《聖經》中耶洗別（Jezebel）的故事，說出重視子嗣、焦慮女性掌權與女性性自主的概念，是如何逐漸與傳統西方思想及宗教交融。如同作家萊思麗．海澤爾頓（Lesley Hazleton）精彩的耶洗別傳記指出，耶洗別除了在歷史上真有其人，其實也是光陰荏苒之中，不斷被後世改寫的一種代表性人物[200]。《舊約》的「編輯」在數個世紀間，不斷改寫《聖經》內容。故事原本講述耶洗別王后的故事，講她如何擔任以色列王亞哈（Ahab）的妻子，成為先知以利亞（Elijah）的重要敵人，最後卻變成講述全體女性命運的故事。

耶洗別是腓尼基的公主，崇拜巴力神（Baal），《舊約．列王記》說她美豔絕倫、詭計多端、挾勢弄權。傳說中的她除了熱愛打扮，還被描繪成矯揉作態看著鏡子，是人類史上最早愛自拍的美女網紅金．卡戴珊（Kim Kardashian）。此外，耶洗別還酷愛權勢，費盡心思讓丈夫亞哈統治的人民，改信她本人信仰的宗教，要北以色列王國背棄耶和華的教導。據說耶洗別不擇手段，盡一切力量「摧毀」崇拜耶和華的宗教（海澤爾頓指出，「摧毀」的字義很模糊，因為即便是最負面的改寫，耶洗別也不曾被指控殺害耶和華的先知與追隨者）。《舊約．列王記》版中的耶洗別，還有另一個關鍵細節：拿伯（Naboth）這個人擁有一座精緻美麗的葡萄園，國王亞哈想買下，但拿伯拒絕。耶洗別見到丈夫悶悶不樂，便誣陷不肯出售葡萄園的拿伯褻瀆神，使他被亂石砸死。耶洗別樹立大量敵人，引發耶和華公義的怒火。國王亞哈一死，耶洗別少了有權勢的男人保護，死期將至。耶洗別一度扶植大兒子上台，但耶洗別的敵人慶幸新王在一場「意外」中，被推下陽台。耶洗別很快又拱次子上台，但次子日後也遭殺害。根據傳說，耶洗別知道自己在劫難逃，在生命的最後一天，畫上全妝，梳好髮髻，穿上最好的衣服。耶洗別可能是想以高貴的皇后裝扮離世，不過歷史對她梳妝打扮這件事，解讀成是為了勾引意圖謀殺她的耶戶（Jehu）：

> 耶戶到了耶斯列；耶洗別聽見就擦粉、梳頭，從窗戶裡往外觀看……
>
> 耶戶抬頭看向窗戶，說：「誰順從我？」有兩、三個太監從窗戶往外看他。耶戶說：「把她扔下來！」他們就把她扔下來。她的血濺在牆上和馬上；於是把她踐踏了。耶戶進去，吃了喝了，吩咐說：「你們把這被咒詛的婦人葬埋了，因為她是王的女兒。」他們就去葬埋她，只尋得她的頭骨和腳，及手掌。他們回去告訴耶戶，耶戶說：「這正應驗耶和華藉她僕人提斯比人以利亞所說的話，說：『在耶斯列田間，狗必吃耶洗別的肉；耶洗別的屍首必在耶斯列田間如同糞土，甚至人不能說這是耶洗別。』」[201]

在《舊約》這樣的文本中，耶洗別必須在受到極盡羞辱的狀態下墜樓身亡，還得追加「人不能說這是耶洗別」，因為文本致力於推翻先前的宗教與社會制度的正統性，得有一定程度的誇飾，才能徹底消除傳統社會秩序的權威。前朝由女人掌權，這個女人在幕後指揮父系社會的朝政，還信奉舊秩序的信仰[202]。巴力神主司土地與豐饒，因此極有可能信仰部分源自人類早期的生育女神。在耶洗別的家鄉腓尼基，貴族女性通常擔任高階女祭司，在神廟與宮廷裡扮演活躍的角色[203]。耶洗別除了代表舊秩序，還代表在犁耕時代之前女性至高無上的力量。據各方資料來看，耶洗別還是世界主義者與務實的多神論者，她和許多同時代、相同經濟階層的腓尼基人一樣，認為宗教寬容是有效的重要做法。相較之下，對基本教義派的耶和華先知來講，世上只有一個男性真神；祂和祂的信仰散布者容不下其他神。耶洗別的故事在犁耕的年代被一再重寫後，重複出現通姦的隱喻，以「不受控的女性欲望」比喻信仰唯一真神之外的神。唯一的真神被描繪為正當的丈夫，新娘則是搖擺不定的以色列人民。她和其他神「出軌」時，被宣布犯了通姦罪。以憤怒偶像崇拜的猶太先知耶利米（Jeremiah）的話來講：「背道的以色列所行的，你看見沒有？她上各高山，在各青翠樹下行淫。」（耶利米書3:6）先知以賽亞（Isaiah）、何西阿（Hosea）、以西結（Ezekiel），同樣也指稱以色列人成為「姦夫和妓女的種子」[204]。以色列被比喻為狂奔的發情母駱駝；猶太「貪戀情人身壯精足，如驢如馬」[205]。耶和華是習於出軌妻子的嫉妒丈夫：

> 叫她除掉臉上的淫像和胸間的淫態，

免得我剝她的衣服，使她赤體，與才生的時候一樣……
必追討她素日給諸巴力燒香的罪；
那時她佩帶耳環和別樣妝飾，
隨從她所愛的，
卻忘記我。
那日你必稱呼我伊施（就是我夫的意思）……
因為我必從我民的口中除掉諸巴力的名號，這名號不再提起。[206]

——何西阿書2:2-3、2:13、2:16-17

唯一真神告訴床上的女人：「你得叫我的名字。」如果女人不從呢？出軌的代價是死亡。用先知以西結的話來講：「我又要將你交在他們手中……剝去你的衣服，奪取你的華美寶器，留下你赤身露體。他們也必帶多人來攻擊你，用石頭打死你，用刀劍刺透你……我必使你不再行淫，也不再贈送與人。這樣，我就止息向你發的忿怒。」（以西結書16:39）

耶洗別就是這種下場。

我們現代人用「耶洗別」一詞，指「厚顏無恥、缺乏道德的女性」[207]，除了顯示我們認為一夫一妻制是在犁耕的宗教土壤上開花結果的神聖契約，也彰顯在農業影響著俗世與概念性事物的地區，女性若是不遵守宗教、朝代、政治的秩序，她們將面臨的悲慘命運。女性要是不服從規矩，下場將和名聲敗壞的耶洗別一樣：她們最豪情壯志的作為，將被視為不過是放蕩的性欲。值得注意的是，耶洗別掌權所帶來的懲罰除了死亡，還包括名譽受損，也因此失去執政的正當性：她的名字開始與「賣淫」（女性是可以被出售的）和「假先知」（女人不可信任）連結在一起。耶洗別的故事顯示，在以犁為中心的環境下，關於繼承與父權的焦慮生根後，獨裁且占有欲強的丈夫被奉為神，神開始獲得概念性的力量，新世界的秩序讓丈夫感到有必要、有膽量施展權力。女性自主權進一步與文化失序連結在一起，行使自主權的女性個人面臨更大的危險。

耶洗別的故事及後代的改寫，僅僅是女性權力愈來愈與「性」和「欺騙」連結在一起的一例。女性若是愚弄男性，男性必須讓她們的欺騙行為曝光，讓世人看見她們的表裡不一，甚至真的剝去她們的衣服。這樣的男性特權源自犁帶來的世界。古希臘最廣為種植的作物是小麥，也就是所有作物中最需要犁的作物[208]。通姦被視為大罪，伴侶、家庭、國家等層面都得承受後果。法律允許當場殺死已婚女性公民的姦夫，出手的人大多會獲判緩刑；妻子則立刻自動被休。值得注意的是，自公元前四七〇年後，妨礙穀物運送的代價也是死刑。如同擾亂穀物運送會導致饑荒，女性紅杏出牆有可能生下私生子，而當時的人認為只有婚生子能成為雅典公民，也因此已婚的女性公民若是與丈夫以外的人上床，是一種會導致社會必須承擔結果的犯罪。這種罪行必須公諸於世，立即贖罪，讓通姦者與世人見到這件事與所有人都有關，需要依法處置。按照亞里斯多德的說法，希臘南部伯羅奔尼撒半島（Peloponnese）上的淫婦，必須穿著透明外袍，不能束腰帶，站在市中心十一天[209]。這是在昭告世人，女人試圖當成私有物的東西——她們的裸體與性欲——其實屬於所有看著她們的人。在其他地區，姦夫淫婦會被遊街示眾，明確讓眾人知道事情涉及已婚女性與性事時，沒有隱私權與自決權這回事，這個世界有權決定她的命運。種瓜將得瓜，種豆將得豆，女性自食惡果。

古希臘詩人埃斯庫羅斯（Aeschylus）在公元前四五八年的《奧瑞斯泰亞》（*The Oresteia*）中，述說一則警告世人的悲劇故事[210]。相較於劇中女主角克呂泰涅斯特拉（Clytemnestra）的命運，剛才前一段提到的種種，只是輕微的通姦懲罰。克呂泰涅斯特拉野心勃勃、冷酷無情、報復心強，與人通姦並掌控國政。她的丈夫阿格門儂（Agamemnon）在特洛伊戰爭期間長期離家，她於是找了情夫，與奧德修斯（Odysseus）忠貞不二的好妻子佩涅羅珀（Penelope）形成明顯的對比。克呂泰涅斯特拉氣丈夫阿格門儂為了替戰船祈求順風，把兩人的女兒伊菲革涅亞（Iphigenia）獻祭給諸神。《奧瑞斯泰亞》的文本暗示，在阿格門儂長期不在家時，克呂泰涅斯特拉靠著擔任阿爾戈斯（Argos）的統治者享有權勢，以及與非法的「丈夫」埃癸斯托斯（Aegisthus）做愛，獲得慰藉。這點與好妻子佩涅羅珀不同。佩涅羅珀的丈夫失蹤後，追求者蜂湧而至，但她忠貞不二，雖然答應織好一匹布便下嫁，卻多年間守在織布機旁，布織好了就拆掉重織。阿格門儂返家時，帶上情婦卡珊德拉（Cassandra），卡珊德拉知道自己接下來的命運，縮著身體等在外頭。克呂泰涅斯特拉則好聲好氣迎接丈夫歸來，替丈夫備好洗澡水，接著便以刀斧殺死他。然而，站在克呂泰涅斯特拉這一方的復仇女神所代表的古老循環正義，並未因為克呂泰涅斯特拉是為了替死去的女兒報仇，保護克呂泰涅斯特拉，克呂泰涅斯特拉因而被兒子俄瑞斯忒斯（Orestes）所殺。俄瑞斯忒斯弒母是受到阿波羅神（Apollo）的唆使，阿波羅接下來成功辯贏復仇女神，在雅典法庭上替自己的當事人辯護，俄瑞斯忒斯獲判無罪。新法生效，新世界的秩序也開始生效，不容許女性操控任何事務，不論是性事或律法都一樣。克呂泰涅斯特拉所代表的女性權力與女性特權，被以各種不同的方式壓制，包括像《奧瑞斯泰亞》這樣的警世文學作品問世。《奧瑞斯泰亞》在用犁耕作的文化土壤上欣欣向榮，開花結果。在此新崛起的男性秩序下，父親殺死女兒不僅不是犯罪，還是**權利**。

古羅馬人向來以放縱情欲出名，理論上更能接受通姦是私人事務，適合在家解決，而不是上法庭[211]。通姦是個人操守問題，而不是犯罪。然而，在奧古斯都（Augustus）掌政的時期，新型道德規範發揮效力，包括容許男性家長殺死通姦雙方。也難怪羅馬詩人維吉爾（Virgil）正是在這段時期，寫下了《農事詩》（*Georgics*），讚美農業與農業生活，大約在公元前三十年左右，在奧古斯都面前朗誦這部作品[212]。此外，羅馬的生活方式通常以一條麵包作為象徵，這點並非不重要的小細節——小麥是犁耕作物，也是家家戶戶的主食。奧古斯都集中政權，羅馬從共和國走向帝國，由他本人作為表率領導全國。奧古斯都在這樣的時空背景下，將風流韻事不斷的親生女兒茱莉亞（Julia），流放至坎帕尼亞（Campania）的偏遠小島[213]。茱莉亞活潑聰慧，是日後羅馬第三任皇帝卡利古拉（Caligula）的外婆。她在仍與提貝里烏斯（Tiberius）維持婚姻關係時，公然擁有情夫。茱莉亞被問到，為什麼她所有的孩子依舊長得像父親時，回答了一句很妙的話：她只有在船滿了之後，才接受新乘客[214]。也就是說，她只有在知道自己已經懷了丈夫的孩子後，才與情夫上床。茱莉亞雖是貴族，在由她的父親重新整頓秩序的羅馬，她的性欲被社會所控制，她的不貞與自主帶來了毀滅。茱莉亞因為性格寬容大度，受到羅馬人愛戴，奧古斯都稱這個聰慧女兒是「我令人心煩的骨肉」（disease in my flesh）[215]。提貝里烏斯後來繼承岳父的位置，登基成為羅馬皇帝。他扣住茱莉亞的俸祿不給，公元十四年時，五十三歲的茱莉亞死於營養不良，也就是奧古斯都去世的同一年，就好像她的命運和伊菲革涅亞一樣，與父親的命運分不開。在女性的性自主被當成違反律法、有可能引發混亂的世界，女人即便擁有貴族身分也保不了自己，要是獨立自主，不聽從有權勢的男人（如今那叫外遇），將有悲慘下場。據說茱莉亞被流放是為了殺雞儆猴，警告其他女性潔身自好：如同作家安吉所言，「男人的容忍是有限度的，男性是一個大型的結盟團體」，女人的行為可別觸怒他們[216]。

農夫的女兒

以上提到的種種，究竟與今日的女性有什麼關聯？關聯可大了。哈佛與加州大學洛杉磯分校的經濟學家團隊，在二〇一三年發表了一份獨特的綜合分析，指出犁影響男女觀念與女性自決的程度，就和犁能挖土的力量一樣強大，在目前或曾經有過犁耕農業的地方，留下深遠的影響：相關社會在政治與勞動力方面，女性的參與率特別低，抱持性別偏見的程度「名列前茅」[217]。或許最驚人的是，研究人員發現即便過了許多世代，相隔數千里遠，生態已經完全改變，中間發生過宗教、收入與各方面的發展，包括醫療進步、經濟發展、科技變革、經濟的生產架構發生變化，我們依舊抱持歷史上用過犁而流傳下來的態度。

兩校合作的研究作者蒐集各方資料，包括「民族誌圖集」（Ethnographic Atlas，全球性的資料庫，集合一千二百五十六種民族團體的資訊）；世界銀行的「世界發展指標」（World Bank's World Development Indicators，二〇一二年）與「企業調查」（Enterprise Surveys，二〇〇五年至二〇一一年）中的女性勞動參與和女性創業資料；聯合國的「女性指標統計資料庫」（Women's Indicators and Statistics Database）中，女性在中央政府任職的比例統計數據。此外，研究人員還整理了「世界價值觀調查」（World Values Survey），也就是各國的態度、觀念、偏好的態度調查，其中包括依據民眾對於兩句陳述的回答，看出女性在該國扮演的角色：「工作機會稀少時，理應優先把工作讓給男性，男性的優先權高於女性」；「整體而言，男性比女性更適合擔任政治領袖」。

過去一度或直到今日都使用犁、依賴犁耕作物（大麥、小麥、苔麩〔teff〕、黑麥）的地區，受訪者以壓倒性的比例同意以上兩句陳述，認為男性理應優先得到工作，也比較適合擔任政治領袖。民眾同意這兩件事帶來極大的影響，在那些地區，女性創業者的確較少，也較少有女性參與政治，女性就業率也低。然而值得注意的是，那些地區不只包含目前或近日使用過犁的地方，還包含曾一度使用犁的地方。研究人員調查全球移民之子的回答，證實相關的看法與偏見一旦出現，就會頑強地一直傳給後代，不斷「散播」出去。光是擁有傳統犁耕文化的**文化遺產**，就能預測當地普遍存在性別偏見、女性在外工作的比例較低。如果同時從母親與父親那得到相關看法，孩子受影響的程度更大。女性夫家的祖先如果來自犁耕文化，那名女性的政治與勞動參與度就會受到負面影響。

然而，紐約、北京、東京、倫敦等如此現代的都市，為什麼依舊感受得到犁的影響？現代城市早已和農業離得很遠，我們最靠近集約農業根源的地方，只剩農夫市集。研究報告的作者指出，即便經濟已經脫離或遠離犁耕文化，昔日的社會規範依舊屹立不搖的原因，部分出在「女主內」等偏見，除了會被個人強化（每個人從父母、祖父母身上得到的觀念），社會的政策、法律、制度也會鞏固相關偏見。研究報告作者也指出，在認為女人該待在廚房的國家，法律與慣例通常支持不平等的財產權、男女不同的投票權，也少有育嬰假政策，即便民眾的平權觀念已經朝平等的方向改變也一樣。由於觀念「落後」，就算社會表面上支持男女平等、兩性應有相同的機會，女性依舊過著次等公民的生活。此外，相關社會的產業架構亦可能反映出社會觀念，特別重視資本生產業（production of capital industry）或體力密集（brawn-intensive）的產業。相關產業助長性別不平等的觀念，強化「女主內」的看法（「女性扛不動那些沉重的箱子、無法像男人一樣熟練操作機器！」）。最後，研究報告作者還指出，犁耕文化中關於女性扮演的角色、女性「天生該待的地方」的觀念，之所以歷久不衰，原因是直接按照偏見來做事比較快、比較容易，逐一評估所有情境與選項太費事，例如考量每一個人的人格特質、長處、學經歷。依據原本就有的觀念來做決定，效率會高出許多：「女人就是不擅長×××」。

該研究控制了數十種可能的決定因子，像是「如果是原本就存在性別歧視的文化選擇了犁？」、「宗教的影響是否和犁一樣大？」等等。不過，全面的迴歸分析讓研究人員得以排除其他潛在的因子，總結出其實是犁本身害到女性，**製造**出女性受壓迫的狀態。進一步的證據包括研究人員發現，全球凡是環境適合種植不需要犁的作物的地區，例如玉米、高粱、樹木作物、根莖作物等等，今日的性別角色與態度較為平等，女性的社會與勞動力參與度也增加。

美國人有多自由與開明？答案是程度不高。在一戰期間，英美政府國內也有前線戰爭要打。男性的農田工作者到海外打仗，政府因而成立「女性土地軍」（Women's Land Army），希望填補男性的勞動力空缺，然而民意論壇、農人、經濟學者、普通老百姓，紛紛嚴加批評[218]。

國家急需農業工作者，如果人民要有東西吃，需要有人照顧農作物，數千名有能力的女性，準備好貢獻一己之力，但民眾發出怒吼，民意難以改變。看來犁耕農業遺留的觀念，讓人民寧願讓食物枯萎腐爛，冒著餓死的風險，也不願意見到女性跨越界限，從家裡走進農田。一場公共教育（政治宣傳）的運動很快便展開，農人趕走熱心女性工作者的主要反對理由是「她們穿上了褲子」。英美政府開始趕印成千上萬的宣傳冊與海報，圖上是女性**穿著裙子與洋裝**在犁田，下方標語是：「上帝保佑耕犁與犁田女性的速度加快」。另一張海報是一個女人站在田地上，她的身後是一名士兵的影子，標語是：「幫幫他留下的女孩」（這張圖的女性穿著褲子，但或許是為了平息男性的怒火，她拿的是「女性化」的鋤頭，並未「像男人一樣操作」〔manning〕犁）。世界大戰結束後，很流行「農夫的女兒」（farmer's daughter）這種類型的笑話。農夫的女兒是一種典型人物，她們是性感笨妞。笨雖笨，碰上性事時，卻沒有外表那麼笨，還通常「來者不拒」，和出差的推銷員與農場客人享受床笫之歡。「農夫女兒笑話」的笑點，永遠是碰到農事時，女人的功能是躺下。女性負責生育與提供娛樂，不事生產。此外，她們在性事方面非常大膽，不管跟誰都能上床，也因此非常需要靠農業帶來的男性力量控制住她們。相關的笑話暗示，一旦讓女人出了你的視線，你還來不及喊出她們的名字「黛西・杜克斯」（Daisy Dukes，譯註：某美國電視節目中的農場女孩）或「艾麗・梅・克蘭皮」（Elly May Clampett，譯註：某電視節目中的金髮美女），她們已經以飛快的速度懷上父不詳的孩子。性別階層與綠帽疑雲的笑料要歸功給犁。

我們可能會嘖嘖稱奇，覺得以前的世代怎麼那麼不理性，居然深信耕犁帶來的文化邏輯，以為我們自己早就過了那種偏見與笑話的年代。然而，那種邏輯其實依舊持續影響著我們的日常生活。美國雖然比平均稍微好一點，在性別平權方面其實依舊落於人後。舉例來說，直到相當近日的二〇〇〇年，能夠取得女性勞動參與資訊的一百八十一個國家中，美國僅排第四十七名[219]。同一年，美國女性擔任政治職務的比例低到驚人，僅一三%，在資訊可得的一百五十六國中，僅排勉強不會太丟人的第五十名。哈佛與加州大學洛杉磯分校研究作者指出，此類統計數字「若是再考量西方國家的高平均每人所得後，平等程度相差更遠」。[220]事情看起來不一樣了，但其實還是一樣：國際勞工組織（International Labour Organization）告訴我們，二〇一七年時，美國女性的勞動力排行，跌至一百八十國中的第七十六名[221]；政治參與度是一百九十三國中很不怎麼樣的第一百名（雖然女性登記參選二〇一八年期中選舉的人數破紀錄）[222]。另一項二〇一六年「救助兒童會」（Save the Children）為了慶祝「國際女童日」（International Day of the Girl）所做的研究顯示，美國這個全球最大的經濟體，由於女性公職人數低，在性平方面的排名，還落後哈薩克與阿爾及利亞（其他因素包括高青少年懷孕率、高齡產婦死亡率——二〇一五年時，美國每十萬人死十四人[223]。黑人女性死於懷孕相關原因的可能性，是白人女性的三至四倍）[224]。

這樣的土壤，孕育出不斷重複、眼熟的奇特農作物。只要看人們是如何把參選美國總統的希拉蕊妖魔化就知道。大量的毀謗、曲解、惡意的言語攻擊與肉體威脅，全都令人想起耶洗別是如何被群起而攻之，高呼著壓制她，懲罰她。女人竟然想登上權力最高位，一定得想辦法阻止。她和我們所有人全都學到，要是犯了男性的眾怒會有什麼後果。就連女人自己，也通常會毫不留情地維護男人的特權，因為比較理想的策略，是和長期勝利者的人站在同一邊。二〇一六年時，五二%至五三%的白人女性投票者因此做出選擇[225]。

至於性解放本身，第二波女性主義帶來種種進展，碧昂絲（Beyoncé）與蕾哈娜（Rihanna）等偶像振奮人心的歌曲也帶來文化占領，作家琪琪・恩格（Gigi Engle）在Teen Vogue.com上，發表有什麼說什麼的性教育文章，讓女性獲得重要資訊，右派則心臟病發作。此外，今日還出現了柯爾等人領導的女性性科技潮流。千禧世代對時髦但可說是具顛覆性的多重關係感興趣，拒絕接受主流的性別二元論與角色。儘管如此，在性這個領域，從某個角度來看，女性依舊註定悲慘。哈佛與加州大學洛杉磯分校合作的耕犁研究報告作者簡明扼要地指出：「犁的重要性，部分在於犁對內在觀點與價值觀產生的影響。」[226]我們每天生活在不寬容的耕犁文化遺產之中，也因此那些觀念對許多人來講合乎情理，原本就是那樣，但其實不是。我們每個月都會來月經，也和犁脫不了關係；人類學家斯特勞斯曼發現，在人類的演化開端，由於永遠在努力採集食物，女性的體脂率較低，也因此經期其實每季來一次[227]。然而，異性戀女性認為自己一次只能「屬於」一個男人，或是同性戀女性認為一次只能有一個伴侶，這種看法也能回溯到耕犁。日常生活中各種實際發生的事也一樣，例如女性從小被教導，坐著的時候腳要併攏——兩腿之間的東西，我們不能給別人看，也不能自己決定要用那裡做什麼。我們對那個地方能夠自主的程度，不超過社會慣例允許我們有權「女主外」的程度。

從另一個角度來看，所謂的「體統」（propriety），是一種文化上的特定社會譴責（social censure）。那是一種我們不斷被灌輸、被稱為「禮節」（etiqueete）但其實不是的東西。在我的少女時代，其他女孩告訴我：「某些女生坐著的時候像這樣。」她們緊緊併攏第二指和第三指。「某些女生坐著的時候則像這樣。」——她們交叉手指。「然而，也有女生的坐姿是這樣。」——她們用力撐開第二指與第三指——「讓這一隻」——她們的第三指翹在空中，做出下流手勢——「像這樣！」——她們打了個響指。那些女孩在講犁的語言。在地鐵或公車裡兩條腿大開、占到旁邊座位的男人也是。那種坐姿除了令我們感到個人空間被侵犯，也侵犯了我們坐在那裡的權利，因為的確如此。一旦我們忘了耕犁文化遺產是女性該待在家裡、出門時要減少自己的存在感，永遠會有街頭騷擾與職場騷擾以各種方式嚇退你，地鐵上有偷偷用生殖器貼上你的摩擦癖患者，性侵犯也在等著你。世界衛生組織在二〇一二年指出，女性遭受性暴力的主要危險因子（不論犯罪者是親密伴侶或陌生人），包括「生活在性別不平等與要求性純潔的文化中」、「被懷疑或的確擁有數名伴侶」，以及「人們普遍認為男性擁有性權力的意識型態」——意思是說，人們認為男性「天生」性欲強過女性，有權跑到外面花心，女人則該待在家。要是不聽話，理應讓她們知道分寸[228]。以上是犁的觀念。

我小時候在密西根的大急流城（Grand Rapids）長大，孩子會在後院與學校操場上玩一個遊戲，唱起〈山谷裡的農夫〉（The Farmer in the Dell）這首歌。一大群孩子排成一個圓，手牽著手，一個男孩站在中央。我們對他唱出：「山谷裡的農夫，山谷裡的農夫，嗨噢噠哩噢，山谷裡的農夫。」接著又唱：「農夫討了一個老婆，農夫討了一個老婆。」已經變成山谷農夫的男孩，挑一個女生，讓那個女生一起和他待在圓圈中間，那個女孩變成妻子。接下來我們又唱：「老婆生了孩子，老婆生了孩子。」另一個人被選中當孩子。孩子找了保姆，保姆牽了一隻母牛，母牛帶著一隻狗，狗帶走一隻貓，貓抓住一隻老鼠，一直玩下去。很快地，圓圈開始消失，好幾個孩子站在中間，他們看起來像一個集合的群體，但顯然農夫、農夫的妻兒，才是概念上的中心。我們這些玩遊戲的人，隨著一首歌的歌詞被重組，一首關於農場與農業的歌。我們玩著這個遊戲，玩著玩著，預演與重複祖先的社會重組，預演我們生活在其中的特殊新型家庭模式的誕生——兩兩一對，預設為一夫一妻的爸媽，帶著孩子獨立生活。每一次我們重複歌詞、演出歌詞，是在自行強化這種家庭模式，強調這種家庭才自然、才正統、才標準。那是兒童的遊戲，也是教育。透過這種方式，犁的力量被施展出來。我們每一個人都渴望被選中，站在圓圈中間那個溫暖的地方。男孩想當農夫，女孩想當農夫的老婆、小孩、寵物，甚至只是農夫碰上的害蟲都好，因為從某種深層的意義上來看，我們全都是農夫的女兒。

陰道：汰舊換新

成人所進行的儀式，同樣也揭露我們的生活文化真相。在幾個屬於天之驕子的大都會地區，包括我住過的曼哈頓上東區（我曾把孩子送進上東區的學校，研究過數年當地的女性與母親儀式），居民愈來愈著迷於陰道「翻新」。在公開物化女性、母親形象被浪漫化的文化中，陰道是最高等級的配件。所謂的「醫療SPA」（medi spa）開門迎客，服務紐約市最昂貴的地段、以及上流社會避暑勝地漢普頓光鮮亮麗的居民。這些「SPA」承諾只需要動「快速、簡單的」手術，女性的陰道即可「回春」。醫生號稱只要靠名為「女性收緊」（FemiLift）、「蒙娜麗莎之吻」（MonaLisa Touch）、「私密處雷射」（IntimaLase）的各種雷射技術（我最喜歡的名字是「ThermiVa」〔熱妹緊〕，為什麼不直接點出是「ThermiVag」〔熱陰緊〕？），就能「改善陰道鬆弛」。某位自稱陰道回春術醫學博士的人士表示，大量女性擔心生完孩子後，「『下面那裡』是鬆的」[229]，相關服務因而如雨後春筍般出現。這類手術不同於讓外側部位「更漂亮」的陰唇整形術（在這個盛行巴西私密處蜜蠟除毛的年代，一切都攤在外面給性伴侶看），也不是為了解決醫療狀況，例如子宮脫垂或失禁。不，「回春」是為了「改善體驗」與「增加緊實度」，通常在女人生了數個孩子後進行。真的假的，有必要嗎？此外，改善誰的體驗？二〇一七年時，美國婦產科學會（American Congress of Obstetricians and Gynecologists, ACOG）重申不看好此類手術，「無醫學上之必要」[230]。此外，學會警告「此類手術的安全性與有效性未經證實」，呼籲醫生告知要求動手術的女性「可能出現併發症，包括感染、感覺異常、性交疼痛、沾黏、留疤」。性交疼痛意味著「痛苦的性交」。很難想像女性在某些情況下，不但願意冒這麼大的風險，還躍躍欲試，只為了在不保證成功的前提下，增加性交歡愉程度，而且不是為了自己，是為了取悅男人。二〇一七年時，在美國婦產科學會的研討會上，醫學博士雪麗・伊雷西亞（Cheryl Iglesia）表示，大量的緊陰術與手術尚未有「被證實的有效性與安全性評估」[231]。

人類學家會訝異，在後犁耕時代的工業化西方、在一個特殊社經生態區的角落，非處女的女性感到有必要重返處女狀態，做到有如聖母無玷成胎（Immaculate Conception）的奇蹟——生過幾個孩子的女性，體態與陰道彈性仍應保持如同未生過孩子。她們真正想要的，不是用手術重建或增厚處女膜（中東某些女性有壓力得在洞房花燭夜前做這件事），而是想讓自己受損的價值「回春」。在她們身處的環境，女性會因為其他事，像是美貌、人母身分、智慧等等，獲得有條件的尊重，但可以說女性的最終目標是增加男性的歡愉程度。曼哈頓上東區的醫美皮膚科醫師丹尼斯・葛羅斯（Dennis Gross）告訴我，愈來愈多人請教他陰道回春的問題：「病患請我推薦醫師，也問我怎麼看這類手術的有效程度。」[232]葛羅斯醫師平日替曼哈頓最有權有勢的居民，施打雷射與肉毒桿菌，還經營熱門的皮膚保養產品線，不過他本人其實是皮膚癌專家，也是一絲不苟的研究人員。葛羅斯醫師告訴我，他認為所有此類陰道生意，雖然前景看好，但「目前偏向流行而非科學。我是科學家與皮膚雷射專科醫師，我相當懷疑所謂的雷射能永久縮緊陰道與陰唇……或是能夠恢復潤滑度，有效程度究竟如何」。葛羅斯醫師也是這樣告訴求診的病患，不過某些人不顧警告，依舊跑去動此類手術：外頭的外科醫師與婦產科醫師也依舊執行此類手術，他們的說法是女性患者堅持要做。不過老實講，醫生又能怎樣？畢竟女性會這樣要求，原因出在她們身處的文化，把男性的性歡愉與性特權當成優先事項。這些醫生難道不算是忠誠服務病患？

如果醫師和懷安多特人一樣，高度崇尚女性的性歡愉性自主，把女人的性視為相當重要的事，對健康來講很珍貴、很關鍵，甚至對社群來講具備強大的治癒能力；他們的第一個反應會是告訴女性病患，為了她們好，不值得冒任何那方面的風險。如果情況是這樣呢？

還有，什麼樣的社會情境，能帶領我們離開陰道回春診所的檢查室（牆壁顏色單調乏味、擺著無趣讀物的房間），改到以女性歡愉為優先的地方，男人急著用性取悅女人，認真參加工作坊、廣泛閱讀雜誌文章，還到醫生那露出生殖器，希望能在缺乏安全性與有效性數據的情況下動手術，就為了取悅女性？在這個平行宇宙，由女性掌管世界，財富集中在女性手中，女性生下繁衍種族的嬰兒。犁從來不曾出現。

我們的陰道不是我們的。我們的語言說出我們代代相傳的農業觀，我們說的話與女性的性自我緊密結合，彷彿沒有逃脫的出口。和男人上床的女人，是在被男人「用犁挖土」。女性要是想掌控自己的性命運，拒絕服從耕犁的法則——女人要乖乖待在家，一個女人只能有一個男人，女性必須依賴男性——那種女人被稱為「妓女」（ho，譯註：與妓女〔whore〕同音，指下賤、放蕩的女人），又或者她是「鋤頭」（hoe，譯註：雙關語，hoe與ho同音，同為女性到處與男人上床的英文俚語）？

我們的文化打擊著女人，這個文化傾向於把犁帶來的性別分野，當成所有人天生如此。只要是男人，自然想要女人，永遠想要得到女人，很多很多女人。那些女人柔弱順從，年輕貌美，適合娶來生孩子，好好照顧爐灶。至於女人的話，只要是女人，自然想要男人，有權有勢、有資源的男人。我們女人最想要的，就是得到男人中的男人，地位最高的那一個。〈男人要美女，女人要錢：我們想在異性身上得到的東西〉（Men want beauty, women want money: what we want from the opposite sex）這篇文章的標題[233]，說出了相關故事宣稱的事，替一項針對兩萬七千六百名異性戀美國人的研究做出總結（該研究刊登於「經同儕審查的學術期刊《人格與個人差異》〔*Personality and Individual Differences*〕）。這篇提出我們再熟悉不過的結論的「新聞」報導，引用一名演化心理學家的話，指出在擇偶時：

〔男性〕會盡量讓自己的基因散布至下一代，方法是選擇擁有青春與生育能力特徵的女性。男性因此演化成認定相關特徵具備吸引力與重要性。女性的做法則是選擇握有資源的男性當伴侶，以增加孩子的生存機率，以及子女未來能夠順利擇偶的機率。

該名專家表示，在擇偶偏好這方面，男女有別的研究結果「不令人意外」，「其他無數的類似研究也得出相同結論」。

然而事實上，我們在今日替這類問題做回溯性的推測時，得出的答案完全不同，沒有歷史上所有時刻都一樣這回事，並非天生如此，那種研究方法也不科學。此類研究省略了或許是最重要的因子：情境。社會學家布魯格指出，只有在**一種**類型的農業社會，以及智人史上不到三%的時間，女性從能幹、自給自足、以相當自主的方式下決定、擔任主要生產者，變成次要生產者與成本高昂的消費者，在某些情況下基本上得靠男人過活[234]。雌性的黑猩猩與巴諾布猿（人類最近的近親），不曾停止替自己與後代尋找食物。女性的狩獵採集者，通常會在懷孕期間繼續採集；有的甚至一邊哺乳，一邊蒐集食物。伊圖里（Ituri）雨林的姆巴提（Mbuti）女性、中非共和國的阿卡（Aka）女性，她們是擅長利用網子的獵人，靠自己工作或是和丈夫合作，養活家人。此類的生活方式全都替人類史前時代的演化史，提供了一項重要的線索：依賴人口是新現象[235]。人類世（Anthropocene，譯註：指人類開創的地質年代）的女性人類，甚至就連後犁時代的工業化西方居民，又或者該說尤其是這群人，她們十分特殊，她們能否幸福、有時甚至就連性命安不安全，都得看男性願不願意好好待她們。

一旦犁耕文化環境被全面翻轉後，是否將出現真正的改變？當女性如同一九七〇年代以來的女性一樣，繼續做出養家的關鍵貢獻；當我們完成過渡，從重視體力的農業與工業等工作環境，變得重視思考、合作、創新；當我們從工廠與農田，走向例如開發App、遠距工作、工作時刻表彈性的工作環境——簡而言之，當生態環境讓女性能夠和男性長久享有的一樣，好好發揮能力；當較強的上身肌力與握力帶來的優勢，以及所有強化相關優勢的制度開始消失後，未來會開始長得與犁尚未出現的遠古時期相近。當我們看見世界可能出現的輪廓，望見遠方地平線有如《綠野仙蹤》奧茲王國（Oz）的地方，試圖控制女性的行動、身體、欲望，將變成一種異想天開、自大、可笑又辦不到的事。

Chapter 5

Being Himba

非洲辛巴族

非洲南部的納米比亞，上接安哥拉（Angola），東鄰波札那（Botswana），下為南非共和國（South Africa），西側則先碰到納米比沙漠（Namib Desert），再來是大西洋。在納米比亞庫內納河（Kunene River）流域遠北的祖靈地，住著辛巴人（Himba）[236]。辛巴人是該區最後的半遊牧民族，他們是種植葫蘆、小米、玉米的牧民，但也仰賴自養的山羊、綿羊、牛的奶與肉維生。辛巴人住在泥巴與牛糞蓋起的小屋，一個村落（compound）約二十多人，外側以可樂豆木立起柵欄，圍住家畜。不過，辛巴人經常遷徙，土地一旦不適合放牧就移動。他們在一九〇〇年代初，幾乎被德國殖民者趕盡殺絕，中間還不時遇到嚴重乾旱年，一九八〇年代又碰上血腥的納米比亞革命。依據估算，目前僅剩三萬至五萬辛巴人居住在納米比亞北部，以及北方國界外的安哥拉[237]。

辛巴人與世隔絕，居住在以沙漠為主的環境中，經過多次動亂後，在納米比亞政府的保護下，最終定居下來，自豪遵守祖先的傳統，保留許多歷久不衰的文化習俗，即便他們也順應時代帶來的變化，包括願意被拍照（有時是為了錢）、到超市購物、送孩子到學校念書等等。每天早上，辛巴女性會在皮膚與長辮上塗滿「紅泥」（otjize），那是一種鮮豔橘紅色的混合物，成分有香草、乳脂、赭石等等[238]。赭石是一種自然生成的礦物，來自當地的泥土，具備抗菌效果，在鮮少有洗澡機會的乾燥氣候具備實用價值。此外，辛巴人認為赭石擁有美容效果。辛巴女性除了塗上紅泥，乳房外露，腰間繫上織物或牛皮，還依據年齡與社會地位，戴著不同的皮製頭飾[239]。此外，她們用木頭與獸皮製成的吊具，把嬰兒掛在背上。辛巴女性戴著沉重的裝飾用多圈手環，材質包括銅、鐵、骨頭、有時也用PVC塑膠或鐵絲網線。腳踝到小腿下方也戴著類似的疊環，防止被蛇咬。

辛巴女性平日擠奶、照顧山羊與牲畜、照顧院子、挑水撿柴、煮飯，並修理與建造營地周圍的建物。她們幾乎隨時都和孩子待在一起；已經斷奶、會走路的小小孩，以及大一點的孩子，可說是相互依賴，成群玩耍[240]。大孩子會以非正式的方式教導小小孩，照顧他們。從許多方面來講，牲畜是辛巴生活的中心。加州大學洛杉磯分校的人類學家謝爾札，研究歐姆宏加盆地（Omuhonga Basin）地區的二十三個村落，當地距離主要的區域性城鎮奧普沃（Opuwo）約一百六十公里[241]。地方上的男性出遠門時，一次會在遠方的牲口據點待上數週、甚至數個月，女性則通常留在主營地。

與配偶長期分隔兩地是辛巴人的生活常態，偷情也是。如同許多人類學家和性研究者，謝爾札偏好稱偷情為「偶外伴侶關係」（extra-pair partnership）、「多重性交」（multiple mating）或「多重性行為」（extra-dyadic sexuality）。已婚的辛巴男性通常會挑多名妻子中的一個，一起前往牲口據點，或是在當地另找女友（未婚男性也會待在牲口據點）。此外，許多留在主營地的辛巴妻子，同樣會在丈夫不在時找情夫。這種情形應該不令人意外，因為外遇是普世文化通則（Cultural universal，又稱「普世人性」）——人類學家費雪自一九八〇年代起，開始研究普世文化通則，她在一九九八年告訴《紐約時報》（*New York Times*）：「世上沒有文化不存在通姦現象，也都有制止花心的文化策略或文化規範。」[242]

腳踏多條船不是什麼稀奇的人類行為，不過辛巴人算是相當公開談論自己的偶外戀情。相較於美國人，已婚的辛巴人彼此自由討論「風流韻事」，也會和謝爾札等人類學家談，原因大概是因為沒什麼拒絕的理由：辛巴是少數沒有通姦禁忌的文化，不像我們有禁忌，也不像我們以為忠貞是「普世價值」。辛巴的伴侶之間，的確會在一定程度上考量彼此的心情，情人該有的行為也有一定的準則[243]——某位辛巴男性告訴謝爾札的事，可以用一句話來總結：「我不喜歡在我遠行回家的早上，看見她的情夫在家裡。」[244]謝爾札向我解釋：「做事要有規矩，要尊重人。」[245]儘管如此，婚外情是辛巴人公開的祕密，也或者該說不算祕密。更出乎意料的是，許多社會單單只容忍男性的外遇，但辛巴**女性**相對而言也能公開婚外情。對辛巴人來講，女性外遇是常見的行為，大家心知肚明。從許多方面來講，有情人還對女性來講有好處。事實上，謝爾札發現，辛巴女性由於對女性「通姦」不懷愧疚之情，命運甚至出現可由科學證實與具備統計顯著性的改善[246]。美國女性則習於認為，偷情本身具備風險，甚至對女性來講很危險，或是象徵著事情無可否認地「出問題了」。辛巴女性感覺像是活在另一個世界。在那個宇宙裡，偷吃的女性，尤其是偷吃的**母親**，才是人生贏家。

擁有大量牲口的辛巴男性可以娶數名妻子——他們通常也的確會那麼做。年輕男性一般初婚年齡為十九或二十歲，不過新娘不一定是他們自己選的。由長輩安排的婚姻很常見——年輕女孩會被「嫁掉」，目的是鞏固家族間的策略聯盟、報恩，或是符合女孩父母的利益（謝爾札向我解釋，此類婚姻會等女孩年紀大一點再完婚，女孩長大後可能和第一任丈夫離婚）。辛巴男性可以同時擁有數名妻子，不過女孩或女人一次只能有一名丈夫。從這個角度來看，一夫多妻對女孩與女人來說似乎是不對等的劣勢，限制女性、不限制男性的選項。

不過，事情比表面上複雜，謝爾札發現，辛巴的女人與女孩有點像前文沃克的受訪者，「上有政策，下有對策」，自有一套「轉圜」策略。我訪問謝爾札博士時，她的兩個孩子剛學會走路。身材嬌小的她，留著深色頭髮，有一雙深邃的藍綠色眼睛，觀察力強，舉止沉穩冷靜。

謝爾札最初研究澳洲的母親與兒童健康，二〇〇九年第一次抵達辛巴人的納米比亞居住地，目的是研究自然生育力（natural fertility，即不避孕）的人口[247]。謝爾札最初分析辛巴女孩進入生育年齡後，母親如何與青春期的女兒互動。謝爾札的學術背景是演化生物學，也因此她稱辛巴人的安排式婚姻為「一種女兒通常是輸家的親子衝突」[248]。戀愛結婚則「反映出年輕女性自身的選擇，年輕女性個人的偏好與父母一致，也或者以個人偏好取代父母的偏好」。謝爾札答應接受訪問，我們在加州大學洛杉磯分校人聲鼎沸的熱鬧自助餐廳吃午餐，她解釋到自己的研究關鍵時，整個人興奮起來。謝爾札教授主要探索辛巴人的兩種婚配方式（父母的利益考量vs.戀人自行決定），如何影響每一位女性及其子女的生活史，不過她也想以更全面的方式了解婚配方式帶來的影響。謝爾札想知道，女性自行選擇或遵從他人的決定，在什麼方面會造成影響？當女性被迫違背心意，被逼著做不想做的事，她們有什麼選擇？套用人類學的話來講，當這些年輕的辛巴女性面臨桎梏時，她們有哪些反制策略（counterstrategy）？謝爾札除了想知道，辛巴女性如何在身不由己的情況下，得出最好的結局，也想知道她們的做法揭曉了我們哪些集體的過去、現在與未來，以及環境與生態在女性的性選擇與生育選擇上扮演的角色。

如果要了解辛巴人的偷情方式意味著什麼、辛巴人帶給我們哪些重要啟示，我們需要追本溯源一下，先跳過辛巴人，了解一下「雌性選擇」（female choice）這個科學難題一路上的曲折發展歷程。那條路由成見、目的、偏見、果蠅、兇殘的公葉猴（langur）、擁有不只一位父親的嬰兒……以及希望所交織而成。

性擇、精挑細選的雌性、雌性選擇

「雌性選擇」是謝爾札的研究中相當突出的概念，謝爾札因此和其他不少科學家（其中多位也是女性），在過去數十年間，除了挑戰自家領域關於雌雄繁衍策略的基本看法，也挑戰所謂「舉世皆如此」的性別差異。在性與生殖這方面，「雌性的選擇」直到相當近日，都被描寫成一件被動的事。此類敘述來自《人類的由來及性擇》（*The Descent of Man, and Selection in Relation to Sex*，一八七一年），查爾斯·達爾文在該書中提出他重要的性擇原創理論。性擇是一種自然選擇（natural selection，又譯「天擇」），源自某一性別的個體偏好異性的某種特質。達爾文認為，許多物種的雌性，包括人類在內，基本上會「面試」男性，以被動方式（相較於雄性競爭）拒絕雄性，尋找犄角最大、面貌最對稱、位階最高的伴侶，因為照理來說，此類雄性能提供品質最好的精子、資源與保護。達爾文提出此一日後稱為「性別間選擇」（intersexual choice）的篩選概念[249]。另一方面，達爾文認為雄性會彼此激烈互鬥，爭奪關注，將自身的最佳優勢展示出來，以求「獲勝」[250]。獲勝是指**被選擇**，或擠掉其他雄性競爭者，雌性別無選擇，只能與他們交配。各位可以想兩隻公的大角羊（bighorn sheep）頭部用力相撞，驚人的衝撞聲迴盪於山谷之中。好了，現在再想像公孔雀展示身上五彩繽紛的拖曳羽毛。達爾文還注意到雄性會爭鬥與自我展示的現象，那種孔雀爭奇鬥豔的場景，今日稱為「性別內競爭」（intra-sexual competition），也就是**同性**競爭。你如果想要打敗敵人，有可能藉身體優勢打敗對方，或者是讓**異性**注意到你，選你而不選你的對手。

由於雄性會表演、展示、被選擇，相關邏輯是**雄性**會被性擇，雄性的特質有可能傳給後代，也或者無法傳下去，背後的推手是雌性（相對而言）的被動選擇。所謂「主動」的雄性，為了「被動」的雌性互鬥、競爭、信心滿滿展示自己；這極近似於我們熟悉的論調：相較於男性，女性除了是靠眼光擇偶，還天生害羞、矜持、安靜：

> 女性……除了最罕見的例外……沒有男性積極……女性一般需要被追求；她們靦腆，還經常努力逃離男性……男性比較勇敢、好鬥、活力充沛……女性的性情似乎不同於男性，本質上女性較為溫柔、較不自私。[251]

如同靈長動物學者赫迪所言：「對達爾文來講，捉摸不定是女性性認同不可或缺的一環，如同情欲對她們的男性追求者來講不可或缺。」[252]男性和女性不一樣，一個熱情，一個難以捉摸；一個主動，一個被動；一個積極，一個害羞；一個自私，一個溫柔。人們相當堅持這種看法。達爾文和同時代的人甚至認為，所有的文明都得仰賴這兩者間的平衡。英國婦科醫師威廉・阿克頓（William Acton）著有企圖心宏大、影響深遠的《自生理學、社會學、道德關係的角度看生殖器官於幼年、青春時期、成年時期、晚年生活的功能與障礙》（*The Functions and Disorders of the Reproductive Organs in Childhood, Youth, Adult Age, and Advanced Life: Considered in Their Physiological, Social, and Moral Relations*, 1875）。[253] 阿克頓的觀點可能影響了達爾文的思考，同樣也帶來女性「天生」在性方面禁欲、甚至是厭惡性事的文化論述。阿克頓是當代備受敬重的思想領袖，他言之鑿鑿指出，有性欲的女性極為罕見（他還認為自慰會耗損精氣，導致疾病）：

> ……大多數的女性（很幸運），不為任何形式的性欲所擾。男性平日為性欲所困，女性則只有罕見例子會如此……許多女性從來不曾感受到任何的性興奮（sexual excitement），其他女性則的確會在每次經期過後的那幾天，在有限的程度下感受到性欲，但通常只是暫時的，下一次的經期來臨時就會完全消失。最優秀的母親、妻子、家務管理者，幾乎完全不會沉溺於性事，完全只感受到對於家庭、孩子與家庭事務的熱情。[254]

阿克頓將女性刻畫為忠貞不二，為世人歌頌、天真良善、超越於性之上；女性受生理上的驅使（她們的經期），但在性方面不會表現出主動性，畢竟她們「沒有」性欲。她們的「激情」，已經被引導至對家庭事務的「愛」。從許多角度來看，達爾文的性擇理論，以及阿克頓對於女性性欲的見解，到了精神科醫師克拉夫特－埃賓的末日觀點，可說是達到高峰[255]。克拉夫特－埃賓在一八八六年提出，要是這樣的男女秩序被破壞，將是世界末日：「女性要是心理正常發展，擁有良好教養，將鮮少會有性欲。若是不然，整個世界將變成妓院，無法維持婚姻與家庭。」

女性的被動與零性欲，讓這個世界得以保持平衡。

衝突與反制策略

然而，從前那個年代的女性在性方面，是否真如阿克頓、克拉夫特－埃賓、達爾文說的那樣「天生」被動？女性的性欲是生物學、社會學都提到的事實，發生在陰蒂與文化的交會點。直男癌的說教所帶來的社會期待，的確會影響女性的性行為。我們知道全球各地的不同物種間，雌性性欲的樣貌與多寡受環境侷限影響，有可能和母草原狒狒（*Papio cynocephalus*）動情的紅腫屁股一樣，明顯公然展示；也可能和馬利的月經小屋內部一樣寂靜無聲。雌性的性欲有可能忠貞不二，也可能以天經地義的方式一妻多夫。不少動物物種，雌性表面上遵守一夫一妻，但實則不然。我們稱那些動物遵守「社會性的一夫一妻制」（socially monogamous），但DNA測試顯示從基因上來看，實情並非如此[256]。人類以外的雌性靈長動物，某些在性事方面相當有主見，她們會追逐與掌摑雄性，要求雄性交配（見本書第六章）；而母番鴨（Muscovy duck）會在不從的情況下，被公鴨以螺旋形的外生殖器強迫交配（別擔心，母鴨有保護性的反制策略，演化出同樣複雜的陰道。母鴨的祕密通道也有螺旋與死角，好讓她們並未選擇交配的公鴨，精液無法順利進入）[257]。雌性和雄性一樣擁有彈性的性策略，即便遭受不寬容的壓制，許多雌性依舊有性欲。愛德華七世（Edward VII）著名的已婚情婦莉莉・蘭特里（Lillie Langtry），在阿克頓與克拉夫特－埃賓發表高論的年代，以高明手法周旋於男人之間[258]。同時代較為不幸的女性則成為自身性欲的受害者。

波士頓一名二十四歲中產階級妻子的例子，不符合女性在性事方面天生被動的觀念，差點動搖整個社會秩序，因為她說出自己想要性、需要性，甚至還私底下告訴了醫生[259]。一八五六年時，婦科醫師何睿修・R・史托爾（Horatio R. Storer）提到患者「B太太」（Mrs. B），不湊巧是一名太誠實的病患。B太太說自己做了感覺很真實的春夢，對象是丈夫以外的男人，那些偷情的場景折磨著睡夢中的她。B太太坦承，甚至在日常生活中，單單和男人說話，就可能引發她心中強烈的性欲、幻想與衝動。B太太進一步向醫生吐露，雖然自己不曾真的對丈夫不忠，但她害怕自己有一天會受不了誘惑。B太太認為自己會碰上這種問題，是因為沒生孩子。此外，她和先生原本習慣每日行房，但自從丈夫出現陽痿問題，再也無法和先前一樣做愛，這就變成了常態。歷史教授卡洛・格羅內曼（Carol Groneman）在《性愛成癮的女人》（*Nymphomania*）一書中指出，由於當時普遍認為女人對性不帶欲望，B太太一定**極度**憂慮自己有出軌的念頭，擔心著今日會被稱為「性欲」的東西，以求克服被責備與討論性事的恐懼[260]。史托爾醫師完成體檢後，指出「B太太的陰蒂屬於正常大小，陰道微微發燙，子宮也微幅膨脹」。史托爾醫師還指出，B太太抱怨陰蒂發癢，寫下自己碰觸B太太該處時，B太太發出興奮的尖叫聲。這位受到驚嚇的醫師告訴B太太，她必須立刻接受治療，否則將得送進精神病院。他開出的處方包括B太太必須戒除與丈夫行房的習慣；B先生必須暫時搬出家中，由B太太的姊妹接手，在家監督B太太完成療程；B太太不得吃肉、喝白蘭地，還必須避開所有「可能激起肉欲」的刺激物：

> 患者被囑咐換掉羽毛床墊與枕頭，改成毛皮製品，以限制睡眠時的舒適品質。為了冷卻她的熱情，她必須早晚用海綿洗冷水澡，每日以冷水灌腸一次，用硼砂溶液擦拭陰道……〔並且得〕放下她正在寫的小說。[261]

B太太的問題出在主動性。已婚女子若是需要或渴望性伴侶帶給她高潮，即便那個人是她的丈夫，也是病態的。因此，光是談論這件事，便會引來各式偽裝成療法的虐待手法，以抑制性欲——從折磨陰道至制止藝術創作，無所不包。

此類因為女性展現性欲而引發的歇斯底里反應，目的是遏止與束縛B太太及其他女性。舉止合宜的端莊女性沒有性欲，負責守護著灶台。這樣的女性標準典範，即便日後的世代出現過廢奴運動與婦女參政運動，遭受艾達．威爾斯（Ida Wells，譯註：1862-1931，黑人人權與女性平等選舉權的提倡者）與瑪格麗特．桑格（Margaret Sanger，譯註：1879-1966，美國女性避孕運動領導人）等行動主義先鋒尖銳批評，依舊盛行了數十年。「飛來波女郎」（flapper，譯註：西方二〇年代的新摩登女性，她們留妹妹頭、穿短裙，聽爵士樂）原是帶有貶義的英文詞彙，意指妓女。後來飛來波女郎不顧他人眼光，大步向前，自由奔放的形象，鼓舞了婦女參政運動人士及其他人以遊說、立法、政治抗議等方式，試圖爭取女性自由。然而，經濟大恐慌在一九二九年揭開序幕，研究那段時期的歷史學家告訴我們，走在時代尖端的年輕顛覆者，因而被迫回到循規蹈矩的生活。接下來十年，甚至就連女性在外工作都成問題，試圖找工作的女性會被大眾抨擊為「搶走男性的工作」[262]。非白人女性的處境更是艱難，一九三二年至一九三三年間，費城職業介紹所（Philadelphia Employment Bureau）刊出的工作機會中，六八％要求「限白人申請」，歧視問題雪上加霜[263]。

可以說，當時的女性沒機會挑戰嚴格的性別劇本，女就是要主內，男就是要主外。女性再次在各方面維持被動的形象，符合達爾文、阿克頓、克拉夫特－埃賓的說法。直到二戰期間，男人在一九四〇年代初，前往歐洲與南太平洋打仗。當時工業勞動力出現空缺，某些美國女性開始在工廠、造船廠工作，其他女性管理起辦公室，還成為一家之主。那是一個沒有男性的世界，女性開始嶄露頭角，自信萌芽，即便在重型製造業等傳統的男性領域也一樣。女性穿著牛仔褲，在工廠裡製作炸彈，「鉚釘女工」（Rosie the Riveter，譯註：二戰期間的文化圖騰，海報上的女性穿褲子展現肌力，拿著工廠工具）替她們加油打氣：「我們做得到！」（We Can Do It!）在這段期間，女性的積極精神、才能、自主性，不僅被包容，甚至被鼓勵、培養、公開表揚為愛國行動。一九四〇年至一九四四年間，女性勞動參與力成長近一半[264]。由於男性多在遠方打仗，女性不只在工廠工作，還成為辦公室主管，由她們主持一切。歷史學家、研究性別的文化評論家、性學者指出，「情境性同性戀」（situational lesbianism）常見於缺乏男性的情境，例如：沙烏地阿拉伯、女校、女子監獄、戰爭期間等等[265]。歷史學家潔西卡·涂普斯（Jessica Toops）指出，由於社會放鬆控制，男性不在家，女同性戀擁有不尋常的自由[266]。公開身分為異性戀的女性，也比較可能得以追求與其他女性的戀愛或性關係，也就是性學者戴蒙德所說的「女性的性向流動」[267]。

然而，這樣的自由只是偶然獲得，相當短命。女性天生在性事方面就是沉默的一方、女主內、女人該是異性戀，以及其他許多相似的看法，在一九四八年再次獲得強化。那一年，英國植物學家與遺傳學家安格斯·貝特曼（Angus Bateman），先前專門研究大麥與黑麥的遺傳特性，以及種子作物的異花授粉，他在《遺傳學期刊》（*Journal of Heredity*）上發表了一篇黑腹果蠅（*Drosophila melanogaster*）的交配策略論文[268]。貝特曼聲稱果蠅做過的事，以及那些行為理論上證明的事，日後對人類女性造成驚人的深遠影響。

「科學」告訴我們的法則與秩序

貝特曼蒐集數量相同的雄黑腹果蠅與雌黑腹果蠅，放置於瓶內觀察，使其自由交配，接著依據基因型分類子代[269]。

貝特曼執行該實驗，為的是強調達爾文的性擇理論只依據觀察而來，沒有**證據**。貝特曼很快就依據研究結果主張兩件事。首先，他指出雄果蠅的繁殖成功率（reproductive success），比雌果蠅更「不定」（variable）。近九六%的雌果蠅成功繁殖後代，雄果蠅僅七九%[270]。此外，貝特曼還觀察到「雄果蠅的繁殖力會隨著交配次數呈線性增加。雌果蠅則除了第一次交配，繁殖力不太會因後續的交配次數增加。」也就是說，依據貝特曼的說法，多重交配會帶給雄性好處，雌性則不會有太大差別。

為什麼是雄性能自多重交配中獲益，而不是雌性？為什麼對公鵝來說是好事，對母鵝來說卻不是（譯註：原本的英文諺語為「對母鵝來說是好事，對公鵝來說也是」[what's good for the goose is good for the gander]，意指應一視同仁）？貝特曼和日後接受他的研究發現的人士認為，雌性的繁殖成功率受限於生物學——她能製造的卵子數。雄性的「繁殖力鮮少會受限於精子製造，但會被受精次數或可交配的雌果蠅數量影響。」[271]貝特曼和達爾文一樣，深信由於兩性間製造配子的成本差異，相較於雌性，性擇對雄性有較為直接的影響。卵子勞力密集，相對珍貴；對照之下，精子理論上不值錢，因為數量龐大！不容置疑的生物差異，同時驅使與決定著性行為與**社會**行為：

> 世上的組合幾乎永遠都是雄性熱衷於四處播種，雌性則被動與會挑選對象。即便是源自一夫一妻制的物種（例如：人類），此種性別差異預期在多數情況下將持續存在。[272]

一九四八年時，貝特曼的論文和相關主張被拋出。軍人返家，重新適應已經大幅重組的社會世界。曾有一段時期，男性不但不在，也不重要。男性該如何重新融入這樣的宇宙？

首先，男人需要拿回製造與工業的工作，也因此女性得拱手讓出。社會動員起來，讓女性知難而退，手法包括羞辱、罪惡感，以及強調妻子與媽媽待在家對社會很重要的宣傳。如同歷史學家指出，美國一九五〇年代興起的郊區生活方式，背後的主張是女人該待在家，女性的天命是把心思都放在照顧孩子與家庭。此外，〈美國軍人權利法案〉（GI Bill，譯註：此一福利法案提供退伍軍人各式津貼、職訓、教育補助）幫上男性很大的忙，《天才小麻煩》（*Leave It to Beaver*，譯註：該影集的主角群被視為標準白人中產家庭的範例）與《奧茲與哈里特歷險記》（*The*

Adventures of Ozzie and Harriet，譯註：男主角為上班族、女主角為家庭主婦的電視節目）等電視節目，甚至是時尚（克里斯汀．迪奧〔Christian Dior〕推出強調高貴、細腰、細高跟鞋的「新風貌」〔New Look〕，大力強調穿適合工廠生產線的衣服不再時髦），也都幫忙重塑性別印象。那段時期出現的美國政府公共服務廣告（PSA），內容是一名女工在法庭上，哀求法官重輕發落她被控破壞公物的兒子。歷史學家梅莉莎．E．莫瑞（Melissa E. Murray）寫道：「那則廣告明確告知女性，我們現在不需要你〔繼續〕在職場上奉獻勞力了。女性必須回歸傳統的母親角色，守在灶爐旁，負責用心扶養具備生產力的良好公民。」[273]

好媽媽不工作。她們會到法庭上保釋孩子。她們煮飯，她們掃地，她們的工作是負責家裡的事。貝特曼的研究結果以相當委婉但昭然若揭的方式，哄騙女性離開職場。黑腹果蠅的研究帶來科學上的可信度，重建犁耕文化中的性別角色。你看，女性天生就該忠貞守在巢穴裡，在外頭忙碌的世界與人競爭賺錢，不會帶來人生的滿足感。遵守一夫一妻制，找個男人嫁了，專心帶孩子，人生才圓滿。

鉚釘女工，你可以功成身退了。

貝特曼的論文不僅在短期發揮影響力，整體的社會力量被動員起來，引導女性從工廠回到廚房，重新建立男女階層制度，恢復先前被戰爭破壞的男女分工方式。接下來數十年，貝特曼的結論成為某種原初的模範，提供無可辯駁的證據，性擇原本就會使雄性與雌性做不一樣的事，只有雄性會受益於多重交配。雄性被再次認證為達爾文所說的「好鬥、勇敢、自信」。Google Scholar的數據指出，貝特曼的論文〈果蠅的性別內競爭〉（Intra-sexual competition in Drosophila）出版後，被直接引用超過三千次[274]；歷史學者唐納・鄧伯里（Donald Dewsbury）指出，那篇論文成為「教科書的標準內容」，在生物學、遺傳學、人類學的課堂上被傳授[275]。同樣重要的是，貝特曼的發現被視為舉世皆然，被套用在其他物種的雌性身上，包括人類（貝特曼本人也如此暗示）。一九七〇年代時，引發爭議的帥氣哈佛社會生物學家羅伯特・泰弗士（Robert Trivers）再次讓貝特曼的理論廣為人知，將他的觀點介紹給更多人知道[276]。泰弗士進一步修正貝特曼的觀點，認為女性在孩子出生前與出生後，都把更多心力放在子女身上，因為受精與受孕都發生在女性的身體裡，通常一次還只會懷上一個後代。此外，也因為女性是哺乳動物，會分泌乳汁。泰弗士的「親代投資」（Parental Investment）理論因而主張，相較於男性，女性的最高生殖產出受到限制[277]。男性不一樣，只要夠花心，幾乎可以有不限數量的後代。從這點看來，四處播種符合男性的最佳利益。

在這種「大自然的秩序」觀點下，女性每個月只有一次機會的生殖力，耗神費力，懷孕又充滿風險，女性的策略因此是無微不至地照顧自己的孩子，女性因而從根本層面就與男性不同。女性**重質不重量**[278]——只找一個有優秀基因的好男人，一次只密集照顧一、兩個孩子。相較之下，男性則是自由自在、無拘無束的ＸＹ花花公子，一下子就能製造成本不高的大量精液，也因此男性自然想四處播種，盡量讓許多女性懷上孩子，多多益善。在這場交配與當上父親的遊戲，男性**重量不重質**。不過，底線再次是單一配偶的社會行為，以及所有與單一配偶相關的特質——矜持、慎重選擇、沉默安靜、害羞靦腆是基本的女性行為。男性相較之下則自然是「猴急」的那一方。

靈長類學家赫迪指出，所謂的「貝特曼典範」（Bateman paradigm）影響了數個世代的思想家[279]。貝特曼典範是指一種環環相扣的概念，雄性的繁殖成功率比雌性更不定；雄性受益於多重交配；雄性一般較為熱情，雌性則害羞；如此推論下來，隱含的假設是雌性天生比雄性更傾向於單一伴侶。泰弗士提出錦上添花版的貝特曼理論後，從演化心理學家、生物學家，一直到《GQ》與《美信》（*Maxim*）雜誌的撰稿人，每個人不假思索地產出一篇又一篇的文章，主張「男性會四處花心，女性會忠貞不二，全都是因為基因」，不斷把這種看法推廣出去。

如果貝特曼的性別角色與性擇結論，以及科學界與大眾文化的宣傳，讀起來像是一廂情願的解釋，以後見之明解釋為什麼雄性積極追求、熱愛有時輸有時贏的競爭，四處播種，接著就消失得無影無蹤。被動挑選伴侶的害羞女性則破壞男性的集體美好天堂，試圖要男人忠誠，又永遠不想自己付酒錢，那是因為的確就是那樣。二十世紀的最後數十年間，性別平等出現真正的進展，女性的生育、女性的收入，由女性自己主導。然而，每當人們焦慮社會變遷，貝特曼的概念就像病毒一樣，每隔一段時間又重新發作。每當某個地方有女性獨立自主，不太需要被保護，不需要被人養，就會有一群科學家、作家、政治人物跑出來支持貝式概念，大力宣傳女性應以被動的方式，選擇一個最有力量的男人保護她們、養她們，女性要有女性的樣子，男性要有男性的樣子。在整個一九七〇年代時，簡化版與本質主義版的社會生物學引擎加速運轉，相關論點盛行一時（一九七七年的某期《時代雜誌》〔*Times*〕封面是一男一女掛在傀儡線上，做出相擁的姿勢，標題是〈社會生物學：為什麼你會那樣做〉〔Sociobiology: Why You Do What You Do〕[280]）。背後的原因如同二戰過後的貝特曼〈果蠅〉論文，部分是為了回應大後方出現的社會革命與性革命，包括嚴格的性別劇本被撕破，傳統的性別角色被重新安排。三十年後，美國女性持續在職場大步前進，縮減男女薪資差異，努力「兼顧家庭與工作」，貝特曼的理論再度冒出來。某本暢銷自傳談到普世皆然、恆久不變、出於生物學的緣故雌雄不同的性策略：

> 在上古時代，女性依附最強壯的男性，受其保護。女性不會冒任何險選擇低階的無名小卒。那種人沒能力給女性房子住、保護她們、讓妻兒有飯吃。地位高的男性透過侵略性強的態度，展現自己的能力。他們不害怕獨立思考，不害怕自己做決定，不甩部落裡其他人怎麼想。具備那種態度的男性，從古至今都吸引著女性。這種事說出來政治不正確，但那又如何。這是常識。這是真的，一直都是那樣。[281]

人類學家荷麗・鄧斯沃斯（Holly Dunsworth）寫下川普在這方面弄錯的各種演化概念[282]。在川普的幻想中，人類女性「天生」都是掏金女，喜愛貼上有權勢的男人。此外，川普誤以為是競爭讓人類欣欣向榮。然而事實上，我們能夠抵抗他的幻想，靠的是合作，而不是競爭。川普版本的性擇在演化中扮演的角色，只挑了他喜歡的部分。這個版本中的美國男性具備陽剛、無懼、主宰的氣質。據說就是這樣的看法，幫助川普贏得總統選舉。他的對手是一個「不正常」、野心勃勃的女人，弄不清楚自己的身分（顯然也不曉得身為女人該有的本質），但這樣正好，他會把她「關起來」（川普大呼：「要把她關起來！」〔Lock her up is right!〕），賓州支持者跟著不斷重複那句口號）[283]。如同史托爾醫師在一八五六年治療的B太太，那個女人溜出了川普主義的伊甸園，女性應該扮演被動的角色，尋求男性的保護與精液，男性才該積極活躍。那個女人是個威脅，應該要關住她，然後處理掉。川普沒建議用硼砂清洗陰道，這個今日當上美國總統的男人，持續利用語言來要女人懂得檢點一點，他的名言包括女性不知分寸的時刻，「是因為有血從她那個什麼地方流出來」（"blood coming out of her wherever"，譯註：川普暗指某位女主播亂問問題刁難他，原因是月經來了）[284]，再次重申男女不同的基本差異是他們的命運，附和英國婦科醫師阿克頓的月經見解。

貝特曼式的科學見解受到歡迎、廣為流傳、具備政治色彩，有時還帶有民粹主義，即便受特定時空的文化影響而帶有偏見，又進而影響文化。在過去這些年，也有幾位科學家（許多是女性）基於許多物種的雌性在真實世界的行為，包括人類女性及其他雌性靈長類動物，開始高度懷疑貝特曼的理論。依據貝特曼的研究發現而來的假設（例如：「男人開跑車是為了和大量女性上床」、「女性天生就希望待在家照顧孩子，一生只想有一個男人──從穴居時代就是那樣」、「所有的女性都需要與渴望強壯的男人」、「男人天生性欲比女人強」等等），開始站不住腳，有如胡亂在流沙上以傲慢心態搭建起的大量屋子，紛紛倒塌。

奪命的雄性 VS. 玩諜對諜遊戲的雌性

靈長動物學者赫迪是首批挑戰貝特曼推論的科學家，不過她告訴我，她當初開始研究時，完全不知道自己將成為開第一槍的人，笑著表示：「我只是想研究葉猴而已。」[285]我拜訪赫迪位於北加州的家，兩個人坐在客廳裡，我請教她是如何成為聖經故事裡對抗巨人歌利亞（Goliath）的大衛（David），挑戰她的研究領域深信不疑的性擇、女性的選擇，以及「小心擇偶的害羞」女性 VS.「熱情的」男性。赫迪和眾多雌性靈長類動物一樣，從性開始展開冒險旅程。她在哈佛年當研究生時，為了寫博士論文，前往印度拉賈斯坦邦（Rajasthan）的阿布山（Mount Abu），觀察當地的長尾葉猴（Hanuman langur，*Semnopithecus entellus*）[286]。赫迪發現，母猴有時會離開自己的群體，與外頭的公猴交配。即便群體內有她們較為熟悉的公猴，她們依舊會特別到外頭找別的公猴做愛。為什麼母猴要這麼做？此外，赫迪想問的是如同貝特曼所言，人人都知道，「理論上不存在追求性冒險的雌性」[287]，那怎麼會有這種事？赫迪當初會產生興趣，感到有必要千里迢迢跑到阿布山，是因為她上過哈佛人類學家艾文．德佛（Irven DeVore）大學部的課，最後改變她的一生。德佛教授提到「長尾葉猴」這種赫迪以前從來沒聽過的猴子，據說公猴偶爾會攻擊與殺害幼猴。當時的人認為這種奇怪的雄性行為，起因是猴口過多的緣故。赫迪待在阿布時，的確親眼目睹過公猴攻擊幼猴，但她也發現發動攻擊的公猴，幾乎全都是近日才加入猴群的外地猴子[288]。那些公猴有時會一連數天，跟蹤帶著幼猴的母猴，接著像鯊魚一樣展開行動。公猴伺機從母猴那搶走幼猴，接著用銳利的犬齒，咬進幼猴的頭顱或身體其他部位。母猴有時會反抗，甚至與其他母猴結盟，抵擋攻擊，但通常公猴會贏。接下來發生的事使我們人類感到困惑，當母親的人或許尤其感到不解：孩子被殺死的母猴會跟殺「猴」兇手交配。群體中原本的公猴則非常容得下小猴子，永遠不會攻擊牠們。這樣看來，猴口密度太高不是公猴殺嬰的原因。究竟是怎麼一回事？

赫迪立刻想出一個假設：殺嬰的公猴「殺死母猴最近一次選擇交配的公猴的後代」，為的是加快死嬰的母親（此時不再泌乳）再次進入繁殖週期與排卵的速度，大幅「打亂她的選項」[289]。孩子被殺的母猴，為了後代數量不被其他母猴比下去，她必須和目前為自由身的公猴交配，那隻公猴理論上會阻擋另一名潛在的殺嬰公猴，即便他先前殺了她的孩子。赫迪在寫給我的電子郵件上，回憶自己在阿布的田野調查：「從達爾文的性擇觀點來看，一切都說得通。也就是說，雄性會與其他雄性競爭交配機會，輸家的下場不是死亡，而是後代較少或絕後」。然而，那母猴呢？她們的動機是什麼？一旦公猴殺掉她的孩子，她再次進入繁殖週期，尤其是如果兇手緊緊看住她，不讓其他公猴接近，此時符合母猴最佳利益的做法是與兇手交配。不過，母猴不只會跟兇手交配。赫迪假設，一旦母猴發現，公猴只攻擊自己不曾交配過的母猴的孩子，也就是不可能是親生的小猴，此時母猴會試圖操縱公猴能知道的生父資訊，搶先和潛在的入侵者交配。赫迪還發現，不同於一般認為的雌性靈長動物只會在發情的繁殖期間交配，那些母猴有時也會在繁殖期以外的期間，主動和公猴交配，即便已經懷孕了也一樣。赫迪心想，此種視情景而定的發情行為，會不會是一種雌性的事先防範手段，以對抗公猴靠殺嬰強迫交配。如果說，與多名雄性交配，讓雌性得以「諜對諜」（game），讓公猴無法確認父親是誰，不會輕舉妄動呢？畢竟母葉猴可以靠著與多隻公猴交配，操弄可能性，每隻有可能殺掉她孩子的嗜殺公猴，都有可能是真正的父親。如此一來，公猴殺掉小猴的機率就會降低。愚弄公猴的唯一辦法，就是以一妻多夫的方式交配，甚至是一次接連與多隻公猴交配。赫迪指出，這種做法不只不會「違反大自然的法則」，還有好處。母葉猴把多重繁殖當成一種保險。

赫迪日後又假設，母猴那樣的交配行為（她稱之為「母性使然」〔assiduously maternal〕） 290
大概是為了保住孩子。今日有多種靈長動物，也被廣泛觀察到出現類似的行為。在其他的情境下，甚至還會增加公猴保護、照顧、甚至是提供食物給她的孩子的機率，那些公猴做得比單一「可能的父親」還周到。總而言之，在適當的生態與社會情境下，與多名雄性交配，有可能對雌性來講十分有利。

赫迪的假設有理有據，輔有紮實的科學證據，然而她提出殺嬰可能是雄性的適應性繁殖策略。更令人感到匪夷所思的是，雌性可能也是採取了適應性策略，因而出現多重交配行為，讓公猴弄不清誰是真正的生父。赫迪回憶，當時一位著名的體質人類學家，認為她的研究，以及她一九七七年探討這個主題的著作《阿布葉猴》（*The Langurs of Abu*），不值得一提：「那些猴子精神錯亂了。」[291]對那位人類學家與整體的人類學界來講，大家寧願直接把整群葉猴當成有病，無視於赫迪多月一絲不苟的田野工作，也不肯承認雄性有可能「沒替自己的物種著想」，做出自私的行為。或許更令人震驚的是，赫迪的見解挑戰了達爾文—貝特曼典範（Darwin-Bateman paradigm），那不僅是科學家的基本觀念，也是全美國人的。人們深信世世代代流傳的看法：在性方面被動、「害羞」的女性，一旦與「最佳」的男性配對後，就不會有另覓他人的動機。

赫迪一九八一年的著作《不曾演化的女性》（*The Woman That Never Evolved*）進一步直接瞄準被動、害羞、單一伴侶的雌性假設，指出觀察性資料顯示，包括人類在內的許多靈長動物並非如此[292]。達爾文認為溫柔內向、渴望專一關係的雌性，藉由尋求單一「最佳」的雄性帶來性擇，但那是達爾文一廂情願與符合社會習俗的看法，不是真正的靈長行為。此外，赫迪證明雌性靈長動物，尤其是母親，不一定都遵守一夫一妻制度與溫柔被動。雌性也可能在性事方面落落大方，自私精明，甚至在某些情況下不一定會照顧孩子。

赫迪日後的著作《母性》（*Mother Nature*）指出，在母親需要大量外在協助才能扶養幼兒的靈長動物中（例如：人類），在有利的生態情境下充滿母愛、把孩子照顧得無微不至的母親，如果得不到足夠的社會協助，則可能拒絕哺乳，甚至遺棄剛出生的嬰兒。這樣的母親並未違反大自然的法則，只不過是在平衡自身與目前的子代福祉，以及未來可能誕生的子代福祉。這樣的母親有可能深愛與溺愛孩子，也可能漠不關心。她有可能在同類已經停止哺乳時，依舊認真哺乳，或是不嫌累，允許不肯自己走的幼兒抓著她們的毛，附在腹部上。然而，這位無微不至的溺愛母親，也可能放下自己的幼兒，暫時拋下，或是永久地扔下。如同雌性的交配行為，母性行為遠比我們先前的假設多元、彈性、帶有策略。

赫迪飽受批評的原因，在於她主張在性方面，雌性靈長動物擁有策略，具備能動性（agency，譯註：指個體能夠依據狀況自由做出回應與選擇）。一名學術界同仁投稿《生物學評論季刊》（*Quarterly Review of Biology*），將赫迪的雌性靈長動物受益於多名雄性交配的假設，稱之為「超心理學」（parapsychology，譯註：研究超自然現象的學問，主流普遍不承認為「科學」）。其他人做出更為私人的攻擊，一名同仁認為赫迪是在投射她本人的情形：「赫迪，換句話說，你是在說自己欲火中燒，對吧？」（赫迪稱之為「這是我一生中感到相當禁欲的時刻」（譯註：mortifying，亦有痛心、受辱之意）。[293]）不過，赫迪的研究也打開了水門，更多研究湧出來挑戰現存的理論。

沒過多久，學界就觀察到相關現象，最終廣泛接受多種哺乳動物的雄性會殺嬰，以強迫雌性進入發情期，而雌性雖然處於被動狀態，她們見招拆招，通常會頻繁與數名雄性交配。被圈養的母獼猴渴望得到不同的性伴侶選擇，如果飼養員未每三年引進新的公猴，母猴會無精打采與憂鬱[294]；表面上「一夫一妻制」的母長臂猿（gibbon），會在伴侶不在場時與其他雄性交配[295]；母黑猩猩會冒著生命危險，試圖加入新群體，以求與新雄性交配[296]——她們那麼做是有理由的[297]。梅諾迪斯・史摩爾（Meredith Small）、艾莉森・喬莉（Allison Jolly）、芭芭拉・史茅茲（Barbara Smuts）、珍妮・亞特曼（Jeanne Altmann）等靈長動物學家主張應以審慎的眼光，重新檢視在性策略與繁殖策略方面，源自貝特曼理論、所謂的「共通的」性別差異。雌性所擁有的能動性遠超過先前的假設。在各種不同的情境下，雌性的確會與不同的雄性交配，這麼做的確對雌性有好處。

怎麼說？雌性「雜交」不但能降低殺嬰的發生率，還能提高獲得高品質精子的機會，增加受孕機率[298]。雌性可以抗衡雄性的殺嬰行為。雌性多重交配可以改善「異質接合性」（heterozygosity）的機率——她們的卵子與使其受精的精子之間，有良好的契合度，帶來更健康的後代。不過還不只這樣。多重交配還會帶給雌性**生殖以外**的好處。雌性若是不在發情期或排卵期，依舊與大量雄性交配（基本上屬於為了娛樂而交配），雌性靈長動物可以藉此消耗掉可能使雌性對手受孕的精子[299]，把雄性拉進自己的社群（social group），因而獲得更多潛在的照顧者、保護者、食物提供者，用性交換資源或「友誼」。當然，赫迪的母葉猴並未精心算計這些事，她們與多隻公猴交配，不是因為想到要讓公猴不會攻擊小猴：「嗯，最好讓他們弄不清誰是真正的父親，聚集數個可能的『爸爸』來保護我的小孩」。其他的靈長類雌性也沒想著：「天啊，我有沒有辦法增加我的異質接合性」或「要如何得到優秀的基因」。無法缺少雄性支持的物種，需要數名雄性一起照顧下一代或提供食物。但雌性並未想著：「我需要找到好幾個食物提供者。」雌性會主動與雄性交配，是因為她們被制約進行會帶來舒服感的額外交配，而會舒服，原因是因為祖先傳下來的雌性靈長動物的生理構造。這是我們人類自古代的女祖先那繼承而來的「遺產」，她們生活的環境與今日的女性相當不同。

過去數個世紀間，科學、醫學、藝術的確經常把女性描繪成被動、相對而言對性事不感興趣。然而，生物學說出非常不一樣的背景故事，那個故事充滿熱情與感官享受，有時還會為了滿足性欲冒極大的風險。女性的身體是為了原罪而設計；即便我們不是享樂主義者，但我們的身體是。

她在享用的，給我們也來一份：性高潮與陰蒂

人類女性與雌性的黑猩猩、巴諾布猿，以及其他數種靈長類動物，演化出面朝前、布滿大量神經的陰蒂。人類的陰蒂在從前只被當成形狀像「鈕扣」的一塊肉，今日則知道是通往純粹的墮落感官享受的超級高速公路[300]。古希臘文中的陰蒂帶有「關鍵」（the key）之意，而陰蒂的確是了解女性性欲的人體構造與生物學基礎關鍵。陰蒂很大，和陰莖一樣大，但位於身體內部。不過，即便只是我們肉眼可見的部分，也就是陰蒂頭（glan，可以想成「冰山的一角」，或是更接近燜燒的火山口），也分布著超過八千個神經末梢[301]。也就是說，陰蒂的神經受體細胞密度，整整是男性陰莖最敏感處（龜頭，英文亦為glan）的十四倍[302]。陰蒂因此比龜頭還要容易起反應與興奮。

雖然陰蒂頭與陰莖頭的術語都是「glan」，男性（龜頭與陰蒂發育自相同的胚胎組織）有一點相當不同。男性的陰莖作用包括排尿與射精，同時具備生物學、感官享受、繁殖等多重功能。陰蒂則不一樣。那個會立起的小蓓蕾，那個我們以為自己認識的地方，僅僅是雲霄飛車之旅的門票，除了讓女性享受快感，沒有其他大大小小的功能。今日所知的「女性勃起網絡」（female erectile network，FEN）或「內部陰蒂」（internal clitoris），包含女性的「尿道海綿體」（urethral sponge，先前稱為「G點」），有時亦稱為「會陰海綿體」（perinea sponge），一路往回蜿蜒至靠近女性肛門兩側的地方，沿著興奮時會充血的陰唇延伸[303]。

女性和男性還有一點不同，女性可以接二連三高潮。《女性多重高潮》（*The Multi-Orgasmic Woman*）的作者瑞秋・卡爾登・亞伯姆斯醫學博士（Rachel Carlton Abrams）表示：「女性和男性不一樣，沒有『不應期』〔refractory period〕，因此女性能夠維持性奮狀態較長的時間，輕鬆就能擁有〔連續的高潮〕。[304]」常識則告訴我們，男人高潮一次後就沒了。

然而，在真實世界的情境下，在床上、在淋浴間、在車子後座、在宿舍房間、在會議室、在婚姻、在勾搭、在幽會時，女性的性高潮出了名難搞，沒人知道怎樣才能讓她開心。此外，女性的性高潮和陰蒂一樣躲在包皮下，受刺激時會縮回，更加難以捉摸，要有一點技術與耐心，才會得到獎勵。伊麗莎白・戈登醫學博士（Elizabeth Gordon）是曼哈頓的精神科醫師與性治療師，她的研究告訴我們，先用前戲挑逗後，女性平均需要十至二十分鐘，才能從性交中獲得高潮[305]。男性則是兩分半到八分鐘。「關於需要多久時間才能高潮，唯一避不開的事實是需要一段時間才能辦到，女性平均而言需要比較多的時間。如果是自我刺激則比較快。」戈登指出，女性常見的擔憂是自己「花太久時間」。女性很難高潮，至少有部分原因來自整個文化沒告訴女性，美好性愛除了是男性的權利，也是女性的權利，我們和男性一樣有權「釋放」。異性戀者有明顯的「性高潮鴻溝」（orgasm gap）與性權力鴻溝：研究發現，與熟悉的伴侶上床時，異性戀男性得到高潮的次數，比女性高整整二二%（雙性戀女性並未勝過異性戀女性。最高的是同性戀女性，與伴侶性交時近七五%的時候能夠得到高潮）[306]。另一項研究發現，第一次和伴侶上床時，直男與直女能獲得高潮的比例為三點多比一。

性高潮難以預測。我們究竟會高潮，還是不會？不確定性會促使我們不斷努力尋求性高潮。道理就跟玩吃角子老虎機一樣，我們知道會成癮，不是因為每一次都會贏，而是因為偶爾才會贏。我們會不停看iPhone也是同樣的道理。如果每次查看手機，一定都會如願收到郵件與訊息，我們很快就會無聊，感覺到手的獎勵不怎麼樣。永遠獲得滿足不會升起我們的欲望之火，預期結果難料才會。這是心理學提到的「間歇增強」（intermittent reinforcement）。研究人員告訴我們，偶爾會掉下來的大獎、沒有模式的模式，會讓我們一直想再試一次。

此外，人類學家一直很想知道，為什麼**逐漸累積**的刺激，才能帶來性高潮[307]。赫迪也對這個問題感興趣。我們愈來愈接近高潮時，會有一種「累積」的感覺。女性需要一定的時間才有辦法高潮，尤其如果是交媾帶來的刺激，女性需要的時間比男性長。

女性的性高潮具備以上特徵。這點或許會讓人類女性在特定情境下躁動不安，不斷追求性冒險。我的祖先和許多今日的非人類靈長動物一樣，包括我們最近的近親黑猩猩與巴諾布猿，有可能定期在短時間內，一次與數名雄性性交，以求和每一個伴侶累積出最終會帶來的單次或多次性高潮。

靈長類動物提供了證據。赫迪告訴我，性高潮不是人類女性所獨有、其他雌性靈長動物也有的假設，目前已被廣為接受，包括黑猩猩與數種獮猴[308]。實驗室研究靠著植入發射器，記錄生殖器刺激帶來的生理反應，包括子宮與陰道肌肉的痙攣式收縮、心率變化，以及因性事而發出的聲音與面部表情，例如「高潮臉」。烏雲蓋住天空，我和赫迪想著午餐要吃她那天準備的雞肉派，我們已經聊了好幾個小時。赫迪示範什麼叫「O形高潮臉」（O face），就跟英文字母O一樣，是一種嘴巴開成圓形的面部表情。雌性的獼猴、黑猩猩、巴諾布猿、人類在那個神奇時刻都會露出那個表情。赫迪解釋：「這點顯示雌性高潮是從遠古時代流傳下來的東西，時間早於早期原人。不僅非常古老，還可能是我們的前人類（prehuman）女性祖先所留下的東西，有可能是基本的演化適應。」（我們談到這裡的時候，赫迪的先生丹〔Dan〕走進來，討論什麼時候可以開飯。赫迪興奮地告訴他：「我們在談雌性性高潮的演化！」丹轉身離開，揮了揮手，拋下一句：「那件事我聽多了，沒興趣。」）

赫迪在學術事業早期發表的一篇論文提到：「依據臨床觀察與女性訪談來看，『能夠多次連續高潮的雌性』與『通常能夠完成一次交配的雄性伴侶』之間，有著令人困惑的差距。」[309]赫迪進一步指出，某些主張認為，女性高潮是人類特有的演化現象，這樣的演化適應促成了異性戀的一夫一妻配對連結。然而，由於雌性光從交媾就得到性高潮的比例相當低，很難證實相關的看法，反而正好相反。從多重交配帶來的所有好處來看，「不定的獎賞系統」（variable reward system）回應了持久、甚至是累積的刺激，藉由無法預測與帶來愉快感受，在數百萬年間促使雌性靈長動物尋求接連交配。赫迪指出，目前為止，人類以外的靈長動物的雌性性高潮，非一夫一妻制的物種有著最詳盡的紀錄，這點可能不是巧合[310]。赫迪曾寫信告訴我，不必試圖靠著研究在今日目前狀況下的女性，解釋女性性高潮的演化，或是目前的不合理之處。我們該問的是這個繼承自前人類女祖先、自遠古傳下來的東西，如何在人類演化與人類史上產生變化。

赫迪認為，雌性被制約尋求與數名伴侶接連交配，以求獲得性高潮。萊恩與潔莎合著的《樂園的復歸？遠古時代的性如何影響今日的我們》指出，女性子宮頸的故事以更深層的理由，讓赫迪的推論更可能為真[311]。母獼猴可能接連與十隻以上公猴交配，而人類女性的子宮頸與雜交的獼猴一樣，功能可能不是先前認為的鎖住精液，而是忙著篩選與評估理想狀況下來自多名雄性的數種精液。子宮頸並未演化成簡單的屏障，而是篩選掉疲弱、品質不佳、不相容的精子，找出優秀精子。光是有子宮頸的存在，就顯示有必要這麼做——雌性的多重交配。這種奇妙的身體配備，也能提供雌性部分緩衝，不會因為一時動情就做出糟糕的交配選擇——我們的子宮頸守在那，在我們看錯人時，協助我們判斷誰是合格父親。

雄性的身體配備也是類似的故事，可能與雌性長遠的多重交配史有關。想一想男人的睪丸尺寸[312]。男性的睪丸大過大猩猩的睪丸。從體型的比例來看，大猩猩的睪丸相當迷你。也就是說，其實只需要很少量的精液，就能成功使不可能有其他潛在交配對象的母猩猩受孕（大猩猩生活在部分靈長類學者依舊稱為「後宮」〔harem〕的社會型態中——一隻公猩猩配很多隻母猩猩）。相較之下，人類男性的睪丸依比例來講較大，可說是比較類似黑猩猩與巴諾布猿，也就是雌性以雜交出名的靈長動物。按理來說，如果是雌性會與數個對象交配的物種，你需要大量精液，才有辦法和陰道中的其他精液競爭。你能射出的精液愈多愈好。精液本身也有故事。黑猩猩與巴諾布猿（和我們人類九八．七％的遺傳物質相同的兩種動物）有「精液塞」（sperm plug）[313]。如同字面上的意思，精液塞是精液、黏液、凝結蛋白質的混合物，附著在雌性陰道上，試圖阻止其他精子進入，防堵對手的精液抵達目的地。碰上對手的精液時，你不只想讓你的精液能進場。如果你不是第一個抵達派對的人，你會想要趕走其他參加派對的男人。此外，陰莖頂端那個讓陰莖看起來像鏟子的「冠狀溝」（coronal ridge）能有效移除精液。科學家用人造的陰莖與陰道做過實驗，移除陰道上的精液狀物質（由玉米粉和水調製而成），結果有冠狀溝的陰莖所移除的量，是無冠狀溝版本的近三倍[314]。此外，人類男性的陰莖最後射出的物質，含有類似殺精劑的成分，對著接下來幾小時（或幾分鐘）才抵達的對手精液大喊：「接招！」[315]

某些研究者還把叫春當成雌性向來不忠的證明[316]。靈長動物學家詹娜．克雷（Zanna Clay）真的研究過黑猩猩在交配時發出的聲音，結果發現那其實是雌性在對雄性發出訊號：「嗨，其他的男孩，我在這噢，我對你感興趣！」即便那個雌性正處於交配狀態也一樣。呻吟與嘆息有可能是某種古老的劇本，雌性靠那個劇本，告知其他在聽力範圍內的雄性：「這一個結束後，馬上就能換你們！」

當然，我們不是黑猩猩，也不是葉猴，不過赫迪以及她所影響的無數科學家與思想家問：如果說，女性一直不曾能夠尋求身體所提供的獎勵，不曾能夠接連享受性愛，又不必擔心嚴重的報復或後果，不需要恐懼，那為什麼人類女性的構造是這樣？（以及為什麼男性的陰莖形狀是那樣，還噴出殺精劑，而且睪丸那麼大？）此外，如果尋求與多名伴侶性交向來受到限制，有時甚至會像今日一樣死於情殺，那我們怎麼會在這裡，成為今日的樣貌？若是考量陰蒂、女性性高潮的本質、子宮頸，也考量男性的身體配備與人類做愛的方式，將令人感到不僅是有些微的可能性，的確很有可能女性的生理構造方式，是為了提供性滿足、追求性滿足、適合多重交配，只射精一次就收工的男性則不然。女性生物學顯示，女性適合整天整夜盡情進行性實驗。委婉來講，我們與困住我們的文化束縛不相容。

女性不可能以我們「演化」成的方式做愛——在性事上隨機應變，具備社交手腕。不過，我們的本質（如果真有這種東西）大概比較接近獼猴，而不是一板一眼的女舍監。女性出軌的行為是一腳踩在今日，一腳踩在遙遠的古代，與身體構造、生理學、尋求獎勵有關。最稱職的母親會在情況對的時候，盡一切努力，召集一群會好好善待她的孩子的盟友，方法是躺下來或撅起臀部。

在靈長類學的世界，赫迪以多重交配與殺嬰假設，以及關於女性性高潮本質的洞見，推翻昔日的看法。此外，史茅茲出乎意料觀察到母橄欖狒狒（olive baboon）會從數位公狒狒「朋友」中挑選伴侶[317]。另外，史摩爾提出雌性非人類靈長動物單一最明顯的特質為偏好性新鮮感，種種新理論加起來後，所謂「從古至今，雌性向來只會有一個雄性伴侶，那是她們的本質」，那樣的假設看來完全站不住腳。

雜交，你的名字是女人

為什麼，她當初一心一意依偎著他，彷彿愈嘗滋味，胃口愈佳；然而，不到一個月——我還是別再想細想此事——脆弱，你的名字就叫做女人！[318]

——《哈姆雷特》（*Hamlet*），第一幕第二景

在過去數十年間，所謂的一夫一妻是人類老祖宗所傳下、而且女性因為受生物性驅使是這種制度的助力，這種說法的真確性受到靈長動物學家挑戰，促使學界重新思考**人類**女性為何會有多重交配的行為，相關的做法、情境、原因究竟是什麼。舉例來說，中國西南的摩梭人（Mosuo）有「走婚」（sese）習俗[319]。當地的女性與親族同住，性伴侶會在晚上溜進她們的房間。摩梭男人不提供子女財務或社會性的協助，由女方的兄弟負責「當父親」養育孩子，女人可以擁有多重婚姻。人類學家不再只研究這種制度對男性來講有哪些好處，開始挖掘女性在自

己的大家族中養孩子、不會有沒血緣的男性指手畫腳的好處。西藏鄉村地方有一妻多夫制度，一名女性可能同時嫁給哥哥與弟弟，據說原因是山區環境惡劣，耕田不易，這樣的做法比較容易同時養活孩子與大人，也可避免土地繼承糾紛[320]。不過，女人也得到好處，她們在大家都接受的氣氛下，同時得到數個有血緣關係的「父親人物」看顧孩子（愛屋及烏後，女性自己也能獲得更多照顧）。此外還有許多社會採行「非典型的一妻多夫制」（non-classical polyandry），女性同時擁有數名伴侶，或是在一段期間內先後有過數名伴侶，不太會遭到社會的非難或毫無社會壓力。此類非正式一妻多夫制的民族誌證據，整整出現在五十三個社會中[321]（身兼靈長動物學家、人類學家的史摩爾曾調查一百三十三個社會，指出沒有任何社會不曾出現女性外遇的現象）。[322]二〇〇〇年時，赫迪問：「為什麼人類很少見到一妻多夫？」[323]接著又立刻修正提問：「**真的很少嗎？**」赫迪觀察到「非正式的一妻多夫」（女性在同一時間或接連擁有數名伴侶）是真實存在的現象，事實就是如此。

所謂的由於與配子生成（gamete production）有關的不可改變的基本生物事實，在性策略與繁殖策略上，雌雄間有共通的差異，再也無法自圓其說。赫迪及其他人類學家證實女性的多重伴侶或「雜交」，是一種具備彈性、為求適應情境的行為。在特定情境中，女性的伴侶超過一人的可能性會增加：

男性數量多過女性[324]。性別比扭曲，處於生育年齡的男性人數多過女性。此時女性與男性同樣有動機讓女性擁有多重伴侶。在此類狀況下，男性感到擁有半個老婆勝過沒老婆。最好冒險一搏，賭你和別的男人共享的女人所生下的孩子是你的，比絕後好。

單身男性缺乏養家能力[325]。舉例來說，當時代與經濟變化造成男性很難捕捉到獵物，也或者是氣候狀況不利於農耕，女性需要一個以上男性的協助，才有辦法讓孩子健康活下去。此外，在男性入獄率高的地區，女性除了早早就開始生孩子，以對抗不確定性，還會不只和一個男人生孩子，因為情況不允許她們選擇一夫一妻制。在此類例子中，男性可能不在場。即便在場，如果他們也想要孩子能健康成長至生下後代，別無選擇，只能睜一只眼，閉一隻眼。

當地盛行男性與潛在盟友共享一至多名妻子的習俗[326]。此時不只是男性受益於獲得潛在的支持，女性也一樣。

女性的親族協助扶養孩子[327]。在此類例子中，女性擁有大家族當後盾。當她處於更換伴侶的過渡期，家人會協助她度過難關。她完全不需要有伴侶，也或者她嘗試與不同伴侶相處時，家人提供了緩衝，母子不需要擔心可能的後果。

女性高度自主[328]，例子包括：女性手中握有資源；家裡主要靠她養、或是家人因為她提供的東西凝聚在一起；此外，女性經濟自主時，遠遠較可能在性的方面自主。全球的民族誌資料顯示，女性有可能利用經濟力量，同時或接連擁有數名伴侶，不會只有一個。

少有累積或繼承而來的資源[329]，例如搜食者與粗耕者的情形。由於沒有可以傳承下去的財富與土地，也就沒有合法繼承的問題——不會對孩子的生父身分耿耿於懷。相較於族群的團結等其他重要考量，生父是誰沒那麼重要。人們必較不會感到有必要掌控女人是否只有單一伴侶。

加州大學戴維斯分校（UC Davis）的人類行為生態學家莫妮可·博格霍夫·穆爾德（Monique Borgerhoff Mulder），研究東非坦尚尼亞（Tanzania）的平威人（Pimbwe）[330]。當地人只要伴侶搬出家裡，就算離婚，不需要額外的法律或正式程序。穆爾德找到的真實狀況，同樣挑戰了貝特曼典範。穆爾德藉由訪談與生育史紀錄證明，與貝特曼經常被引用的說法恰恰相反，多重交配增加了平威女人的繁殖成功率（能活到替她們生下孫子的兒女數量增加），卻並未增加平威男人的繁殖成功率。穆爾德進一步提出結論：「一妻多夫到處都是……但我們將之視為多重關係（polygyny）。」[331]換句話說，達爾文—貝特曼典範認為，矜持的雌性默默接受主動的雄性，多重交配對雄性而不是對雌性有利。當我們從這樣的視角，看待這個世界與女性性愛、社會行為、後代繁衍，我們會沒看到挑戰這種觀點的事實。

人類學家發現與記錄下許多亞馬遜低地的原住民，包括卡內拉人（Canela）、曼西納庫人（Mehinaku）、亞諾馬米人（Yanomami）在內，至少有十八個部落接受「可分父權」（partible paternity，可分割的父親身分）的概念，意思是孩子可以擁有一個以上的父親[332]。舉例來說，人類學家金·希爾（Kim Hill）研究半狩獵、半粗耕，生活在南美巴拉圭東部的阿契人

（Aché）。希爾試圖弄清楚三百二十一位阿契人的血緣關係，當地人被問到時，回答他們一共有六百三十二位父親，以不同詞彙稱呼不同類型的父親[333]。miare是「放進去的父親」，peroare是「攪拌的男人」，momboare是「溢出來的那個人」，bykuare是「提供孩子精華的那個父親」[334]。我們可能難以理解此類描述，但那樣的描述明白點出一個令人印象深刻的觀點：生孩子最好的辦法，就是與一個以上的男人性交，有如滾雪球一般，「聚集」接連而來的精液[335]。身處「可分父權」文化的女性，例如阿契人與巴力人（Bari），她們在懷孕過程中與數個男人性交，接著這些男性會支援她們的生活，孩子出生時也會幫忙扶養。巴力人生活在南美哥倫比亞與委內瑞拉的邊境一代，他們是馬拉開波盆地（Maracaibo Basin）西南方的雨林粗耕者。人類學家斯蒂芬．貝克曼（Stephen Beckerman）發現，父親不只一人的巴力孩子，由於有更多老爸提供營養與保護，比較可能長大成人[336]。有第二位父親的孩子，八〇%能活到十五歲，只有一個父親的孩子則僅六四%。在這樣的環境下，只有一名伴侶的女性可能被視為過分拘謹、自私、應當譴責。不過，女性要是找了**太多**父親人選，男性會因為弄不清誰可能是孩子的爸，不願提供協助。赫迪告訴我們，在此類環境與生態條件下，在人們接受「可分父權」的地方，最理想的父親數量似乎是兩人[337]。巴西中部的卡內拉人則是著名的例外。卡內拉女性會參與儀式性愛，在社群儀式上與二十個以上的男性做愛，有眾多「父親人選」可選擇與依賴。

在「可分父權」的社會中，自然通常是眾人齊心協力扶養孩子，多名成人看顧著單一孩童的福祉，人類學家稱這種集體扶養為「合作養育」。許多學者認為「合作養育」同時解釋了「方法」與「原因」，使我們除了能夠探討女性的多重交配，也能解釋為什麼智人成功活到今日，早期原人卻消失在歷史的舞台上。學者主張，我們之所以成為今日的我們，代代相傳，功臣不是一夫一妻制的異性戀配對連結，而是一起分擔養育責任的數人團體，以及與多名伴侶性交的女性。

某些科學家因為受到相關資料的影響，開始重新思考雄性有可能無限繁殖的概念[338]。他們發現（想不到吧）精子其實並不廉價。由於數百萬精子，才會使一顆卵受精，有意義的比較，不是用一顆寶貴的卵子，去比因大量製造而顯得廉價的單一精子。有意義的評估方式是「大量精子的成本比單一卵子的製造成本」。以這樣的方式來評估時，精子的成本比想像中昂貴。精液內其實含有關鍵的生物活性化合物，而製造那些物質特別耗能。此外，雄性的精子的確有可能用罄——這種現象稱為「精子枯竭」（sperm depletion）。考量製造精子的實際成本，以及精子可能不足的問題，雄性在特定情境下，的確有理由審慎選擇交配對象（「雄性選擇」目前成為日益熱門的生物學研究主題）。

除了精子製造成本高昂又可能枯竭，再加上真實世界中的雄性的確會挑選對象，人類學家與動物學家開始質疑，所謂的雄性靈長動物只需要四處留情，便能有數十、甚至數百後代的說法，是否真有這麼一回事。這種看法和數種現實情形兜不攏：後宮在靈長類世界其實很罕見，統計上的受孕率也不高，流產率也高。雄性那麼剛好「一發就中」的可能性，究竟有多高？與數名雌性數度交配的受孕率又有多少？不是很高。此外，由於各物種有一定數量的妊娠最終止於流產、死產、致命的臀位難產，機率對完事後就消失的雄性來講更不利[339]。交配完就拍拍屁股離開，是在增加雌性與其他雄性交配的可能性。此外，精子可能沒達成使命。即便真的受孕，最後要是未能誕下健康的後代，離開的雄性沒機會再試一遍。許多科學家近日開始認為，基於種種因素，**雄性與雌性一生的繁殖成功率，其實通常數值範圍差不多**[340]。人類是如此，幾種人類以外的靈長動物也是如此。最後一點則是許多動物學家、生物學家、人類學家已經證實，許多物種的後代如果同時得到母親與父親的照顧，存活機率較高。

由於前述的幾點原因——昂貴精子、看管數名雌性的困難度，受孕困難度、妊娠的高失敗率，再加上有父親可靠的孩子更可能存活——播種後就走人，永遠不是上上之策。所謂的雄性天生適合多重配偶，雌性天生適合單一配偶（男人喜歡四處留情，但沒興趣照顧孩子；女人則想要一個「對的人」就夠了），在赫迪提出母葉猴會策略性雜交後的數十年間，愈來愈受質疑。

不過，多重交配對雄性有利、雌性則不然，也因此雄性比雌性更容易四處交配「很合理」的看法，最致命的一擊，來自加州大學洛杉磯分校演化生物學家派翠西亞．亞戴爾．高瓦堤（Patricia Adair Gowaty）的實驗室。高瓦堤多年研究性擇，由於愈來愈多證據顯示，許多物種的雌性的確一妻多夫或多重交配，而且從中得到好處，也因此高瓦堤在二〇一二年檢驗貝特曼的說法，再做一次他被引用無數次、影響極度深遠的實驗，只不過這次是用DNA資料做現代版的實驗[341]。高瓦提發現，貝特曼的實驗結果無法被複製，就連實驗對象就是貝特曼所研究的果蠅也一樣。貝特曼本人和後來的思想家把貝特曼那場實驗當成依據，提出「雌性天性vs.雄性天性」的假設，然而該不會實驗有誤？起初，許多專家被高瓦提得出的結果嚇一跳，接著又再度不敢相信居然一直要到高瓦提，才有人想到要複製看看貝特曼六十多年前的奠基研究。這整件事是典型的確認偏誤（confirmation bias）。科學家和社會科學家一直執著於尋找可以證實貝氏研究發現的行為，無視於赫迪、史摩爾、史茅茲、喬莉、亞特曼等人提出的證據——由於她們的研究抵觸貝特曼的說法，只被當成特例。高瓦提的實驗室研究，再加上正在迅速增加的族群文獻（人類及其他靈長動物的雌性會以抵觸貝特曼模型的方式性交與繁殖），鐵證如山，無法繼續主張兩性的生殖策略與性行為具備普遍性的差異，從前的二分法依據有誤，「昂貴卵子」vs.「廉價精子」、「矜持、單一伴侶的雌性」vs.「天生到處出擊、多重伴侶的雄性」等假設並不成立。雄性有意義的繁殖率並未高過雌性，相關概念只不過是海市蜃樓。[342]

那所以呢？

辛巴詞彙「OMOKA」的意義

前文提到的辛巴人研究者謝爾札，同時受高瓦提與赫迪影響與啟發，兩人對於雌性的看法是雌性在演化與繁殖過程中絕不被動。此外，謝爾札原本想研究辛巴母親與青春期女兒的關係，也就是年輕女性進入生育年齡的前夕，但碰巧學到一個使她走上不同研究道路的字，進一步全面推翻有關於雌性選擇的論述，以及雌性害羞、挑剔、被動的假設。

二〇〇九年時，謝爾札首次抵達自己將在納米比亞做辛巴人田野調查的地點。她調查自己想訪談的辛巴母親，蒐集她們的婚姻史與生育史：「你先生是誰？他是你第一任丈夫嗎？你們有幾個孩子？」每一位人類學家都會詢問研究對象這些基本資料，以求得出精確的族群人口描述。然而，謝爾札很快就碰上有點類似研究阿契人的希爾遇到的情況。希爾努力整理出親屬圖時，許多人表示自己不只一個父親。謝爾札剛開始做訪談與蒐集資料，有一位女性回答：「這個孩子是我先生的，這兩個孩子是『omoka』的。」[343]

謝爾札不懂什麼叫omoka，問幫忙翻譯的辛巴人那是什麼意思。對方解釋意思是「去遠處取水」。

翻譯者看出謝爾札一頭霧水，進一步解釋「去遠處取水」是藉口，意思是偷偷跑去和情人幽會。「omoka孩子」是「來自我們去遠方取水的地方的孩子」，也就是已婚女性在婚外情中受孕的孩子，或是非婚生子。女性從上次來月經的時間回推，找出自己何時與誰上床，得知是否生下omoka孩子。

謝爾札讀過有關於辛巴人多重伴侶的事，知道女性和男性一樣會有情人，但那是她第一次聽說有關於「omoka孩子」的事。謝爾札向翻譯人員追問，譯者言之鑿鑿，指出這個詞彙很常見，畢竟太多已婚女性都生下丈夫不是生父的孩子。翻譯人員向謝爾札保證，這方面的事隨你問。已婚男性與女性都會大方談論自己的情人，還有每個孩子的爸爸是誰。

謝爾札告訴我，起初她懷疑自己誤解「omoka」一詞的意義，還有一切相關的事，然而她繼續詢問每位女性的婚姻史與生育史，許多人都提到「omoka」，證明這種事的確稱不上罕見。換句話說，懷孕的已婚辛巴女性生下的孩子，很有可能不是丈夫的。已婚女性的孩子可能是是跟別人生的，沒人覺得這有什麼。

謝爾札猜想，辛巴女性生下的「omoka孩子」數量，可以進一步解開女性的外遇之謎。首先，西方工業化地區的女性有辦法靠避孕「隱瞞」外遇，但如果是和辛巴人一樣，採不避孕的自然生育，出軌率與偶外配對的生子率通常相近許多——生父不是丈夫的孩子比例。舉例來說，美國與工業化的西方，偶外父親率大約介於一%至十%[344]。這是相當低的數值，因為據說在我們的世界，女性出軌率達一三%至五〇%。謝爾札可以從辛巴人著手，替全球的女性偶外性行為民族誌文獻，找出較為正確的女性出軌比例。同等重要的是，謝爾札有可能找到辛巴女性**為什麼**要出軌的資料。

然而，謝爾札首先得找出辛巴女性的雜交程度。簡單來講，答案是很高。她的分析納入一百一十人，一共四百二十一起生育[345]。受訪的女性告知每個孩子來自丈夫或婚外情——「omoka

孩子」。謝爾札接著又將每樁婚姻分為「安排式婚姻」（arranged）或「戀愛結婚」（love match）。人類學者留下的紀錄顯示，已婚的辛巴夫婦通常「長期不在一起」，也因此當謝爾札看著受訪女性計算自己何時懷孕、播種的人是誰，她有把握受訪者對生父身分說了實話。謝爾札最後判斷，樣本中近三二%的女性，至少一生中生下過一個「omoka孩子」。至少有一次偶外生育的女性群組中，二十人與情人生下一個「omoka孩子」，九人生下兩個，六人生下三個以上。四百二十一起生育中，僅三百二十九個為婚生子女。總而言之，全球的小型社會中，辛巴人有最高的自我通報偶外父親生育率：已婚狀態下生出的孩子中，近一八%為omoka。每三個辛巴女性中，就有近一人以已婚身分生下情人的孩子（接近三分之一）。

可是為什麼？辛巴人的觀念與做法，怎麼會與我們如此不同？究竟是哪些因素讓辛巴人不但接受女性「苟合」，還生下omoka孩子？

謝爾札進行分析時深知生物學、生態學、環境、文化**全都**影響著人類行為。辛巴人顯然是因為輕鬆看待婚外性行為，才能容忍外遇與omoka孩子。辛巴女性老是問謝爾札：「謝爾札，為什麼你獨自睡在帳篷裡？」謝爾札回答因為自己已經結婚，辛巴女性大笑或聳肩，開她玩笑，強調：「那不代表你不能有情人。你一個人睡在帳篷裡不寂寞嗎？」

然而，不論是否已婚，「寂寞」女性可以有情人，也應該有情人的看法，並非憑空發生。生態與環境因素製造出情境，已婚女性與丈夫以外的男人上床很正常的看法，在那樣的情境中生根。謝爾札告訴我：「辛巴女性握有可繼承的資源。此外，父親平日不會花太多心思在孩子身上。」[346]也就是說，男性比較不必擔心因為努力照顧非親生的孩子，白白浪費力氣。此外，辛巴孩子會在村落裡幫忙。相較於生活在其他情境下的孩子，例如在工業化的西方，養孩子對父母來說昂貴又累人，但辛巴孩子很小就開始對群體有貢獻，不需要別人照顧。相關差異讓辛巴男性有動機容忍父不詳——基本原因是有孩子對他們來講成本極低，甚至在某些方面還能帶來好處。孩子會幫忙做家事、放牧，孩子的貢獻遠超過養他們的費用。此外，辛巴妻子的情夫經常會帶食物給omoka孩子，進一步減少丈夫養孩子的「成本」。

另一點則是辛巴男性結婚時不必付大筆聘金，他們飼養的牛也不是父子相傳，不必擔心把牛送給了別的男人的孩子。由於前述種種原因，如果妻子有情人，甚至和別人生下孩子，辛巴男人都不會有太大損失。此外，已婚男人如果和情婦待在遠方的牲畜據點，也不可能守著在家的老婆，不讓她紅杏出牆。男人分身乏術，要在遠方看住自主的女性太過困難。再說了，煩惱這種事讓人心情很不好。不管從哪一個角度分析，採取寬容態度對男性來講比較有利，「成本較低」。再說了，男人自己在牲畜據點或在鎮上時，也會享受偷情樂趣，情婦也可能生下他們的孩子。他們不在時，有別人幫忙照顧妻子，對他們來講也省事。

在外遇與omoka孩子方面，特殊的社會情境也對辛巴女性有利。辛巴女性會嫁進丈夫的村落，但通常依舊和爸媽、手足、其他親戚感情深厚，經常回娘家。出於某種程度上的正式安排，許多辛巴女性會碰上丈夫有平妻（co-wife）。如果有的話，辛巴女性平日回娘家住上幾天，或是產後待在親人身旁恢復體力時，其他妻子可以幫忙照顧孩子，還能負責陪伴丈夫。女性如果有娘家當後盾，自主權較高，包括性自主。辛巴人的omoka孩子證明了這點。此外，謝爾札告訴我，有情人對辛巴女性來講有大量好處。萬一丈夫不在又碰上乾旱，需要有人替額外添購食物付帳，或是孩子或妻子本人需要看醫生，有很多人能幫忙。謝爾札解釋：「辛巴人不像曼哈頓的上東區。上東區的女性如果嫁的是高社經地位的丈夫，出軌是一種風險極高的策略，然而對辛巴女性來講，找情夫合情合理，有備無患。」謝爾札特別用我住過的上東區來舉例，強調情境的重要性。

既然如此，為什麼並未每一個處於生育年齡的辛巴女性，都生下omoka孩子？

謝爾札在研究過程中，還發現另外一件事。她回顧資料，發現omoka孩子的母親，沒有一個當初是戀愛結婚[347]。一共有七十九位受訪女性是自己挑選丈夫，她們沒有任何一人生下omoka孩子。如果是被人安排的婚姻，近四分之一的女性生下omoka孩子[348]。

在達爾文與貝特曼的想像中，雌性羞怯、擇偶時再三考慮；此外，由於母親比父親付出更多心力照顧孩子，自然重質不重量。然而，某些辛巴女性相當不同於那樣的想像，她們在結婚對象必須聽命於人時，大膽、積極行使選擇權。謝爾札認為她們同時重質又重量。被迫不得不嫁給不是自己選的男人時，她們的反制策略是聽從父母之令，但也為所欲為，有婚外情，接著生下情夫的孩子。omoka孩子與辛巴人的高偶外生子率證明，辛巴女性正好是赫迪要我們了解的所有靈長類雌性都具備的特質，包括女人：雌性不一定會因為生物學的緣故，性格害羞、天生適合一夫一妻制。雌性其實位於生物學、文化、生態的交會點，「具備彈性，隨機應變，在選項不斷變化的世界裡，不時面對著繁殖困境與取捨」。[349]

如果想成辛巴女性靠著選擇有婚外情，讓自己在包辦婚姻裡滿足情感與性愛需求，婚外情本身就帶來很大的好處，不過謝爾札發現還不只如此。按照別人的安排結婚的辛巴女性，婚後要是有一個或多個情人，生下情人的孩子，甚至還能增加繁殖成功率（謝爾札解釋，年輕女性就算和第一任丈夫離婚，第一任丈夫依舊有責任照顧兩人婚內生下的所有孩子，不是親生的也一樣。年輕就進入安排式婚姻的好處，因此比表面上多）。謝爾札記錄下相較於嫁給自己選擇的男人的女性，依父母之令結婚又有情人的辛巴女性，活過五歲的孩子數量較多。[350]與多人性交顯然有助於這些女性的繁殖成功率。

謝爾札研究辛巴人「去遠方取水」的時機與原因，讓世人看見雌性選擇可以充滿策略，順從自己的性渴望。從女性得到的幫手與擁有的孩子數量來看，「外遇」對女性有好處，精彩反駁了達爾文—貝特曼典範，沒有所謂的由於生物學上的差異，從社會與性的角度來看，雄性與雌性天生一定如何。不過，謝爾札的研究最重要的地方，在於投出引人入勝、出乎意料、說出千言萬語的變化球，我們不得不持續仔細思考雌性選擇。某些辛巴女性堅持嫁給自己選的人，接著又選擇忠於自己的選擇。這樣的女性繁殖成功率**較低**。她們隨心所欲，接著又堅守當初獨立做出的個人選擇，也因此從最基本的層面來看，她們使自己限於不利的局面，長大成人的孩子數量較少。我請教這點時，謝爾札謹慎回答，指出「低繁殖成功率」與「一夫一妻」不一定是簡單的等式，以這個例子來講可能有暗藏的因果關係，「我們並不確定」。舉例來說，有可能是樣本中一夫一妻的女性，本人或配偶的生育力原本就較低。不過，單一配偶的確有可能在特定情境下（包括辛巴人的情況）帶來劣勢，是一個特殊、引人入勝、推翻假設的想法。

對女性來講，一夫一妻制是好事或牢籠？是選擇，還是使人無法選擇？是奢侈情形或被剝奪？辛巴人與omoka孩子告訴我們，答案是「不一定」，要看情況。生物學、文化、環境情境上的因素，彼此密不可分，性行為與社會行為因此受到影響；配子生成只能解釋表面上的東西。對辛巴人來講，從繁殖成功率來看，被迫接受他人決定的出軌女性勝出。遵守一夫一妻制的女性夠幸運，可以自行選擇丈夫、選擇保持忠貞，但也可能因此不利於自己。當我問謝爾札，她做了辛巴人的田野調查，和辛巴女性談性事，她個人對於一夫一妻制的觀點是否因此改變？謝爾札點頭，開起玩笑，說不想傷害先生，先生和她一樣，生活在認為一夫一妻制才正確的文化裡，即便那個文化也暗示不太可能沒人出軌。謝爾札的兩個孩子目前還不滿四歲，她又要工作，還要兼顧婚姻，她忙得半死，實在無法想像抽出力氣去偷情。謝爾札大笑起來，補充說明她很愛丈夫，剛才那段話的意思，不是在暗示要不是因為孩子和工作讓她很忙，她會來點偶外調情——她完全沒有那樣的意思。「事情比較像是在我們的社會，很難想像可以那樣做。」謝爾札以最謹慎的語氣說道：「以前很難想像。我以前以為有些事天經地義。很難理解感受與我不同的女性，但現在我明白，世上的事相當、相當複雜。」

謝爾札擁有眾多重要成就，她協助我們理解，「到遠方取水」或不取水，即便相較來說，在你身處的情境，社會不太會譴責或批評你做出的決定，仍會出現出乎意料、影響深遠的結果。

Chapter 6

Bonobos in Paradise

天堂裡的巴諾布猿

達爾文主張雌性在性方面心不甘情不願、半推半就，此一說法影響深遠；然而達爾文不曾見到過去數十年間，多位女性靈長動物學家呈現在世人眼前的靈長類性行為。幾位科學家發現，人類以外的許多靈長類動物，雌性主動發起交配的頻率，遠遠勝過雄性——方法通常是秀出臀部。然而，露臀部只不過是前菜而已。雌性會坐在自己選中的雄性旁，擠眉弄眼，暗示：「派對時間到了。」如果雄性依舊性趣缺缺，她會開始幫他梳毛。靈長動物學家琳達．沃爾夫（Linda Wolfe）與史摩爾告訴我們，母獼猴可能跳上喜歡的公猴，用生殖部位在對方身上摩擦[351]。達爾文要是看到母獅尾猴（lion-tailed macaque）的誇張動作，八成會面紅耳赤[352]。公猴要是沒反應，母猴會死命糾纏公猴，抓他的毛，尖叫個不停，在他面前跳上跳下。萬一這樣還不成，有人觀察過母獅尾猴會發出欲求不滿的聲音，躺在地上不耐煩地扭來扭去，等著呆猴開竅，快點辦事[353]。母白頸狐猴（ruffed lemur）會跑到公猴面前，賞對方一巴掌，叫他們快點提供性服務[354]。母捲尾猴（capuchin）會追著公猴跑，發出高分貝的口哨聲，追上後吱吱亂叫，同樣也是打下去，要公猴快點爬到她身上交配[355]。母捲尾猴有可能忙著向公猴求歡，性高峰（sexual peak）期間一整天不吃東西，交配取代食物，成為母猴人生中最重要的需求，擺在第一順位[356]。還可真是「害羞」、「沉默」的性別啊。

雌性性欲「較弱」？——再給你一次機會。對多數的雌性靈長類動物來講，與一隻雄性交配一次，只不過是熱身而已。她們動情時或甚至偶爾也在沒動情時，一次又一次與無數雄性交配，通常在一段很短的時間內，一隻換過一隻。某群母黑猩猩發情時平均一天做三・六次，而且對象從來不會只包括一隻雄性[357]；有人觀察到某隻母恆河猴（Indian rhesus）在兩小時內，就向四隻不同的公猴求愛[358]。母豚尾狒狒（chacma baboon）會覺得恆河猴親戚的好胃口沒什麼；曾有人觀察到母豚尾狒狒在三分鐘內，和三隻公狒狒交配[359]。沒有極限的母絨毛蛛猴（woolly spider monkey）與母巴巴利獼猴（macaque）幾乎和碰到的每一隻公猴交配[360]。然而，儘管看上去來者不拒，其實絕無此事：我們的非人類靈長類雌性親戚，真正感性趣的是新來的公猴，如果是完全沒見過的更好[361]。母黑猩猩會離開自己的原生團體，到外頭和「陌生」黑猩猩交配，接著返家[362]。母赤猴（patas monkey）「在熱帶草原上遊蕩，尋找後宮領袖之外的公猴」[363]。母松鼠猴（squirrel monkey）永遠伺機而動，尋找群體外的機會[364]。前文提過，艾文理大學「耶基斯國家靈長類研究中心」的沃倫及其研究同仁知道，一定要替恆河猴引進新的公猴，要不然母猴會對性完全喪失興趣[365]。就連理論上是「一夫一妻制」的母長臂猿，也會趁伴侶不在附近，和新公猴交配[366]。史摩爾的結論是在所有的性行為偏好、以及雌性靈長類動物的驅動力中，追求新鮮感是最容易觀察到的特質[367]。事實上，雌性靈長類遠遠算不上對性事反感，也稱不上追求單一「最佳」伴侶帶來的「親密感」，更並未打定主意要和「最強的首領」交配。如同史摩爾所言，我們人類很難理解「非人類的雌性靈長類不太在意自己和雄性交配前，有多認識那個雄性。」[368]正好相反，我們的靈長類姊妹受未知與不熟悉所帶來的刺激感驅使，樂於從事性冒險。

此外，不少靈長類姊妹也喜歡和其他雌性「尋歡作樂」一下。沃爾夫發現自己研究的兩群母獼猴中，大約七五％會定期爬上其他母獼猴，或是被爬上[369]。母葉猴也會與其他母葉猴在一起[370]；印度一群葉猴的三千小時觀察中，研究人員發現，沒有母猴**不那麼做**。喜歡性行為有變化——同性戀或異性戀舉動都在內——會不會也是因為雌性靈長類動物追求新鮮感？對雌性靈長類動物來講，和伴侶性交的重要性，該不會少於新鮮與未知帶來的刺激感與愉悅感？對人類女性及其他雌性靈長類動物而言，社會與性之間的關聯又是什麼？

若要解答前述問題與性愉悅這個議題，就得看巴諾布猿（*Pan paniscus*）的例子。巴諾布猿是我們人類非常近的近親，近九成九的ＤＮＡ一樣[371]。巴諾布猿舊稱「倭黑猩猩」（pygmy chimp），的確看起來像瘦高版的另一個近親「黑猩猩」（*Pan troglodytes*）。巴諾布猿與黑猩猩的自然棲息地全球只有一處：舊稱薩伊（Zaire）的剛果民主共和國（Congo Basin of the Democratic Republic of Congo）的剛果盆地（Congo Basin）。巴諾布猿也生活在幾個歐美國家動物園人工照顧的環境裡[372]。我因為想解答對於女性性愛、女性歡愉、女性社會性、女性外遇的疑問，到聖地牙哥待了幾天，拜訪了艾美．巴莉希博士（Amy Parish）。巴莉希博士是靈長動物學家，受業於赫迪與弗蘭斯．德瓦爾（Frans de Waal）。她和我一樣，當初會對靈長類學感興趣，原因是受到密西根大學（University of Michigan）的史茅茲老師啟發。巴莉希當初才剛展開學術生涯，就因為報告她觀察到的巴諾布猿研究發現，引發大騷動。自那時起，巴莉希就定期在聖地牙哥、斯圖加特（Stuttgart）、法蘭克福（Frankfurt）的動物園做研究，拋出洞見，打破學界普遍接受的靈長類社會行為觀點——人類和黑猩猩一樣，天生傾向於（以雄性為主）衝突與暴力。雄性宰制（male dominance，包含殺嬰、強迫雌性性交）與演化遺產之間有著千絲萬縷的關係。巴莉希小心研究，花許多時間觀察、蒐集資料，帶來開創性的巴諾布猿洞見，揭曉重要、出乎意料、不曾為世人所知的史前時代早期原人的面向。

相較於巴諾布猿的其他靈長類兄弟，南加州深受民眾喜愛的聖地牙哥動物園（San Diego Zoo），把巴諾布猿藏在雲深不知處的地方。要找大猩猩的話，只需要徜徉在遊客如織的園中路線「樹梢路」（Treetops Way）上，看著路牌，就能抵達人山人海、通常擠了四五排人龍的大猩猩展館。然而，如果要找巴諾布猿，你得長途跋涉，先是經過動物園地勢最高處的樹梢咖啡館（Treetops Café），接著一路迴旋而下，走下蜿蜒的長階梯。接下來，你得祈禱自己走對了路，因為園內不太有巴諾布猿的告示牌。等我終於在早上九點半抵達巴諾布猿的展館，準備展開第一天的觀察，太陽早已高高升起，日光明亮炎熱，不遠處的鳥園傳來刺耳的嘰嘰嘎嘎聲。巴諾布猿的家挺不賴的，我不懂為什麼動物園要把牠們放置在這麼難找的地方：你可以望進好幾面巨大窗戶，九隻巴諾布猿在占地四千平方公尺左右的地方自得其樂，有輪胎鞦韆、瀑布、小河，還有一個繩索綁成的巨大複雜攀登架，地上長著許多綠色植物，還有大量的大石頭與青草地，供住戶在上頭曬太陽與社交。巴諾布猿的身材比黑猩猩修長，脖子長，頭小，頭頂的毛通常有點長度還中分，因此看起來奇妙地像人類，有如披頭四（Beatles）後期的造型。展場的另一頭，一隻成猿打量著我，牠長得實在太像披頭四的林哥（Ringo）。

巴諾布猿在原始的棲息地更難找，也更難研究，因為那一帶長期經歷人類的政治動亂與暴力。曾有數十載時間，靈長動物學家無從以任何方式持續觀察巴諾布猿。一直要到過去二十五年左右，剛果等地的田野工作者（包括巴莉希）才開始在動物園的人工照顧環境下研究巴諾布猿。由於相關人士的努力，我們才有辦法一瞥巴諾布猿真正的面貌。直到二〇一二年，才有巴諾布猿的基因排序研究，我們也是在那時候得知，巴諾布猿與人類的關係比大猩猩還近，至少近如黑猩猩與我們的關係[373]。二〇一七年的研究比較人類、黑猩猩、巴諾布猿的肌肉，證實先前的分子研究假設。喬治華盛頓大學人類古生物學高等研究中心（George Washington University Center for the Advanced Study of Human Paleobiology）的研究主任表示：「〔自我們共同的遠祖以來，〕巴諾布猿的肌肉改變程度最少。也就是說，巴諾布猿最為接近我們『還活著』的祖先。」[374]某些古生物學家認為，巴諾布猿的外貌很像我們的前猿人始祖「阿法南猿」（Australopithecus afarensis）。母巴諾布猿的乳房比其他雌性靈長類動物明顯（雖然沒人類明顯）。從姿勢來看，巴諾布猿也相當像人類，尤其是牠們傾向於用雙足行走這點。巴諾布猿和我們一樣，性交時腹部相碰，採取面對面的姿勢，這點在其他靈長類動物身上很少見[375]。此外，巴諾布猿會主動安慰被騷擾的受害者，自己被安慰時也會高興。研究人員表示，巴諾布猿的這類行為和人類的「同理心程度」（empathic gradient）一樣，懂得支持親族、朋友、熟人[376]。雖然頻率有點不同，人類與巴諾布猿的嬰兒被搔癢時，笑起來的樣子相似度驚人[377]。

不過，巴諾布猿最驚人的地方，同時也是人類最愛提起的事，就是牠們的性行為。基本上，巴諾布猿似乎整天都在做愛，對象不拘。史摩爾提到，一九九一年時，自己參加過一場大約聚集了三百位靈長動物學家與記者的活動[378]。在那個世人對巴諾布猿所知尚不多的年代，現場放映了一些早期的巴諾布猿影片。影片登場後沒多久，所有人鴉雀無聲、目瞪口呆，看著眼前的靈長類動物，以超越任何文化的多數人類無法想像的次數、體位、組合，不斷變換姿勢性交。巴諾布猿創意十足，性欲明顯充沛，絲毫不知節制，嚇壞了人類。史摩爾形容，看巴諾布猿性交「像在看最極端、最變態的人類」。當天的影片提供者是巴莉希，當時她二十五歲，身材嬌小，一頭金髮。巴莉希用投影機放出母巴諾布猿的拉近特寫，會陰處腫脹，沾滿多隻公巴諾布猿的精液。觀眾席中，一名男靈長動物學者把頭轉向巴莉希的指導教授德瓦爾，質疑（我喜歡想像他用憤怒、嘶啞的聲音低語）：「這樣一位弱不禁風的年輕淑女，怎麼會討論這種下流的事？」

巴諾布猿的確很常做愛，次數極度驚人。巴莉希與研究同仁在某次的研究中，記錄下巴諾布猿的做愛頻率是捲尾猴的六十五倍，而捲尾猴可不是什麼性致缺缺的懶惰鬼[379]。此外，在人類眼中，巴諾布猿的做愛對象，真可說是性向不拘。成年的公巴諾布猿每天與數量不拘的母猿交配，但也很願意幫自己的猿群或其他猿群中的成年公猿按摩陰莖，或是站起來，臀部對臀部，一起摩擦陰囊。年紀較小的巴諾布猿，不論公母，熱衷於舌吻與口交[380]。至於成年的母巴諾布猿，享受被公猿騎，但母猿騎上公猿也不算罕見情形。此外，母猿同樣喜歡的一項行為，或甚至是更迫不及待享受，靈長動物學家（相當沒創意）稱之為「性器官對性器官的摩擦」（genito-genital contact，簡稱 G-to-G contact）[381]。母猿趴在彼此身上，或是側躺面對面，外陰部緊貼在一起，接著摩擦生「樂」。她們比人類女性更大、更外露的陰蒂會充血，接著通常一邊彼此摩擦，一邊尖叫。那樣做的感覺實在太棒，母巴諾布猿平均大約每兩小時就會做一遍[382]。田野科學家甚至記錄下許多例子，母巴諾布猿為了盡情享受這種「女孩對女孩」的活動，無視於公猿的求歡。靈長動物學家克雷的研究團隊做過一項歷時數月的研究，「母猿與其他母猿性交的頻率，大幅超過與其他公猿」。[383]老實講，有什麼理由不這麼做？巴莉希指出，母巴諾布猿陰蒂大，容易性奮，甚至可用於插入。也就是說，母巴諾布猿可以用自己性奮腫大、尺寸不小的陰蒂，插進其他母猿的陰道。巴諾布猿不常這麼做，但的確有這種可能[384]。母巴諾布猿發明了隨時為您效勞的假陽具。

我站在動物園展場的大玻璃前，一隻巴諾布猿以前肢指節觸地的方式，朝我走來，顯然相當好奇。我憑著先前研讀的照片列表介紹，猜想這隻是麗莎（Lisa）。麗莎坐在窗前凝視著我，我也凝視著她。我的身旁站著一家子遊客，爸媽帶著剛會走路的孩子，還有一個坐在嬰兒車裡的嬰兒。麗莎的手指插進肛門，拖出一坨黃綠色糞便，看了看，然後就丟進嘴裡，津津有味吃了起來。我身旁的女人大喊：「你剛剛有沒有看到？」她驚呼連連：「那隻猴子噁心死了！」夫妻倆抓起孩子的手，連忙推著嬰兒車掉頭離去。媽媽一路上還在不斷驚呼，她不敢相信怎麼會有這種事。最後她的聲音終於消失，我獨自瞪著麗莎，麗莎也瞪著我，一邊還在剔牙。我明白了，巴諾布猿被藏在動物園很難找的地方，大概是因為牠們做愛、口交、女女剪刀式摩擦外陰、還吃大便，這種類人猿（great ape）實在很難歸於普級。我們人類最近的近親，不是很適合闔家觀賞。

巴莉希博士告訴我，巴諾布猿高度追求情感連結（affiliative）與利他，意思是說牠們喜歡待在一起，還樂於幫助其他巴諾布猿。我和巴莉希博士一起站在巴諾布猿展示區的窗前。巴莉希的家鄉在密西根的聖約瑟夫（Saint Joseph），但一九九〇年搬家後，已經完全融入南加州的風土民情，戴著心形鏡片的太陽眼鏡，講話的音調起伏和南加州人一樣。巴莉希向我介紹眼前的巴諾布猿成員。大夥一看到巴莉希來了，有幾隻直直朝我們走來，手伸向玻璃，好像想隔著玻璃和巴莉希手碰手一樣。巴莉希也做出相同動作。巴莉希提起近日在斯圖加特做的巴諾布猿實驗，她放影片給巴諾布猿看，影片中是人類在做各種事。巴莉希想知道，巴諾布猿喜歡看到哪些影片與活動（她在後續的訪談告訴我，巴諾布猿喜歡看人類跳現代舞，討厭的影片則包括豹子、人類跳蛇舞，還有動物園獸醫，獸醫的影片讓牠們衝向螢幕又踢又打）。我訝異巴諾布猿喜歡看牠們自己的影片，巴莉希大笑。有一隻小猿對我們兩個人特別感興趣，巴莉希於是錄了一段牠的影片，接著把攝影機高舉在窗前，播放剛剛拍的東西。那隻小猿立刻著迷，臉緊貼玻璃凝視著影片。巴莉希對那隻巴諾布猿說：「沒錯，這是**你**。」接著再次放聲大笑。一開始的時候，我覺得巴莉希這個人有點怪，因為她會和巴諾布猿「聊天」。雖然我知道巴莉希學術聲譽卓著，我第一次見到她本人時，有點擔心自己該不會大老遠飛越整個美國，只為了見一個有點瘋瘋癲癲的人。然而，我立刻就發現，巴莉希與巴諾布猿之間的情感連結源自她的科學研究，她的科學成就也來自人與猿之間的情感連結。巴莉希對巴諾布猿抱有同理心，以及一定程度上的認同，再加上接受過嚴格的科學訓練，瘋狂蒐集資料，知識廣博，她因此能夠深入了解巴諾布猿的行為，研究過程中還推翻人類對自己的基本認識。巴諾布猿的餵食時間到了，高位階的母猿蘿莉塔（Loretta）望見巴莉希，立刻興奮起來。她衝到大型假山，站了起來，盡量靠近我們，接著不斷揚起下巴，上下晃著頭，看起來非常像人類青少年在問：「嘿，你好嗎？」巴莉希也做出相同動作，一人一猿就這樣晃頭晃了好幾分鐘。蘿莉塔用前肢拍手，接著碰頭。巴莉希也做出相同動作。蘿莉塔再次重複動作，但這次碰嘴巴，巴莉希也一樣。我問她們在做什麼，巴莉希解釋：「基本上，蘿莉塔在說：『你好嗎？』我做出相同手勢是在打招呼，也是在建立雙方的融洽關係。」巴莉希告訴我，蘿莉塔是她最喜歡的一隻巴諾布猿，顯然蘿莉塔也很愛巴莉希。

巴莉希在一九九〇年首度研究巴諾布猿（當時牠們住在聖地牙哥野生動物園〔San Diego Zoo Safari Park〕），大約一年後，發生一件不尋常的事，令這位靈長動物學家靈光一閃。巴莉希每天從早到晚都在觀察巴諾布猿，蒐集行為資料，通常一大早就抵達動物園，午餐時間也邊吃邊觀察，不想錯過任何事。某天，巴莉希想幫猿群中地位最高的母猿露易絲（Louise）拍張好照片，剛好碰上餵食時間，露易絲拿著一大把芹菜，離巴莉希大約二、三十呎（六到九公尺）。巴莉希反覆叫她的名字（巴諾布猿會回應人類照顧者幫牠們取的名字），但露易絲不動如山，不肯換姿勢方便她拍照，巴莉希甚至感覺露易絲今天是故意不理她，但又不放棄地叫了她一次。這一次，露易絲把頭轉向對她講話的人類，站了起來，用力把芹菜掰成兩半，一半丟給巴莉希，食物「啪」一聲，掉在這位科學家的腳邊。露易絲還以為巴莉希這隻巨猿是在討吃的，決定成全她。基本上，露易絲丟芹菜給巴莉希的舉動是在說：「好啦，好吧，你是我們的一員，女孩們接受你。」

巴莉希告訴我：「我為了觀察牠們，花了無數天、無數小時坐在那，在她面前吃午餐，不曾分享。」我們身旁圍了一群動物園遊客，大家對著玻璃前的巴諾布猿，發出「哇」、「啊」等此起彼落的驚歎聲。「然而，露易絲卻分午餐給我。」這種令人驚歎的社會群居與利他舉動，令巴莉希茅塞頓開。自她開始研究巴諾布猿，她就注意到巴諾布猿雌性之間的緊密連結，大量性交。丟芹菜事件是建立跨物種關係的大方行為，從巴諾布猿的社會結構來看這件事，更是令人驚歎，提供許多訊息。巴諾布猿是雄性對出生地具依戀性（male philopatric）的物種，也就是說公猿會待在自己出生的猿群，留在親族網絡裡，由母猿在性成熟後播遷，防止近親交配。雖然對整個物種與個體來講，擁有無親緣關係的交配伴侶是好事，然而這種模式一般會造成雌性的悲慘生活，因為她們等於是某種闖入者。相較於雄性，在社會情境中她們是身分不明的外來者。此中隱藏的意涵難以忽視：在其他非人類的靈長類動物中，雌性離家／雄性留居

（female dispersal/male philopatry）意味著相較於土生土長的雄性，新來的雌性位於圖騰柱的底層。此外，這也意味著雄性以明顯的方式占上風——有食物雄性先吃、雄性更常得到理毛、雄性有可能殺嬰與對雌性施加肢體暴力，更別提雄性可以強迫雌性性交，不會有後果。雌性畢竟勢單力薄，又能怎樣？

「雄性留居等同雄性宰制」這條公式，似乎適用於**所有的**非人類靈長類物種，最接近巴諾布猿的近親黑猩猩的確如此[385]。公黑猩猩經常「巡視」，殺掉其他落單、在一旁遊蕩的公黑猩猩[386]。此外，黑猩猩在自己的社群內，不論公母都會殺嬰，還會用暴力對待低階的黑猩猩[387]。母黑猩猩，尤其是地位低的母黑猩猩，不太有能力做出露易絲那樣的無私舉動，也不能冒險觸怒同類。

巴諾布猿不一樣。母巴諾布猿性成熟後，離開自己出生的猿群，但巴莉希很早就注意到，有食物她們比公猿先吃。此外，母猿得到理毛的頻率，高到有的差點禿頭（德瓦爾、巴莉希等人指出，被圈養的巴諾布猿行為幾乎和野外的同類一樣，除了人工飼養的巴諾布猿時間較多，更常熱心幫彼此理毛）。相較之下，公猿會等母猿吃完再吃，毛髮茂密，很少會有母猿幫他們理毛，但他們則熱心要幫母猿理毛。「先吃」與「更常得到理毛」這兩件事，讓巴莉希強烈感到母巴諾布猿可能以其他方式獲得勢力。

在大眾的想像中，巴諾布猿有點像嬉皮。巴諾布猿被描述為雖然奉行「自由性愛」（free

love），不過相較於壓力龐大、沒事就施展暴力的黑猩猩親戚，巴諾布猿溫和討喜，甚至有多篇文章說巴諾布猿愛好和平、是「要做愛、不要戰爭」（make love not war）的「自由性愛者」[388]。人們長期認為，巴諾布猿性交是為了消除潛在的緊張氣氛，例如當牠們碰上大量食物或其他的巴諾布猿群，性交可以建立連結，減輕壓力。巴莉希指出，巴諾布猿被餵食時，可以觀察到上述現象。一旦食物被倒到牠們眼前，至少會有一對巴諾布猿立刻開始「交流感情」，然後才開始做正事（吃東西）。

然而，巴諾布猿除了雌性之間相當親善、喜愛社交、性致勃勃，巴莉希也立刻發現雌性對雄性施加暴力的明確模式。母猿會拍打、追逐、掌摑、亂抓與啃咬公猿，公猿似乎知道最好別惹惱母猿。巴莉希看過一隻法蘭克福的公猿只有八隻完整指頭，還知道另一隻公猿差點被弄斷陰莖（獸醫縫合上去，後來那隻公猿還是有辦法勃起，成功生下小猴。不過你會忍不住想，那隻公猿後來再看到母猿，心中不知是否留下陰影？）。巴莉希請教指導教授德瓦爾這件事，德瓦爾自一九八〇年代就在研究聖地牙哥的年輕猿群，甚至記錄下受傷事件，不過德瓦爾不記得公猿比較常受傷，或是傷得比母猿重。巴莉希沒有放過這個問題，要求看紀錄——德瓦爾與動物園獸醫留下多年巴諾布猿的受傷日誌，的確二十五起嚴重傷害中，二十四起發生在公猿身上，施暴者是母猿。

巴莉希靈機一動。巴諾布猿雖然是雄性留居，但母猿之間彼此親善、相互連結，而且最不可思議的是巴諾布猿由雌性宰制的程度，高到有東西母猿先吃、母猿較常得到理毛，還有權攻擊公猿，即便公猿體型較大，又生活在親族網絡的盟友之中[389]。大約在十五年前，聖地牙哥動物園的資深飼育員麥克・貝茲（Mike Bates）上過新聞，他以「第一手」經驗，親身體會到母巴諾布猿的宰制與暴力[390]。那位飼育員比手勢，要一隻懷孕的母猿過來接受治療，那隻母猿把手伸出動物園展館那一區的柵欄，抓住飼養員的袖子，把他的手扯過去，嘴巴一咬，咬斷食指頂端，吐在地上。另一隻母猿過來，撿走貝茲的指頭，握住不放。貝茲到醫院接受治療，動物園同仁用零食交換貝茲的手指，代價是五顆葡萄乾。貝茲的指尖被重新接上，今日看起來是正常的，但如果仔細看，疤痕訴說著雌性攻擊（female aggression）的故事。

巴莉希告訴我，巴諾布猿的雌性宰制還有更黑暗的一面。公巴諾布猿通常不願意接受母猿求歡，不願意到巴莉希明白表示：「牠們的公母性愛，有時在我看來是霸后硬上弓。」也就是說，母猿強迫公猿與她們做愛。這聽起來似乎不可能，但公猿在焦慮時也會勃起，也因此物理上來講，母猿很容易就能強迫公猿交配。母巴諾布猿通常是主動發起性事的那一方，方法是抱住公猴，像是在說：「你說呢？」看上去被強迫的公猿會不斷試圖甩開母猿，在性交過程中發出不舒服的聲音，試圖逃脫。飼育員貝茲告訴我：「事情明擺在眼前，不可能沒注意到。她們會挑中一隻公猿，然後就不肯放過他。母猿會整個黏在公猿身上，公猿無法逃開母猿的求歡。她會一直纏著他，抱住他，走到哪纏到哪，一遍又一遍，這類行為被完整記錄下來。」

母巴諾布猿能控制公猿，是因為每當她們感到公猿在挑戰她們，她們就會形成兩隻母猿以上的結盟，公猿很快就放棄嘗試，知道當家作主的人是誰。然而，母巴諾布猿之間沒有血緣關係，遠離自己的親族，怎麼有辦法結盟？基本上，雄性留居一般會帶來雄性宰制，為什麼巴諾布猿是唯一的例外？巴莉希告訴我，答案是「性」。「巴諾布猿選擇美好感受，而與其他母猿性交，又會帶來特別美好的感受。背後的原因大概是巴諾布猿朝前、相對暴露、布滿神經的陰蒂。」巴莉希告訴我，事實上，母巴諾布猿同時被母猿與公猿求歡時，母猿幾乎每次都會選母猿（其他靈長動物學家也觀察到相同偏好）[391]。第二天我和巴莉希一起觀察巴諾布猿時，當時三歲的貝兒（Belle）緊靠著玻璃，坐在我們正前方。一片很長的葉子圍在她身上，像一條項鍊。貝兒雙腳大開，用一隻手指插進去，玩起自己和鉛筆橡皮擦差不多大的陰蒂，顯然很享受。還有一次，我和巴莉希觀察到貝兒爬上姊姊麥蒂（Maddie）身上。麥蒂當時躺著，姊妹倆開始性器官對性器官的摩擦。巴諾布猿利用性減少壓力，母猿相互摩擦性器官是在建立感情，或是強化已經存在的和善連結。母巴諾布猿利用性來建立某種姊妹情誼，擁有強大的姊妹力量。巴莉希解釋：「我們沒見到殺嬰或母猿被強暴，也沒見過公猿以任何方式攻擊母猿，卻明顯見到母猿對公猿使用暴力，巴諾布猿出現雌性宰制。」巴莉希指出，有很長一段時間，大家不願意接受她的發現。不是每個人都和她的指導老師德瓦爾一樣心胸開放，樂見其成。德瓦爾一下子就同意巴莉希的解釋。其他的靈長動物學家則堅持主張，巴諾布猿完全沒有支配階層

（dominance hierarchy），牠們是「平等主義者」。我覺得最妙的說法是巴諾布猿的雄性「允許」母猿以為自己是宰制階層。為什麼大家不願意看見巴莉希看到的東西？畢竟其他研究人員也記錄下雌性利用「性器官對性器官的摩擦」來和好、調節壓力、建立其他形式的情感連結[392]。某天晚上，在聖地牙哥市區吃晚餐時，我問巴莉希這個問題，巴莉希回答：「我們心中對大自然現象懷抱著既定的定義，雌性攻擊雄性，被當作不值得一提的例外。」巴莉希表示，她不曾料到自己的研究發現會引發大量爭議。巴莉希是謹慎的科學家，自稱是「達爾文主義的女性主義者」（Darwinian feminist），面對抗拒與偏見時，她耐心以對，只關注資料與大方向，期待有一天靈長類學能和靈長類動物一樣隨時間演化。

「人們心中偷偷對母權制（matriarchy）帶有偏見。就連科學家也一樣，許多人相當抗拒承認巴諾布猿的行為是我們演化譜系的一環——雌性在性方面積極主動，把性當成一種策略，透過性建立雌性與雌性之間的結盟。巴諾布猿是雌性宰制的物種，這點無可爭論。巴諾布猿是人性敘事弧（narrative arc of humanness，譯註：敘事弧是指故事發展的起承轉合）的一部分。」巴莉希用實事求是的語氣講出自己的主張：這就是事實。

巴莉希簡明又深刻的主張，令我一時啞口無言。離我們人類最近的非人類靈長類親戚採取了「非一對一關係」。雌性的會陰以誇張方式腫起，愈腫愈能挑起多名雄性的性趣，而不是僅吸引單一「最優秀」的雄性領袖。事實上，巴諾布猿中沒有雄性領袖，因為牠們是雌性領袖的社會，而背後的主因是母猿偏好和彼此性交。母猿偏好與母猿性交，又是因為彼此摩擦位置朝前、暴露在外、布滿大量神經的陰蒂，感覺太舒服了。

這點引發了我各式各樣的聯想，關於我們的社會、巴諾布猿的社會。巴諾布猿的社會可以被視為原始的勾搭文化（hookup culture）。如果人類女性生活在巴諾布猿的情境下——女性連結、女性親善、女性宰制、女性自由地大膽追求愉悅感——那麼大學校園的性，將有相當不同的面貌。如同作家佩姬·奧倫斯坦（Peggy Orenstein）的《女孩與性》（*Girls and Sex*）一書所提出的討論，絕對不會是女性為了滿足男性的需求，而讓自己委屈受苦[393]。凡妮莎·格里戈里亞迪斯（Vanessa Grigoriadis）在《模糊界限》（*Blurred Lines*）一書中，巨細靡遺分析「積極同意」（affirmative consent，譯註：指任何的性接觸都必須先取得當事人意識清楚下的明確同意）的概念[394]，再加上有一支影片把「積極同意」比喻為問人要不要喝茶，對方不想喝就不該繼續強迫，美國成千上萬的青少年因而熟悉相關概念，自然知道「積極同意」很重要——在一個性公開發生的世界，男人不會想要去攻擊女性，女性在一旁監督，「女力」（Girl Power）是世界真實的秩序，而不是提出理想的抽象座右銘。巴莉希的研究開啟了其他更廣闊的可能性：如果人類的性比較像巴諾布猿，不像黑猩猩呢？講得更明確一點，如果人類女性的性，較為接近我們的巴諾布猿姊妹，不像相較之下可憐兮兮的母黑猩猩（母黑猩猩不管在發情期或非發情期，要是接連和不同對象交配，都將可能遭受暴力攻擊）？如果說，我們所有的假設其實來自犁耕文化留下的深遠影響，而不是人類真正演化成的樣子；其實沒有男性首領四處隨心所欲進行性征服，女人被動接受、希望獲得負責主導的單一男性青睞這回事？[395]如果說女性其實「天生」在某種程度上才是主導性事的那一方，還利用性獲得歡愉感，與其他女性建立連結——最終主要是環境導致我們沒那麼做？簡單來講，如果巴諾布猿的特質，驅動著女性最深的渴望[396]：例如崔弗斯實驗室播放的那些五花八門的誘人下流幻想[397]；梅亞納研究的女性，因為長期和同一名伴侶在一起，變得沒什麼欲望，對性事感到倦怠。女性受訪者展現令人訝異的性自主，告訴梅亞納：「沒錯，我願意和自己上床」；以及沃克研究的女性受訪者，她們明顯脫離女性在性事上沒有發言權的劇本，不尋求伴侶關係帶來的安全感[398]。萬一這才是女性心底真正的欲望呢？

我在心中回顧我和巴莉希的對話與郵件往返，思考了數週。巴莉希的見解與觀點似乎可以解釋我做過的每一場訪談、我對自己的婚姻與性欲的所有困惑，以及我和許多女性有過的所有對話：她們坦承自己「不忠」、在婚姻或伴侶關係中對性事感到無聊、向外發展不是為了找人陪，純粹為了上床。此外，巴莉希的觀點以意想不到的方式，讓我從聖地牙哥回家後，做好參加某項活動的準備。巴莉希讓我透過特殊的角度，觀察一群雌性智人的行為。那群女性利用「放蕩的性愛」，建立彼此之間的連結，目的是追求歡愉，沒有明顯的罪惡感，也不後悔。她們不住在納米比亞，也不住在波札那，不住在那些女性利用非一對一的性獲得好處的地區。這個雌性智人部落，群居於現代都會曼哈頓宏偉的聯排別墅裡，以及洛杉磯市區的奢華 LOFT 工業風公寓裡。

我第一次聽說「裙襬俱樂部」的事，是因為二〇一六年麥肯姬・道森（Mackenzie Dawson）的一篇《紐約郵報》（*New York Post*）報導，標題是〈這個性愛俱樂部讓男人得了嚴重的錯過恐懼症〉（This Sex Club Gives Men Major FOMO），文中介紹一個四處打游擊的女性地下「遊戲派對」，講述化名為「熱納維耶芙・勒瓊」（Geneviève LeJeune）的創始人是如何展開這場冒險[399]。勒瓊告訴道森，自己的真實身分是嫁給男人的已婚女性，當初會想成立「裙襬俱樂部」，原因是探索過倫敦的性愛派對後，認為「**我能辦更精彩的派對，更奢華，只有女性可以參加**」。勒瓊解釋，自己受其他女性吸引，渴望與她們展開冒險，但這種欲望太常被只顧自己開心的男性「利用」或干擾。勒瓊好奇辦給像自己這樣的人——自認是「雙性戀，但遵守異性戀關係承諾」的女性——**只滿足女性**欲望的聚會是什麼樣子？

勒瓊著手打造夢想，「裙襬俱樂部」今日在上海、維也納、洛杉磯、舊金山、伊維薩（Ibiza）、邁阿密、倫敦、柏林、雪梨、東京、華盛頓特區舉辦派對，主題包括「捆綁全紀錄」（All Tied Up，提供BDSM捆綁教學）、「懷舊海報女郎風」（Retro Pin-Up Girls，由長得像美豔女星蒂塔・萬提斯〔Dita Von Tease〕的美女提供舞孃表演）、「嚴加調教」（Strict，BDSM風的活動），強調是專為女性舉辦的高級奢華活動，不會有噁心的塑膠床墊，也不會有毛手毛腳的男人，取而代之的是光鮮亮麗的成功女性與會者。她們身上除了時髦性感的內衣與高跟鞋，一絲不掛，不著寸縷。

不過，道森那篇文章真正吸引我目光的地方是配圖。照片上，兩個深色頭髮的女人面對面，肩膀緊貼，頭髮披散，遮住長相；其中一人往前靠，顯然正在親吻另一人的脖子。她的手擺在對方光溜溜的大腿上，抓著自己的欲望投射對象，令人臉紅心跳。兩個女人都穿著黑色馬甲，露出結實的手臂與雙腿，頭上戴著諷刺的兔女郎耳朵。不過，兩人之間的性張力感覺很真，我的視線離不開那張照片，好奇若是身處一群這麼有魅力、無拘無束的女人之中，不曉得是什麼感覺（當然，那張照片經過刻意設計，但對我有效，顯然也對不少男性與女性有效，裙襬俱樂部變成熱門話題）。我上網查了一下，裙襬俱樂部的派對「只有會員能參加」，想成為會員要走申請程序。先前發生過艾希利・曼德森偷情網站被駭客入侵的事件，雖然我很想為了本書的研究參加裙襬俱樂部，但我不想讓自己在網路上分享的資訊，某天被人拿去利用，就算機率很小也一樣。此外，申請程序讓人覺得很可怕。萬一被拒絕怎麼辦？雖然參加裙襬俱樂部感覺很誘人，還是算了吧。

然而，播客節目《性愛的未來》（*Future of Sex*）主持人柯爾不讓我放棄。金髮的柯爾身材高挑，穿高跟鞋時身高逼近一八三公分。我在曼哈頓市中心一間咖啡館訪問她，請教她怎麼看今日與未來的女性情欲與女性外遇。柯爾提及虛擬實境的性。如果對象基本上是一個全像投影，那還算出軌嗎？如果只是你和另一個人分享螢幕上的性，那種性算偷吃嗎？柯爾想知道，大多是設計給男性使用的性愛機器人，能否也解放渴望新鮮多元體驗的女性，讓她們可以忠於認真的長期伴侶關係，同時也能體驗和別人在一起帶來的刺激感？此外，柯爾對「OMGYes」等平台寄予厚望。「OMGYes」是女性的線上性教育課程，有互動式的觸控螢幕，帶你了解數十種達到性高潮的技巧；此外又如「Dame」是畢業於麻省理工學院（MIT）的女性所研發的按摩棒、假陽具、性玩具產品線，設計過程中做過全面的女性歡愉研究，以使用者為中心。科技帶給女性無限的可能，柯爾宣布我們已經進入「陰道經濟」（vaginomics）的新年代[400]。不過，柯爾也沉思，在真實世界的生態中，女性能掙脫束縛的方法，問我：「你參加過裙襬俱樂部的活動嗎？」我回答自己讀過不少關於裙襬俱樂部與勒瓊的事，接著柯爾堅持下一次辦遊戲派對時，她會帶我進去，她是勒瓊的朋友。我絕不能錯過這個機會。

我在派對的前一天，收到會場地址與參加詳情。指示裡說明如何抵達現場——地點自然是在市中心。我不得向別人提及裙襬俱樂部，如果大樓警衛或是有誰問起，只能簡單說自己受邀參加「C.」的派對。不過應該不成問題，因為裙襬俱樂部的女招待人員會在大廳歡迎大家大駕光臨。今天的主題是「捆綁全紀錄」，八點半整會有古老的複雜日式綁縛（shibari）表演。派對將在凌晨兩點半結束，或至少我相當確定那是邀請卡上「馬車：凌晨兩點半」的意思。

裙襬俱樂部邀請我參加活動的事，我先生覺得太好玩了，十分感興趣，鼓勵我參加，然而我正因為感冒病得奄奄一息，只想整天躺在床上休息。不過派對當天，我還是在晚上硬爬起來，穿上極度貼身的黑色長袖及膝皮洋裝。先生評論我的裝扮：「你看起來適合參加喪禮，也適合參加只有女性能參加的性派對。」接著像隻鬣狗狂笑起來。我立刻提醒他，鬣狗是雌性宰制的物種，有著肥大的陰蒂。老公說他准許我做任何我想做的事，我回他，我不需要任何人的准許，口氣暴躁，嚇了他一跳，但他立刻恢復正常，調侃：「是噢，**真的啊**。」我的研究令我變得易怒，眼前的這趟市中心之旅也令我相當焦慮。

門口有兩個深色頭髮的苗條美女迎接我，她們穿著和服與高跟鞋，帶我穿越大廳，抵達公寓房門口。我後來得知，她們兩位是今天的接待。只要自願迎賓，協助每個人感到賓至如歸，就可以免費參加派對。公寓裡的走道黑漆漆的，紅髮美女伊莎貝兒（Isobel）拿著寫字板，確認我的身分。伊莎貝兒把一把用黑絲線串著的舊式迷你鑰匙，綁在我的手腕上，告訴我這是首次參加者的手環。接著又出現兩位也穿和服與高跟鞋的招待，她們帶著我往回走到一個吧台，那裡有十幾個女人在喝雞尾酒。挑高的公寓寬闊典雅，擺放著壁爐，我注意到房子的女主人，站在房間中央。怎麼可能沒注意到？她身材高挑，一頭金髮綁成馬尾，身上穿著……沒穿什麼。丁字褲下露出臀部上的蝴蝶刺青，上半身套著露出乳頭的乳縛。她看起來對於這一身的裝扮，完全感到自在，賓客顯然也感受到那股氣氛，紛紛脫下晚禮服的上半截，垂掛在腰間，或乾脆整件衣服脫掉。我掃視房間，看到環肥燕瘦、形形色色的女性，年紀介於二十歲出頭至五十多歲之間。不過，這裡畢竟是曼哈頓，多數人的身材都保養得宜。

身上沒有太多布料的大量美女，在我身邊走來走去，我試著不要色瞇瞇地盯著她們——我後來得知，今晚的賓客有五十人。有一個女人脫到身上只剩黑胸罩與內褲，腰間圍著長短不一的亮黃色繩子，像是一條腰帶。即便好戲才正要開鑼，現場氣氛已經嗨翻。大家啜飲著香檳閒聊，要不是附近站著的每一個人都穿著內衣調情，這裡可能像是貴婦午餐會，或是新娘的告別單身趴。一名個子很高的中國美女朝我走來，她的髮型有著高雅層次感，職業是室內設計師，身上是時髦的黑色皮革緊身褲、花樣精緻的紅色魔術胸罩。我告訴她，我會把這場派對寫進書裡，但保證不會提到名字。她驚呼：「我喜歡這場派對，因為沒有懸念，大家都知道會發生什麼事。我們全都是來上床的！」我們一起在沙發坐下，膝蓋相碰，我感到喉嚨一緊。

外表嬌小溫柔的創辦人勒瓊，皮膚雪白，頭髮烏黑，有著一雙迷人的棕色眼睛。她朝我和中國美女坐著聊天的地方走來，耐心回答我的幾個問題，說明現場來了什麼樣的客人。勒瓊告訴我，今晚有學生、醫生、律師、心理健康專業人員、播客主、藝術家等等。勒瓊一邊回答，一邊指示助理調整燈光。「燈光是派對最重要的環節，不論是晚宴或性派對都一樣，重要性可能僅次於酒。」她大笑。

站在我們附近一名興奮的金髮女子，來自佛羅里達一個富裕城鎮。這不是她的初體驗，已經是第五場。派對的舉辦時間配合得天衣無縫，她剛好來紐約參加紐約大都會博物館慈善晚宴

（Gala Season）。金髮女是外地來的名媛，穿著緊身的爆乳仿皮洋裝，小聲問我，為什麼所有的女人都穿著長絲襪和吊襪帶，這是紐約的流行嗎？跟她一樣沒穿襪子的我沒有答案。

不久後，一位Instagram用戶名是「KissmedeadlyDoll」的特別嘉賓出場，她將傳授我們日式綁縛的訣竅——一位穿著紅色天鵝絨洋裝、楚楚可憐的金髮美女自願當「受害者」（victim）。黑髮的專家教大家：「繩子如果綁在別人的脖子上，一定要綁高一點或低一點，永遠不要壓在喉結處。」她把繩子繞過二十歲金髮自願者的身體，在胯部打結，接著把按摩棒綁在「受害者」背部上方，打開開關，震動一路往下傳，讓一陣愉悅流遍全身。示範到這裡時，我覺得自己好像參加了一場有點超現實的特百惠保鮮盒（Tupperware）直銷說明會。儘管身邊坐著多名接近全裸的誘人美女，我仍感到我們是一群表現出傳統精神的婦女，拿出禮貌，坐在某個人的家中，看著別人示範家庭裝飾品該如何擺放（儘管是與特殊性癖有關的裝飾品）。

派對進行到「人體酒杯」（body shot）時間。光線更暗，音樂更大聲，一個女人跟在另一個女人身後，在一座白色皮沙發上躺下，雙腳撒上鹽，咯咯笑了起來。一片萊姆被塞進她嘴裡，裝著龍舌蘭的小酒杯，擺放在她臉旁，遊戲開始了。「受害者」如同字面上的意思，真的被「從頭到腳」舔過一遍（好吧，是從腳到頭）。接著百無禁忌的賓客朝陽台上的熱水大浴缸走去，現在是打野炮時間，大家在舒服的浴缸和臥室裡隨心所欲。到了晚上十一點，八個裸體女人躺在樓上的一張床，以千奇百怪的姿勢做愛，磨蹭，口交；有的攻，有的受。一個女人用假陽具，進入躺在床中央的另一個女人，讓她扭動，呻吟。禁忌和絲襪一樣被脫下。我站在自認安全的距離，和一個一絲不掛、身材極好的客人站在那看著床上的活動。我的同伴興奮表示：「我結婚快二十年了，而我剛剛和另一個已婚女人做愛。這場派對幫我找到自己。」她穿回丁字褲和鉚釘靴，她背後一張床上的女人在嘶吼中達到高潮，我相信她沒作假。一個穿著馬甲和丁字褲的大美女，早已把高跟鞋扔到一旁，過來問我，要不要到床上加入她。我說不用了，往樓下走。我的第一場裙襬俱樂部派對，令人血脈賁張，但我沒越過那條線。我走到門口時，剛才被捆綁的金髮辣妹靠過來，遺憾我要走了，希望很快就能再見面。我留下手機電話，讓她可以傳給我聯絡資訊，接著便離開。走到大廳時，我仍聽得見笑聲與震耳欲聾的音樂聲。巴諾布猿的狂歡還會持續數小時。

幾週後，我又參加了另一場裙襬俱樂部派對，這次地點在洛杉磯，主題是「BDSM」。場地是市中心一間裝飾成地窖的LOFT公寓。我走過排著蠟燭的昏暗長廊，很快就發現自己人已經不在美中的堪薩斯（Kansas）或美東的曼哈頓。公寓的主空間塞滿女性，許多參加者年約二十多歲，有幾人已經脫下衣服。房間中央擺著一個大籠子，天花板垂降著一套吊掛道具。吧台人山人海，我完全擠不進去。我找到主辦人勒瓊，她對我眨眼：「洛杉磯女孩喝的酒多很多，而且說做就做，一點也不浪費時間。」看來沒人需要打破尷尬氣氛的破冰活動，也不需要先來一點相互認識的閒聊——大家已經在沙發上愛撫與摩擦起來。其他人在黑色大吊燈下跳舞，摸索身體。籠子裡，站著一個身上只穿著黑色丁字褲、乳頭用黑色絕緣膠帶貼住的女人，她喚我過去。我為了靠近，經過一個身材高挑的金髮女人，她的髮型和性感女星碧姬．芭杜（Bridgette Bardot）一樣，穿著黑皮迷你裙，正在和另一個身材同樣修長的黑髮女人舌吻，黑髮女人穿著黑色蕾絲內褲加黑色蕾絲胸罩。不過，途中我還經過正在談工作、交換名片的女性，顯然正在結交人脈。她們一邊揮舞著短馬鞭、手銬、九尾鞭，一邊談正事。表演時間到了，我鬆了一口氣，可以坐下了。一個頂著傲人雙峰的男變女跨性別者，以及兩個從溫哥華跑來參加派對的加拿大女人，歡迎我坐在她們身旁的空位。

今天的表演者作風豪放，她是留著深色頭髮、穿著一身黑的女王。她的臣服者（sub或submissive）像是一個主人手裡的金髮洋娃娃，手腕套著皮手環。主人熟練地把那個皮環，掛進上方的吊掛道具。接下來，支配者（domme，我把她想成女首領）開始用九尾鞭鞭打她的臀部，最初只是輕輕的，接著皮流蘇降下的力道愈來愈重。支配者偶爾會停下，走到臣服者面前，給她一個纏綿的長吻。屋內大約擠著六十名女性，許多人醉醺醺的，拉長脖子想看表演，想聽見吵雜音樂聲之外的對話。施虐女王鬆開臣服者，走近我、跨性別者、加拿大人坐著的沙發。女首領／支配者彎身，問了我沒聽懂的話。她再問一次：「你能不能移過去一點，我要在這裡打她屁股？」我挪出空位，施虐女王在我身旁坐下。臣服者趴在主人大腿上，頭擺在我腿上。支配者手舉高，重重打了一下臣服者的臀部。女人呻吟，微笑，顯然很享受。再打了幾分鐘後，女王問我要不要試試看。或許她與我分享伴侶是在展現大方、親善的態度，小小與我結盟。我心中閃過千頭萬緒，想著這和巴諾布猿露易絲丟半根芹菜給巴莉希有多像。我想著先生已經允許我見機行事（一想到他的用詞，我依舊感到生氣），先生鼓勵我參與，不要只是觀察而已。我想著是不是該接受女王的好意才有禮貌。接著我謝謝她，不用了。臣服者在主人的手底下，又多扭動幾分鐘，直到完成打屁股的環節。派對似乎要散場了，人們逐漸離去，我想著不曉得這算不算提早結束，接著才發現搞錯了，其實是剛才的表演與這個夜晚，讓在場許多女賓性致大發，紛紛往臥室前進。

我起身探索，發現這裡的群交情形沒有紐約多；一個堆滿枕頭的房間裡，五對女女正在使用按摩棒，彼此口交，享受著我忍不住想起的「性器官對性器官的摩擦」。在另一間臥室，三個女人在昏暗的燈光下，專心讓彼此舒服。她們動作精準，一心一意專注於眼前的任務，身體動也不動，看起來像雕像。我找了張沙發坐下，一旁的棕髮美女跟我一樣是作家，她是好幾個孩子的媽，在老公的鼓勵下，大老遠跑來這場派對。我們兩個人跟著一個房地產開發商，一邊離開派對，一邊交換彼此寫下的故事，到人行道上各自搭Uber離開。從每一個角度來看，今晚的活動都充滿著姊妹樂趣，真希望巴莉希也在這裡和我一起見證。

戴蒙德博士是猶他大學（University of Utah）的心理學與性別研究教授，她提出「女性的性向流動」一詞。我參加曼哈頓裙襬俱樂部派對的同一週，她在紐約精神分析心理治療研究中心（Psychoanalytic Psychotherapy Study Center）工作坊上演講，現場爆滿。戴蒙德頂著黑色刺蝟頭，戴亮紅色鏡框的眼鏡，討論「同性可能性」（homopossibility）一詞的意涵：從性的角度來看，我們或許天生是同性戀或異性戀，但環境也影響著我們做的事、我們「成為」的人，也就是說我們的性向有時會轉變。一項二十年的長期性研究中，最初有近一百位女性原本和女性在一起[401]。戴蒙德發現，女性有可能產生變化或「流動」（fluid），女性欲望除了要看我們的性向與另一人的性別，有時也要看情境、機會、環境。舉例來說，女性如果擁有情感深厚的女女友誼，更有可能考慮和女性在一起。此外，如果身處和同性在一起不會被汙名化的環境，女性更可能那麼做，例如城市、沒有恐同人士的圈子、女校、紐約漢普頓等女性避暑勝地（太太們到避暑勝地待上整個夏天，丈夫則留在城市工作，週末才過去）。此外，女性的欲望有可能隨著人生階段改變。我的受訪者告訴我，她朋友的女兒上大學時是異性戀，大一交了男友，大二則交了一個女友，接著又找了兩個男友，最後和女人結婚。戴蒙德的研究顯示，我們得重新思考自己最深的假設，同性欲望不一定是固定的，我們的性別認同不一定永遠都一樣。

我用Skype聯絡上戴蒙德，詢問她的研究近況，請教她對裙襬俱樂部的看法[402]。戴蒙德坐在堆滿書本和期刊的辦公室裡解釋：「我們全都有某種取向——那真實存在。我用『流動』一詞來描述我在研究時看到的東西——變動。你有取向，但取向不像我們想的那麼牢固不變。我們的取向是一種事實，但不代表我們一定就會被誰吸引。」在戴蒙德開始做研究的年代，沒有太多女性性愛研究，更別說是討論女同性戀、雙性戀、「流動的」女性。最初加入她的研究的女性為十六歲到二十三歲，她們都曾感受到同性的吸引。戴蒙德當時在康乃爾大學（Cornell）念研究所，紐約上州（upstate New York）各城市的女性，她都訪問遍了，「包括雪城（Syracuse）、羅徹斯特（Rochester）、賓漢頓（Binghamton）、綺色佳（Ithaca）、埃爾邁拉（Elmira）。只要是我的豐田卡羅拉（Toyota Corolla）開得到的地方，我都去了。」那是一個勇敢的舉動——戴蒙德的很多同學都研究較為主流的現象，像是嬰兒認知。戴蒙德回憶：「我卻在研究女同性戀。我心想：**我這輩子有辦法找到工作嗎**!?有時我感到我和導師兩個人在對抗全世界。」不過，有一股衝勁讓戴蒙德堅持下去。她告訴我：「我自己是女性主義者與女同性戀。很少有人從發展的角度，探討女性的性別認同，我想要改變這種情況。」戴蒙德也等於是在替自己做研究，她本人在芝加哥大學（University of Chicago）當大學生時出櫃。戴蒙德告訴我，她念大學時，常在公寓看同志報紙，接著走到兩個街區以外的地方扔掉，以免被室友「知道」。戴蒙德和巴莉希一樣，是科學家中的科學家，有著開放的心胸，熱愛數據，而戴蒙德還替自己的研究帶來獨特的貢獻——她相當清楚，說出有關於女性的性偏好與性行為的事實，要付出代價。她個人的經歷，讓她願意為這個領域奉獻自己。

戴蒙德做完初步的訪談後，每兩年打一次電話追蹤。我聯絡她時，她正在做第二十年的女性追蹤訪談。「每一個人都說：『天啊，我們好老了！』」戴蒙德大笑。戴蒙德告訴我，其實她多年前開始做研究時，並未特別針對「性向流動」，只是在和受訪者對話時，「恰巧發現這樣的現象」。雖然自認性向只有同性戀一種的女性，絕大多數一直是同性戀，不可否認的是也有人交往與受吸引的對象出現變化。很少人是「金星女同性戀」（gold star lesbian）——只與其他女性上床的女性。某位女性受訪者整整二十年間只和女性上床，但在最近一次的訪談中告訴戴蒙德，她和妻子分手了，恢復單身、傷心欲絕，開始和一名男性交往。她告訴戴蒙德：「我還以為自己會再度和女人在一起，但也許我就是需要改變。」

戴蒙德解釋，選擇與改變不一樣。「這些女人告訴我：『我不覺得自己會被男人吸引，但事情就是發生了！』她們沒選擇要那樣，她們嚇了一跳。」戴蒙德表示，有很長一段時間，所謂的女性的「暫時雙性戀」（passing bisexuality）或「可塑性」（malleability）——她是異性戀，她是同性戀，她又是異性戀了！——被當成「數據中的雜訊（noise）」，妨礙研究人員得出答案，然而戴蒙德翻轉了那種看法。戴蒙德表示，與「可變性」、「女性產生變化的性特質」有關的研究發現，並未遮掩或汙染數據——它們本身就是數據，說出了流動性。

戴蒙德起先認為，女性的整體流動性大過男性。然而，近日的美國鹽湖城（Salt Lake City）地區一百七十九名男性的研究顯示，原先自認是異性戀、雙性戀、同性戀的人改變心意。[403]「我問異性戀男性，他們是否對著其他男性的〔A片〕影像或影片〔自慰〕，他們說會。同性戀男性也告訴我，沒錯，他們自慰時，有時會想著其他女性，或是看女性的片子。我沒料到會是這樣的答案，但你要是想到要問，就會得到答案。很不幸，我們不一定會想到要問正確的問題。」

戴蒙德告訴我，該研究中的受訪者大多是二、三十歲的男性，她認為「新一代的男性似乎對自身性向以外的關係，抱持更為開放的態度」、「男性也具備性向流動的可能性」。「社會似乎對男性比較嚴格。如果是女性，人們可以自圓其說：『女性情感豐富、友善，所以怎樣怎樣……』但男性立刻就會被排擠。男性如果好奇或實驗，將承受相當大的汙名，所以有可能我們最初以為女性較為具備流動性，背後的原因是男性異性戀的社會控制。那種社會控制放鬆對某些族群的控制後，我們將持續見到更多的男性性向流動。」

戴蒙德解釋，不論是男性與女性的流動性，意思只是「有可能被吸引」，你的性向或對方的性別不一定會決定一切。此外，那樣的吸引可能不是永久性的。戴蒙德指出，我們目前比較常在女性身上看到這種現象，背後的部分原因是環境帶來的桎梏。我一個朋友告訴我，她的母親在四十年前和她父親結婚，但喪偶後，現在與女性結婚；女作家吉兒伯特為了罹患重病的女性作家好友萊亞．艾列絲（Rayya Elias），離開在一起十多年的男性伴侶（她在回憶錄《享受吧！一個人的旅行》一書中愛上的人）；對外公開為異性戀的女性，會和她們稱為「私處溝通師」的女性教練享受樂趣[404]；美國影集《勁爆女子監獄》（*Orange Is the New Black*）中的女主角派柏（Piper）與男性訂婚，接著在獄中和前女友舊情復燃；大多與男性交往的女性，跑去參加只有女性的性派對……以上種種情形，皆為女性性向流動的例子。事實上，參加裙襬俱樂部的女性，大多在金賽量表（Kinsey scale）上是兩分，也就是「主要喜歡異性，比例比同性高」。看似喜歡男性的女人，和另一名女性搞在一起，是文化想像中常見的主題，綜藝節目《週六夜現場》（*Saturday Night Live*）近日演過一齣短劇談這件事，諷刺一九五〇年代的情境喜劇，題目是：「糟糕！我和女同志結婚了」（Whoops! I Married a Lesbian）。[405]

我告訴戴蒙德裙襬俱樂部的事，她回應：「我發現自認是異性戀的女性，如果曾經和女性上過床，她們通常會指出，那個經驗讓她們感到比較有權溝通自己想要的東西。她們說：『在我的陰道裡做活塞運動，不會讓我有感。你如果對我的身體做哪些事，我才會很有感。』這群女性似乎比較不願意忍受糟糕的性事。」戴蒙德表示，她誠摯希望參加裙襬俱樂部的女性，可以好好和先生與男友溝通她們喜歡裙襬俱樂部的哪一點，說出她們對自己的身體有哪些新認識、她們想要什麼。戴蒙德若有所思：「我們現在知道，流動性真實存在。實際發生的事，不符合所謂的男人永遠需要追求變化，女性則一定想要穩定。」

我趁機向戴蒙德求教有關一夫一妻制的事。她告訴我，她同意梅亞納教授的看法，長期關係對女性欲望來講尤其不利。戴蒙德提到，受新鮮感吸引是人類的遺傳天性，性刺激過了一段時間後會變得熟悉。也就是說，我們愈常和某個人在一起，刺激感就會下降。**噢，又是那個，又是你。**戴蒙德告訴我，我們不該認為，習慣與無聊代表著你或你的伴侶有問題，或是你們的伴侶關係出了問題，也不該認定一定沒救了。戴蒙德指出，有效的長期關係欲望預測指標是「伴侶是否努力一起從事新活動」。「所謂的新活動，不只是性而已，可能是高空跳傘」，或是上舞蹈課、玩溜索。戴蒙德表示：「伴侶如果一起參與新鮮刺激的活動，通常能從新角度看待自己的伴侶，心中再次湧現初戀的感覺。再說了，人會隨時間改變，我們的伴侶不會一輩子永遠都是同樣的人。」如果我們想對單一伴侶忠貞，我們可以在同一個人身上尋找新鮮感。戴蒙德坦承那並不容易：「如果有辦法彈個指，就讓事情和以前一樣充滿新鮮感，市面上就不會有這麼多自助工具書！」但無論如何，不是絕不可能辦到。我想方法可以是參加只有女性的性派對，接著事後告訴你的伴侶這件事。雖然顯然實際參加派對的環節，你們兩個人並未「一起參加新鮮刺激的新活動」，但活動結束後的兩人時間，的確會新鮮又刺激。

在我們的文化中，直男輕鬆就能取得任君挑選的色情按摩、脫衣舞俱樂部、嫖妓、A片。男性如果利用女性提供的性服務，不會遭受太大的道德譴責（因為畢竟「男人喜歡看」、「男人就是那樣」）。裙襬俱樂部則是罕見的、給**女性**出軌用（或許稱不上）的壓力紓解管道。這是一個相當不尋常的利基市場，女性可以參加，可以享受性愛，接著若無其事地回到異性戀婚姻或伴侶關係中。的確，裙襬俱樂部的參加者是和女性上床，也因此男性比較不會感受到威脅。相較於自己的女性伴侶跑去和別的男人上床，也更香豔刺激、更「安全」。不過，我仍感到從某種角度來看，勒瓊幫女性「扯平了」，而這點值得注意。此外，仍舊有人大力批評勒瓊膽子太大，不知廉恥。勒瓊所做的事，立刻受到希望參加的女性支持（勒瓊告訴我，裙襬俱樂部今日在全球會員數超過七千人），但也遭受來自四面八方的嘲諷。我談洛杉磯裙襬俱樂部的文章，招來數十則評論，其中多則顯然來自憤怒的男性。評論中使用的貶損詞彙說出他們的心理，例如許多人說照片一定有修過圖，那些女人才沒那麼有魅力，大聲發出吃不到葡萄說葡萄酸的怒吼：「不是你不讓我參加，是我根本不屑參加。」任何會想參加這種活動的女人，一定都是醜女。其他思想比較開通的人士，也仍舊批評裙襬俱樂部自以為高級、外貌協會、奢侈浪費，適合剛變成女同性戀的人。裙襬俱樂部經常被當成軟色情、反映出男性幻想的「維多利亞的祕密女同性行為」（Victoria's Secret lesbianism），有如某種妥協版的女同選項，給那些只是想玩玩同性性愛、不是真心的人去的（《滾石雜誌》〔*Rolling Stone*〕的文章稱之為「參加異女當一晚同性戀的性派對」，就好像這樣的事不可信、不真實）[406]。裙襬俱樂部或許有不少可以批評的地方，但說那是稀釋版的輕量級女同性戀或「假的」同性戀，不符合或無法描述我見到的複雜狀況——包括理論上的異女，在特別為她們設計的舒適、具有隱私、不受外界干擾的空間裡，（和其他女性）以我從沒見過的方式做愛。她們得到的歡愉與性高潮感覺相當真實。

戴蒙德與巴莉希替一個不是那麼新的現象（如果從長遠的演化觀點來看），協助說出新語言，打破原本令人安心的固定分類法。雌性的性向流動現象，以及透過性來結盟，不只發生在巴諾布猿身上，也不只發生在洛杉磯與曼哈頓的女性身上。不只發生在柏林、維也納等五光十色的大城市，也不只發生在舊金山這種「風氣開明」的地方，例如在賴索托（Lesotho）這個領土被南非包圍的小國家，已婚有子的女性擁有「motsoalle」不是罕見之事——「motsoalle」基本上是指特別的女性好友與性伴侶[407]。丈夫如果一次會到遠方做多天的勞力活，妻子通常會有「motsoalle」，但不是百分之百。昆族的青春期女孩通常會在婚前，在彼此身上做性實驗[408]。此外，在南美蘇利南的巴拉馬利波（Paramaribo）這個城市，「mati」是克里奧爾人（Creole）中勞動階級女性常見的做法，指的是與男人、女人都有性關係的女性，可能是同一時間，也可能是一次一段關係[409]。某些「mati」不再和男性上床，尤其是已經把孩子扶養長大的年長女性。年輕的「mati」與男性之間的關係有各種形式的安排，例如婚姻、小老婆或分居的「拜訪」關係（“visiting” relationship）。女性與女性的關係，大多是拜訪關係，不過有的女女伴侶會和孩子同住一個屋簷下。

在美國人的後院，以及在遙遠世界的他方，女性的性向流動似乎意味著從「性接受度」（sexual receptivity）與「性歡愉」（sexual pleasure）來看，女性相當獨特[410]。女性的性向流動，展現在能夠接受幾乎是具備無窮可能性的性伴侶類型，即便只是在腦中想想而已。雖然目前沒有嚴謹數據可引用，顯然許多女性的性行為不同於她們自稱的性向。女性的性幻想、白日夢、偏好的A片類型與想像，雖然全都能說是「純屬空想」，依舊說出女性性欲的故事。有多少女性想要和女性上床，實際的數字顯然會讓人嚇一跳——除非你是伴侶治療師或性治療師。那些專業人士通常處之泰然，發表學術文章，等著世上其他人跟上。博伊西州立大學（Boise State University）研究三百三十三位自認為異性戀的女性，四三％曾與其他女性「親熱」（make out）[411]。《魅力》（*Glamour*）雜誌調查一千多名十八歲至四十四歲女性，四七％說曾被其他女性吸引，三一％有過同性經驗，而且不限於「畢業前為同性戀」的現象（gay until graduation，譯註：主要指在高中與大學時期嘗試同性戀、雙性戀，畢業後回歸主流的異性戀）[412]。戴蒙德評論該研究：「我們認為找出自己真正的性向是成熟的象徵……我們認為性特質會隨時間愈來愈明確，但我見到相反的現象。」[413]

我的朋友兼同事迪沙．菲雅（Deesha Philyaw）是作家與行動主義者。我和她之間的一場對話，證明了女性性向流動與外遇的現象，可能比想像中普遍，發生在最意想不到的地方與人生每一個階段。菲雅提到自己正在書寫的短篇小說集，用文學探討性與上教堂的女士。

Chapter 7

Significant Otherness

重要的他者

菲雅的短篇小說〈尤拉〉（Eula）充滿人生的美好、意外、溫柔、幻滅，時間設定在一九九九年最後倒數幾小時、二〇〇〇年的開頭，但一路回溯兩個主要人物卡洛塔（Caroletta）與尤拉的一生，講述她們之間的關係[414]。菲雅的文筆讓人一下子就被她述說的故事吸引，文風有時像美國散文大家瓊·迪迪恩（Joan Didion）充滿意象的極簡主義，有時又和美國編劇諾拉·艾芙隆（Nora Ephron）讓人忍不住愛上的《心痛》（*Heartburn*）一樣，食譜與性愛融為一體。然而，真要細究的話，菲雅的文字也帶有美國民俗學家卓拉·尼爾·赫絲特（Zora Neale Hurston）的細膩情感。赫絲特是黑人文化的參與式觀察者，她說的除了是黑人的故事，也是自己的故事。從〈尤拉〉的開頭幾句話，兩位故事主人翁的形象便躍然紙上，令人感受到兩人的關係：

尤拉訂了克拉克斯維爾（Clarksville）的旅館套房，離我們住的地方兩個城鎮之遙。我負責帶吃的。今年我吃壽司，她吃冷盤和馬鈴薯沙拉，都是一些輕食，可以填飽肚子就好。我還帶了香檳。今年就和以前每一年一樣，可能是我們的最後一年。我帶了三瓶安德烈氣泡酒（André Spumante）……還有慶祝二〇〇〇年到來的派對眼鏡，鏡框是中間的那兩個〇。據說電台主持人迪克．克拉克（Dick Clark）在時代廣場倒數計時後，千禧蟲危機會讓我們瞬間坐在黑暗之中，但沒關係，安德烈酒就算在黑暗中啜飲，也照樣醉人。我們準備就緒，尤拉開始吃馬鈴薯沙拉……她對吃的很挑剔，其實她幾乎什麼都很挑，什麼東西都要弄得好好的……但她看不出我是在美國大眾超市（Publix）買現成的馬鈴薯沙拉，自己加一點切碎的水煮蛋、芥末、醃黃瓜醬、紅椒粉，然後放進保鮮碗。她吃了兩份，拍拍肚子，說我的廚藝愈來愈進步。

尤拉與卡洛塔都在學校當老師，「半輩子都是最好的朋友」。小說提到她們在高一認識，「是英語資優班上唯一的黑人女孩」。兩個人都很用功，不過也都喜歡做白日夢，在數學筆記本上的空白處，計畫以後要一起在夏威夷辦婚禮，不論做什麼事都要在一起。敘事者述說兩人兒時的計畫：「我們的老公會和我們的父親一樣，在鐵路公司工作。我們會在中學教書，一起在教堂當助手，還要住在隔壁，我們的孩子會一起玩。」

然而，事與願違。如同卡洛塔摻入了現成食物的沙拉，讀者得知她們的人生也混進其他東西。到了尤拉的三十歲生日，兩人依舊單身，在母校教書，也就是當年她們仔細為自己規畫未來的地方。卡洛塔在年輕歲月時，因為想知道「壞男孩是什麼樣子」，在外頭試過許多性體驗，幾年來「和幾個名字不值得費心記住的男人，有過幾段風流韻事」。尤拉則一直保持著處女之身，就像聖經故事裡的路得（Ruth）一樣，「等著她的波阿斯（Boaz）出現」。在大地主用犁耕作的穀物田裡，當一名乞求者，靠撿拾麥穗過活，直到波阿斯留意到她，納她為妻子（譯註：富人波阿斯在自己的田中，發現路得生活困難，先是出手相助，贈送穀物，日後又娶她，兩人的子孫是日後的大衛王）。

然而，尤拉只是表面上像路得。她和好友卡洛塔一起慶祝三十歲生日那天，喝了太多水果酒。卡洛塔告訴我們，尤拉醉醺醺躺在好友大腿上。「她的裙子翻起到腰部的位置，我看見她黑棕色粗壯大腿間的白棉內褲，她聞起來像香草。她問我：『你有沒有過那種感覺，覺得自己快爆炸了？』她充滿水果味的呼吸熱氣，打在我臉上。」

敘事者告訴我們，那天晚上「她讓我的手指溜進白棉內褲，忘掉波阿斯。我們度過夜晚，渾身是汗……大約一個月後是跨年夜，尤拉打電話來，說她訂了房間」。兩人就此展開一年一度的傳統。

小說讀者認識這兩名主角的時間點，正好在一場潛在大災難的前夕，不只是從舊的一年轉換到新的一年，也正要從一個千禧年進入另一個千禧年（如今回想起來，我們對於二〇〇〇年的新千禧年焦慮，真是杞人憂天），尤拉與卡洛塔按照大約一年發生一次的老習慣，拋下一切，喝得醉醺醺後上床，接著事後假裝一切不曾發生過。過著雙面人的生活不容易，尤拉的內心飽受煎熬：

我們吃完東西，大口灌掉一瓶安德烈酒，我去沖澡。我們喜歡把水開得很燙，熱氣讓我放鬆，但我感到尤拉有其他理由。我出浴室後，她又在裡頭逗留很長一段時間。蒸氣瀰漫的淋浴間門後，我看見她粉紅色的浴帽。她頭低低的，不曉得是不是在求主原諒，仍舊在等待祂的供應，卻拋棄了祂的恩典。

兩人長達十年不是出軌的出軌，對卡洛塔來講也不容易。某一次，卡洛塔知道尤拉很想喝秋葵濃湯（「那是我的祖母寶林〔Pauline〕的拿手好菜，但沒放秋葵」），她攪拌著奶油麵糊，默默忍受尤拉因為等一下要和大概會求婚的男人約會，興奮到喘不過氣。尤拉的約會最後沒有好結局，男友分居的老婆氣沖沖跑來抓姦。尤拉在外頭約會時，卡洛塔整晚沒睡，坐在床上吃秋葵濃湯，「另一個女人的老公，在我身旁輕聲打鼾」。卡洛塔想著尤拉和男人約會每次都沒成，「尤拉對男人挑三揀四，會不會是因為她其實偷偷一個都不想要，只不過是在做社會期待她做的事……我和尤拉從來不談這些事」。

卡洛塔不滿兩人之間的安排。她的怒氣如同她還記得做法的奶油麵糊食材，在心中燜燒。尤拉分享自己的新年願望時，卡洛塔差一點爆發，因為尤拉希望今年過情人節時，自己將不再「孤單」——她的意思是不再沒有男人。兩人爭論起來，表面上在吵信仰的議題，其實是在吵兩個人年復一年的旅館房間之約。尤拉的內心遭受很大的衝擊，因為她得知卡洛塔不是「處女」，在兩人偶爾會發生親密關係的過去十年間，卡洛塔和不少男人上過床。卡洛塔則感到困惑，也感到心痛，她不懂尤拉怎麼會認為自己是處女——她們兩個人不是一直都在上床嗎？

下一個千禧年即將到來，倒數計時開始，尤拉開始祈禱。

形象控制

作家蒂凡尼・杜馥（Tiffany Dufu）平日提倡女權，著有《不再兼顧》（*Drop the Ball*）一書，一生為了女人與女孩的權益奔走，擔任過勒佛公司（Levo）的領導長、女性非營利組織「白宮計畫」（White House Project）總裁，指導數百位年輕女性，鼓勵她們勇敢追夢，訂定遠大目標，甚至是參選。杜馥在書中回憶一個影響她人生走向的時刻：她自願帶領主日學班的同學一起祈禱，但老師說：「男生才能當班長。」杜馥一直是牧師的掌上明珠，老師的話嚇了她一跳，覺得很丟臉。日後一直記著那次的事。杜馥指出：「黑人的教會深深影響著非裔美國人的人生經歷，不論你人是否在教堂都一樣。有很長一段時間，教會是核心的社會制度，某些社區甚至一直到今日都是如此。黑人的自我認同變得與教會同義，由教會來決定。」[415]杜馥還是小女孩時，她學到的有關領導的事，不只對她個人影響深刻，對整個社會來講也一樣。杜馥告訴我：「講壇是黑人男性的，他們掌控著論述，認為種族比性別重要，種族的利益優先。」女性如果被人視為太想當領導者、有性欲，或不是異性戀，通常會被視為對黑人男性構成威脅。杜馥是我見過最樂觀向上、活力充沛的人，她告訴我「被期待當傳統黑人女性，靠犧牲自己成就黑人男性，當一個合宜的黑人女性」，同時符合主流文化與黑人社群的期待，「在不同觀眾面前表演」，是多麼累人的一件事。從黑人女權主義者弗羅倫斯（弗羅）．甘迺迪（Florynce “Flo” Kennedy）、黑人女同志作家奧菊．蘿德（Audre Lorde）一直到杜馥，眾思想家讓我們看到，黑人社群中的性別歧視，讓黑人女性的自我認同成為一個複雜的議題。杜馥從教堂學到關於社群與領導的概念，從深層的角度來看，教堂是家，但也是杜馥接受教育的地方。教會教導她，女人要是擁有太多抱負，就不像女人，甚至很自私——違反了「黑人好女人」應當遵守的種族與性別腳本。

菲雅和杜馥一樣，長期對黑人教會感到著迷；教會帶來的矛盾、明說與未明言的規矩，提供了她肥沃的說故事土壤，只不過在我認識菲雅的頭幾年沒意識到這件事。我最初會認識菲雅，原因是我們兩個人的作品都談到有年幼或成年繼子女的後母，講如何支持這樣的女性——菲雅多年來和前夫一起擔任網路電台節目的主持人，談離婚後共同撫養孩子的議題。我們兩個人後來研究的方向不一樣，不過依舊保持聯絡，我開始書寫母親與性愛，菲雅開始寫散文與小說，主要談人際關係、教養、種族、女性主義、流行文化、女性情欲等等。我後來寫過一篇文章，提到上東區一名異性戀女性，在避暑勝地漢普頓過暑假的期間，和女教練發生同性婚外情。菲雅聯絡我，提到自己對這樣的主題十分感興趣，想書寫在她的世界裡，她的同輩與幼時記憶中的女性令人意想不到的性生活。菲雅寄了一些作品過來，除了前文提到的〈尤拉〉這篇小說，我還津津有味讀她收錄於《瞬間》（*Brevity*）中的散文〈免費性愛〉（Milk for Free）[416]。菲雅文字感人，以浮光掠影的方式，寫下童年時期得到的性知識，包括她在地方公共圖書館的兒童區，讀到情欲小說女王賈姬．科林斯（Jackie Collins）的小說；隔壁家的老太太要她別「隨便就把自己給出去」；她在六年級畢業後的暑假，交到第一個真正的男朋友；母親與警察無法保護她不受鄰居醉鬼的騷擾；此外，還有長久以來被壓抑的記憶：在菲雅兩、三歲時，一名白人女警登門，因為她的母親被強暴。

文化批評家亞瑪拉．溫弗雷．哈利斯（Amara Winfrey Harris）是《姊妹安好》（*The Sisters Are Alright*）一書的作者[417]。菲雅和哈利斯一樣，勇敢正視黑人女性在談性與體驗性事時所面臨的包袱與危險——歷史、經濟、意識型態桎梏著她們。菲雅還有一點也和哈利斯一樣，她拒絕接受身為非裔美國人女性等同「破碎」（broken）的說法，大力反擊那種常見的描寫。

菲雅筆下的女性，性欲強烈，大腦聰明，性同時可能複雜、歡樂、不正當、死板、刺激或無聊透頂。菲雅書寫的人物，包括她的第一人稱散文中的她本人，她們所碰上的困境，真摯感人，絲絲入扣。

某天下午，我和菲雅通電話，後來也在紐約市對談[418]。菲雅告訴我：「我在一個主要都是黑人的社區長大。此外，上教堂也影響了我的成長過程，雖然我的媽媽與外婆不上。她們總是說：『等我振作起來，我就會上教堂。』」我說自己從來沒聽過這種說法，怎麼還得先努力改善自己，才能在教堂露臉？教堂不是每一個人都可以去嗎？菲雅聞言大笑，耐心解釋人們不想上教堂，可能是因為不想要不管做什麼事都會被品頭論足，包括性事。她成長過程中認識的某些女性，因此不想上教堂。從這個角度來看，「教堂就跟鏡子一樣」。菲雅小時候會和鄰居朋友或異父妹妹一起上教堂，但「我快進入青春期的那幾年，變得斷斷續續。我掉進乖／壞的二分法，用盡一切努力當乖孩子。那個年代非常重視『併攏你的腿』（Keep your legs closed）。」菲雅告訴我，「性在當年聽起來不是什麼很愉悅的事，我們被告知，男孩與男人會從你這奪走性」。菲雅十一、二歲時漸漸不再上教堂，不過到了高二、高三又回歸。

菲雅以年輕女性特有的敏銳度，試圖理解一切。「每隔一段時間，就會出現一則故事——唱詩班的指揮，或是某個教堂的年輕傳道師，和某人的女兒私奔。」菲雅見到矛盾的情形，聽見二分法的說法，例如女性要不就是聖母，要不就是妓女，「令人感到十分困惑，也限制著人們的生活」。菲雅嘆了一口氣。

不過，教堂也有美好的事物，菲雅在那裡見到的女性，示範了她所說的「做得到的黑人女性應有的樣子」。某些女性衣著體面，是戴著典雅帽子的高尚淑女，已婚、儀表莊重。此外，菲雅的教堂裡還有未婚女性，她們重視自己在外頭露面的樣子，流露出半真、半表演出來的虔誠。菲雅以喜愛的口吻，將她們比為「梳理羽毛的開屏孔雀，在女人比男人多、人數是四比一的地方，她們等著上帝賜她們一個男人」。菲雅發現：「這些女人希望有人娶自己，希望被選中，獲得婚姻制度的認可」。形形色色的教堂女性，孔雀與莊重的已婚女性，嚴肅的教堂淑女與扭動屁股的女人，讓菲雅的想像力狂奔。她們不同於菲雅平日認識的其他女性，其他人「跳舞，穿緊身牛仔褲，罵髒話，玩黑桃王（spades），有婚前性行為」。然而，究竟上教堂與不上教堂的女性有多不一樣？最終相像的程度又是如何？「我想知道，教堂裡的高尚淑女，那些孔雀與莊重的婦女，是否和我們一般人一樣。她們是否有欲望？她們是否自慰？她們寂寞嗎？她們是否偷偷邀請男人或女人上她們的床？」幾年後，菲雅聽見另一個鎮上兩個女人的謠言，據說某教堂的兩名正派女性在旅館做愛——菲雅對這則傳聞深感著迷，得出日後寫下〈尤拉〉的靈感。

此外，菲雅的小說《無名的好女孩》（*Good Girl Anonymous*）中，主角是聰慧女性瑞貝卡（Rebecca）。套用菲雅的話來講，瑞貝卡生活在一夫一妻制度中，是「感到無聊的行屍走肉」。

她丈夫在教堂是有頭有臉的人物，這點同時令瑞貝卡地位崇高與向下沉淪。瑞貝卡滿足欲望的方法，是偷偷在部落格上寫露骨文章。某一天，部落格作者的真實身分曝光，瑞貝卡對UPS快遞人員最私密的性幻想，被公諸於世。她正直的另一半勃然大怒。「問題在於瑞貝卡是否會繼續待在這段婚姻裡。這段婚姻無法滿足她，但給了她體面的社會地位。也或者她會離開？她將〔當個好太太〕，挽救婚姻，從此一輩子在先生面前小心翼翼；也或者她將改變，知道這不是自己真正想要的，決定離開？」菲雅身邊有幾個和已婚男性有染的女性，菲雅知道如何挖掘出豐富的故事。我請教菲雅，她筆下的豐富角色與她們面對的兩難，源頭是什麼？她笑著解釋：「我從五歲起，就看著女性過著雙面生活。」

菲雅寫下尤拉、卡洛塔、瑞貝卡的故事，冒險招來不是所有女性作家都會碰上的責難與批評。「值得敬重」（respectability）這個議題，替菲雅與一長串的黑人女性藝術家，蒙上一層陰影——從投身民權運動的非裔演員約瑟芬·貝克（Josephine Baker）到支持女權運動的作家愛麗絲·華克（Alice Walker），從碧昂絲、畫家卡拉·沃克（Kara Walker）到電視製作人瑞安，她們努力創作出挑戰世人觀點、誠實面對女性情欲的作品，說出非裔美國女性真正的生活。然而，黑人女性藝術家這麼做的時候，有時會被指控對自身的種族不利，因為她們沒把所有的黑人女性都描述成正面的形象。即便沒真正碰上抨擊，她們也從經驗得知，有可能遭受那樣的指控。黑人女作家哈利斯解釋過，無窮無境的扭曲與種族歧視，使她們感到有義務把自己、把她們筆下的人物、她們的藝術創作，永遠呈現出正派、「值得敬重」的形象。哈利斯指出，在帝國主義與蓄奴的年代，「人們對黑人女性的刻板印象，要不就是她們是憤怒、野蠻的無性奴隸，要不就認為她們性欲旺盛、極度好色，這是一種將黑人女性壓制在從屬地位的關鍵手段。此外，黑人女性被當成中產階級富裕白人女性的對比，後者被奉為完美的女性化身——美麗、虔誠、服從、愛家，需要有人保護。」[419]奶媽、妓女、憤怒／強壯的黑人女性等刻板印象，源自把女人當成家事奴隸、生育機器、農場奴隸的歷史。一直到了今日，那一類的刻板印象，依舊尾隨著屬於「他者」的非裔美國女性。哈利斯指出，此類文化批評家派翠西亞・希爾・科林斯（Patricia Hill Collins）所探討的「形象控制」（controlling image）[420]，包含把黑人女性的形象塑造成性欲旺盛、具備致命的肉欲，一直到今日依舊存在。白人男主持人唐・伊姆斯（Don Imus）稱羅格斯大學（Rutgers）的黑人女性籃球員為「爆炸頭妓女」（nappy-headed hos）[421]，另一名白人男主持人比爾・歐萊利（Bill O'reilly）批評碧昂絲是「不良少女的示範」（thug）[422]，指責碧昂絲造成他本人幻想出來的嚴重未成年懷孕問題（事實上未成年懷孕率達史上新低），因為和同一名男人結婚超過十年的碧昂絲，在數首歌中讚揚他們夫婦間的性愛。把黑人女性描繪成到處上床、畸形、母系社會、保姆、賤人、濫用社會福利制度的樣貌，此類形象控制全都扭曲了社會現實。如同性別與性向社會學家維克多・P・卡羅納（Victor P. Corona）所言，「人們把對於黑人女性的不公描繪，當成她們天生如此」。[423]

此外，黑人女性性欲極強的形象深植人心，這一點嚴重危害到黑人女性的人身安全，人們認為她們比較不需要、甚至比較不值得保護。加州大學洛杉磯分校的性行為研究人員蓋爾．瓦耶特（Gail Wyatt），以及身兼律師、政治學者、羅格斯大學性別研究副教授的妮可．G．亞歷山大─佛伊德（Nikol G. Alexander-Floyd）等多位專家皆指出，出於種種原因，非裔美國女性比較容易遭受性攻擊，但很少報案[424]。許多人指出，這種現象涉及特殊的歷史經驗，以及黑人女性承受的壓力。「全國性暴力防治會議」（National Sexual Violence Prevention Conference）的輔導員告訴《洛杉磯時報》（*Los Angeles Times*）記者蓋爾．波拉德─泰瑞（Gayle Pollard-Terry）：「黑人姊妹不願意通報黑人兄弟，因為我們知道感化機構裡發生的事。」波拉德─泰瑞也指出，黑人女性不願意通報性侵犯的原因，還包括她們不信任警方，或是找不到「長得像〔我〕」的警探與性侵受害者輔導人員，而且黑人牧師傳統上支持被控性侵的黑人男性，種種因素使黑人女性普遍擔心沒人會相信她們。曾有一項相關研究得出令人心寒的結論：假設性侵受害者為黑人女性[425]，白人女大學生會感到比較沒必要介入、沒有出手相助的個人責任，還可能認為受害者很享受。

危害黑人女性人身安全的獸性描寫、形象控制、諷刺漫畫，讓壓迫美國黑人女性成為合理行為，或是把黑人女性形容為「性欲過剩」。反制此類行為的辦法是示範「得體的樣子」。哈利斯在《賤人》（*Bitch*）雜誌上投稿〈沒有不敬〉（No Disrespect）一文，探討黑人社群中她稱為「體面政治」（respectability politics）的歷史[426]。哈利斯指出，此類政治行動「藉由大力採行主流文化視為『值得尊重』（respectable）的行為舉止與道德規範，反抗負面的黑人觀點」[427]。黑人民權運動的抗議者因此穿西裝打領帶遊行，用自己最好的衣服來傳遞訊息：「你的刻板印象不是真的，我們值得獲得公平的對待，我們同樣值得尊重。」然而，哈利斯指出，此類強大的形象重塑有其問題。哈利斯追蹤採用「體面政治」為解放策略的手法，發現「造成的傷害，有可能多過提升黑人地位」，例如「體面政治」以白人女性的標準，檢視剛獲得解放的黑人女性，認為真正值得保護的女性，必得天性天真乖巧。「體面政治」的力量會讓碧昂絲必須表現得像個好女孩（要不然就會被當成無法無天）。相較之下，瑪丹娜等白人女性藝人，不但可以自由展現露骨的性感，還會被視為能夠主控自己的形象與性欲（幸好碧昂絲高舉雙手，對那一切比出中指）。

菲雅親身體會過「值得敬重」帶來的雙重標準窘境。我們第一次談她的作品時，她告訴我：「起初我害怕很多事。光想到要坐下來寫作，我就感受到這股壓力，就好像故事的結尾一定得是主角變得更好、更加堅定自己的信仰、更能維繫婚姻。我被教導凡事都得榮耀上帝。你創作出來的每一樣東西，都得賦予黑人女性『值得敬重』的形象。」[428]這樣的義務有可能滲進人生經歷的每一個面向。如同某位受訪者告訴哈利斯：「我發現身為黑人女性，我不能自由擁有各種情緒，因為我擔心會被塑造出憤怒形象。我對於自己表現出來的樣子很小心，尤其是在非裔黑人面前。每當你跟任何人談話，你會感到你代表所有的黑人女性。」[429]那種沉重的使命，永遠都得正面向上、拿出完美開心的一面的壓力，不是很符合菲雅說故事的使命。她希望帶給讀者複雜、寫實的女性角色，她們有缺點、有各種情緒、掌控著自身命運。菲雅進一步冒險，〈尤拉〉的故事背景設定在「合宜」的原爆點，也就是教堂，帶給讀者某種版本的女性性向流動與女同性戀。不過，對菲雅來講，故事人物必須給人真誠感。菲雅表示，自己在寫作時必須對抗偏見與「體面政治」，逐步想辦法以想要的方式說出故事，菲雅一個字一個字、一段話一段話、一頁一頁，每天挑戰自己寫出切身所感、會想進一步認識的故事人物——那些人物和菲雅本人一樣，勇敢挑戰事物。

妓女政治（Ho Politics）

喬治・克隆尼（George Clooney）結婚了……沒人罵他人盡可妻！[430]

——影像創作者伊莎・瑞安（Issa Rae）

米蕾耶・米勒—楊格（Mireille Miller-Young）和菲雅一樣，在事業生涯中不斷碰上種族與性別偏見，以及體面政治的問題，但抬頭挺胸，毫不畏懼。首先，米勒—楊格研究的主題就引人非議。她是加州大學聖塔芭芭拉分校（University of California Santa Barbara）的女性主義研究副教授，碩士與博士念美國歷史與非裔史，專門研究情色作品。米勒—楊格在《品嘗黑人寶貝》（*A Taste for Brown Sugar*）一書中，檢視非裔美國女性在情色媒體中的再現與勞動[431]。也就是說，她同時從影像與影像製造者的角度，研究黑人A片女演員。米勒—楊格在研究過程中，分析黑人成人娛樂女星成千上萬的照片與影片，親身訪問數十位表演者，了解她們的各式動機、她們關心的事、她們採用的策略。米勒—楊格是美國第一批從事此類研究的學者，她在研究過程中，發現與記錄下黑人女演員演出的A片產值，低於白人女星。黑人AV女演員的價碼，平均僅白人女演員的一半至四分之三。米勒—楊格探索A片產業的可悲現實：A片中的黑人男性通常以帶有獸性的欲望與外表呈現，黑人女性則「隨時準備好什麼都可以」。米勒—楊格寫道，黑人女性在A片裡的形象，「顯示A片裡的情色挑逗，與A片說出的種族故事密不可分」[432]。A片情節中的黑人女性角色，通常同時以令人想入非非與倒胃口的方式呈現。黑人女性被視為性致勃勃、具異國風情、不一樣。然而，米勒—楊格指出，這樣的特質威脅到與女性特質、異性戀、種族階層有關的常見主流觀點。米勒—楊格指出，在許多情色影片的情節中，這兩種方向的拉扯十分明顯，黑人女星引發白人男性演員的矛盾情緒，白人男演員在想要、不想要她們的情緒中兩難。常見的故事情節是白人的男性角色，被太主動的黑人女性角色「嚇到」。一九七七年的電影《性愛世界》（*Sex World*）中，女演員黛絲利．韋斯特（Desiree West）

扮演吉兒（Jill）[433]，她是一間治療性問題的性幻想飯店客人，被分配與帶有種族歧視的自大白人男客羅傑（Roger）一組。羅傑先是誤把吉兒當成女傭，接著又抗議自己「沒偏見」，只不過是不喜歡「你們的族人」。吉兒於是讓這個自以為是的白人歧視者搞清楚狀況——方法是性。吉兒用淫聲穢語，一一展示身體部位，以押韻的方式歌頌身體（「我的律動在〔lies〕我大腿〔thighs〕間」[434]，大方展現性魅力；羅傑的表情一路從噁心變成好奇，再來就色心大起。米勒—楊格的分析協助我們了解，羅傑的矛盾心態其實反映出美國文化的態度。此外，米勒—楊格引導我們看見黛絲利「以生動與越界（transgressive）的方式，表演出她的台詞」[435]，注入「說故事的靈魂」（spoken soul）——身處情色產業的黑人女性，以各種辦法忍受與對抗強大的黑人女性樣板角色，這是其中一種。

米勒—楊格特別感興趣的現象，是成人娛樂女演員從事綁縛演出，她們利用種族刻板印象來行銷自己的身體。性教育／作家表演藝術家莫瑞娜・李・威廉斯—哈斯（Mollena Lee Williams-Haas）在表演時，一開始被綁住，接著解開自己，接著又選擇再度被綁住。米勒—楊格觀察到表演者「呈現出奴隸制度的言外之音……歷史的遺跡持續影響著我們的人生，決定了我們在社會上擁有的機會、人們如何對待我們，以及我們如何看待自己……也因此她利用那樣的再現，展示她現在擁有力量，然而她握有的那股力量與那段歷史有關。」[436]米勒—楊格對於情色影片「接受挑戰，顛覆社會規範，但同時也助長與延續社會規範」的現象深感興趣。

從事情色影片產業的黑人女性面對諸多誤解。米勒—楊格解釋，誤解來自兩個方向，「一個是有色人種……〔他們認為〕你出賣自己人——理由是你參與了他們眼中的刻板印象與刻板認識，黑人角色大多帶有異國風情、性欲極強、被當成性變態……你等於接受剝削與種族主義，讓每個人承受更嚴重的種族歧視……許多黑人社群裡的人們認為，你……丟社群的臉……你很羞恥，你……羞辱了社群——非常強大的羞辱」[437]。除了黑人不理解，白人也誤解，「白人大多抱持這樣的看法……把這樣的看法傳下去，認為有色人種性欲極強，還以為黑人天生就是那樣，而不是在演出角色……或是在有劇本的影片中表演……黑人性工作者只不過是呈現出人們的偏見，所有的黑人男性老二都很大……黑人女性比所有人都還要變態，性欲比任何人都強。」

米勒—楊格和情色影片演員一樣，都被指控丟黑人社群的臉，感受到自己的研究工作價值遭受質疑。米勒—楊格曾與性研究者赫伯．山謬斯博士（Herb Samuels）在美國全國公共廣播電台對談[438]，節目主持人法拉．齊德亞（Farai Chideya）明白米勒—楊格碰上的窘境：「我很多親戚要是聽到這段節目，現在大概在罵：『法拉在搞什麼，為什麼要做這個主題？』」公開展現敵意的評論者指出，米勒—楊格的研究使自己與黑人蒙羞；米勒—楊格表示：「還有人說，我給大家看情色影片明星的影像，是在二度剝削她們，然而我對於『妓女』（ho）的文化現象感興趣。」[439]「妓女」這個強大的比喻帶來不安、羞辱、激動、憤怒，米勒—楊格不願意放過研究這個主題的機會。「不論你是性工作者或教授，所有的黑人女性都得努力克服妓女形象的問題。」米勒—楊格和成人娛樂女演員對談，發現妓女形象帶來的嚴重問題是她們的勞動價值被貶低。A片產業利用「妓女」形象，利用不給非裔美國女演員扮演其他角色的方式，創造出隔離的黑人性利基市場[440]，黑人演員酬勞較低，而且被定型，被迫繼續留在剝削她們的市場。

不只是米勒—楊格研究的情色影片女演員會碰到前述的問題，所有黑人女性也一樣。愈來愈多二十七、八歲至三十歲出頭的非裔美國女性告訴我，在未受管制的新興線上約會世界，如果你在App上往右滑，「喜歡」某個白人男性，對方使用手機或筆電時，你同樣會因為黑人女性在白人男性心中存在的刻板妓女形象，碰上被輕視的問題。一名常春藤名校的女研究生搖著頭告訴我：「你不會相信白人男性心中的假設居然那麼離譜，他們會對使用約會App的黑人女性說出不可思議的話。首先，我們需要數據，了解白人男性居然會往右滑、表示自己喜歡黑人女性的機率有多少。以我和朋友的經驗來講，機率不是很高。如果白人男性還真的表示自己感興趣呢？有很高的機率是他還以為對方『很變態』或『擁有特殊性癖好』——白人女性不肯做的事，黑人女性都會願意做。」[441]網路是匿名的，白人男性的膽子就大了起來，不必假裝尊重、不用拿出禮貌、不必遮掩偏見。這位年輕女性表示，她和同儕在線上約會的世界，碰上不少白人男性沒事先詢問，就認定她們喜歡玩BDSM（那位女同學告訴我：「我不認為BDSM

『有道德問題』，我完全沒那麼想！但這麼多白人男性以為黑人女性一定喜歡BDSM，背後的意涵不言而喻。」此外，白人男性還會第一次傳簡訊，就問這位女學生是否喜愛肛交，還經常問：「是真的嗎？你們黑人都喜歡什麼什麼!?」，認定她代表整個「性狂野」的種族。好幾位年輕女黑人告訴我，在線上約會的世界，白人男人對待她們的態度，就好像她們性欲過人、隨時可以上床、沒有感情，基本上和一般正常人類不一樣。這些黑人女性居然和每一個人一樣，想得到性愛、獲得人際連結，這是她們得到的特殊懲罰。

米勒—楊格認為，黑人女性的形象被操控，是黑人成人娛樂女演員一定會碰上的問題，躲不開，但她們學著反過來利用這樣的形象。米勒—楊格認為，我們不該僅僅把性產業中的黑人女性當成受害者。她們是表演者，也是社會行動者（social actor），生活在桎梏之中，對抗著桎梏。她們在貶低她們性價值的文化與利基市場中謀生。雖然聽起來違反直覺，但相較於使用約會App的非裔美國女性，性產業中的黑人女性，有時也具備一定程度的能動性。

米勒—楊格思考探討「妓女」（ho）現象，發表她提出的「妓女理論」（Ho Theory）。米勒—楊格不是唯一關心此議題的人士。社會學家與作家特雷西．麥克米倫．科托姆（Tressie McMillan Cottom）刊登在《紐約時報》上的社論〈我們如何讓黑人女孩太快長大〉（How We Make Black Girls Grown Up Too Fast）引發熱議[442]。麥克米倫．科托姆提到自己十五歲時，某一次在阿姨家和家人共進晚餐時學到一件事。當時全球最著名的拳擊手麥克・泰森（Mike Tyson），被指控在旅館房間強暴十八歲的蒂希兒・華盛頓（Desiree Washington），法庭近日判他有罪。科托姆的表哥替泰森說話：「你們一副她是女人的樣子。不好意思，阿姨，她就是個妓女（ho）。」麥克米倫・科托姆的表哥質疑：「她在那個旅館房間裡幹什麼？」麥克米倫・科托姆回嘴：「就算她脫光光待在房間裡，也不代表她就該被強暴。」然而，男性親戚的言下之意很明顯。麥克米倫・科托姆寫道：「我學到身為一個女人的意思，就是男性可以隨便對你做任何事……我學到像我這樣的黑人女孩，永遠不會是狼爪下真正的受害者。」麥克米倫・科托姆指出，黑人女性性欲極強的刻板印象所帶來的後遺症，包括「如果女性準備好接受男人向她要的東西，那麼女性光是存在，就等於是同意男性對她做的事」。麥克米倫・科托姆指出，在我們的文化，所有的女人與女孩都可能碰上這樣的侵犯與暴力，「然而對黑人女人與女孩來講，那樣的遭遇源自歷史與今日的環境」。[443]事實上，依據莫尼克・W・莫利斯（Monique W. Morris）在《排擠》（*Pushout*）中提到的研究，每一個種族與性別的人，都認為同齡的黑人女孩比白人女孩更像「成人」，也因此黑人女孩所倚賴的大人，包括老師、校長、行政人員等等，未能提供這些女孩需要的關心與保護。「她們得自己在學校裡想辦法求生存，因為她們『長大了』，這些女孩很容易被男人操縱。」[444]

隨著麥克米倫・科托姆揭開我們千瘡百孔的社會制度，顯現女孩暴露在危機之中，我們也反覆讀到女孩孤立無援的故事。只要我們繼續視黑人女孩特別能幹與堅強，把她們當成「大人」，隨之而來的「忽視與受虐循環」，便不太可能消失。麥克米倫·科托姆表示，她看著自己愛的男性、家族中的男性成員、她的表哥表弟，他們在家開派對時，想看歌手勞·凱利（R Kelly）與明顯未成年的女孩做愛的影片。「女孩變成女人，女人變成妓女」，那個畫面在她心中抹滅不去。

幾年前，在「狂克女性主義大集合」（The Crunk Feminist Collection）網站，大家熱烈討論二〇一一年的「多倫多蕩婦遊行」（Toronto SlutWalk）讓公眾留意到「妓女」（the ho）一詞，以及主流意識對這個詞彙加上的種族與性別偏見。多倫多一群以白人女性為主的團體，對一名警察的說法感到憤怒：如果年輕女性不想遭遇不測，就不該穿得像「蕩婦」一樣。大家集合起來，穿著「蕩婦」的衣服上街抗議。全球各地紛紛響應，「奪回當蕩婦的權利」[445]。「狂克女性主義大集合」的共同創始人狂克者（Crunkastic）寫道，她讀到蕩婦遊行的宣言時，心中感到有點矛盾，認為宣言憤慨女性被稱為「蕩婦」的確有理，然而黑人女性也經常在街上和嘻哈音樂中，被叫「賤人」（bitch）與「妓女」（ho），怎麼沒見到有人站出來拿出同理心聲援？蕩婦遊行的「你怎麼敢」宣言，令狂克者認知到白人女孩的特權。白人女孩的基本假設是這個世界會尊重她們、重視她們的價值，但沒有太多人意識到或堅持有色女孩也該獲得相同的待遇，畢竟有色女孩常遭受蕩婦遊行所抗議的騷擾與貶低。如果白人女性能夠意識到蕩婦遊行源於白人女性的經驗，她們是否將更容易與其他納入有色女性的運動結盟，團結一心？狂克者寫道，在那天來臨之前，在人們開始思考在蕩婦遊行中，**什麼樣**的女性特質值得保護之前，她雖然肯定蕩婦遊行抗議行動的價值，但不認為相同的響應會出現在「妓女遊行」（Ho Stroll）。狂克者的文章引發討論，促使各地的女性主義者在推廣運動時，納入更多人的生活經驗，歡迎更多族群。米勒—楊格在《品嘗黑人寶貝》一書中，再度提到這篇文章，探討什麼樣的個人特質與女性特質才會受到保護。米勒—楊格建議：「如果我們女性主義者認真看待黑人性工作者的觀點，以及她們能教我們的性權利，或許我們應該來一場『妓女遊行』。」[446]

不安

伊莎．瑞安是HBO熱門影集《閨蜜向前衝》的創作者、共同編劇與主演，她讓該劇與自己同名的主角伊莎（Issa，瑞安半自傳式的生活冒險）度過一段「妓女階段」（ho phase），「女性外遇」這個主題在劇中帶來豐富的情節線，觀眾欲罷不能。瑞安先前製作過熱門網路劇《笨笨黑女孩的倒楣經歷》（*The Misadventures of Awkward Black Girl*）[447]，也是該劇登上《紐約時報》暢銷排行榜的同名自傳式小說作者。瑞安最初開始說故事，就在戲劇中融入「不敬」（irreverence）的元素。此外，她和菲雅一樣，創意靈感源自早期上黑人教堂的經驗。瑞安在播客節目《空中黑人》（*Black on the Air*）接受賴瑞．威爾莫（Larry Wilmore）訪問[448]，回憶自己生平第一齣劇是為教堂而寫。瑞安的教堂會眾大多是保守人士與年長者，當年那場由她編劇、她母親導演的表演叫〈又老又破〉（The Old and the Rusted），是一齣諷刺劇，取笑教堂政治與保守老人的互動，以及教堂裡的眾生相。觀眾捧腹大笑，看來不在意被取笑。大家的反應激勵了瑞安，她於是走上戲劇這條路，在史丹佛念大學時，製作了偽紀錄片《宿舍日記》（*Dorm Diaries*），認識未來一同演出、一同製作網路節目《笨笨黑女孩的倒楣經歷》的朋友。該劇的旁白J（由瑞安飾演）敘述自己常在同事、朋友、戀愛對象面前發生的糗事。瑞安表示，好萊塢對非裔美國女性的刻板印象，令她感到厭煩，她因此興起製作《笨笨黑女孩的倒楣經歷》的念頭。「我一直很受不了，人們〔假設〕有色人種，尤其是黑人，不會引發共鳴，但我知道大家是一樣的。」[449]第一季節目靠群眾募資平台Kickstarter.com籌措資金，本書寫作的當下觀看次數達兩千多萬次，YouTube訂閱人數近三十五萬，榮獲二〇一二年肖蒂獎（Shorty Award）的最佳網路影集獎。

《閨蜜向前衝》和《笨笨黑女孩的倒楣經歷》很像，劇情圍繞著主角伊莎的感受展開。伊莎在第一季的開頭，有一個長期失業在家的同居男友勞倫斯（Lawrence），她自己則在非營利組織「有我們在」（We God Y'all）工作，服務貧苦無依的孩童，老闆是道貌岸然的白人女性，穿著一身民族風的長袍。伊莎經常掉進饒舌獨白的幻想，藉此告訴觀眾她對同事、男友、人生困境的**真實**感受。伊莎在季初因為Facebook的緣故，和帥哥前男友丹尼爾（Daniel）重新搭上線。丹尼爾是伊莎一直希望能更進一步的那個人，她常想著「要是怎樣」就好了。伊莎很快就開始幻想，如果和丹尼爾上床，不曉得會是什麼感覺。當他們開始傳簡訊後，伊莎就想個不停。正牌男友勞倫斯愈不成材，伊莎就離他愈遠，想念與丹尼爾之間的火辣性愛與刺激感受。

伊莎向單身好友莫莉抱怨：「或許我只是不滿足，或許我只是希望被好好進入，臉朝下，屁股朝上，包住……」

伊莎告訴事業成功的律師莫莉：「勞倫斯很久都沒有好好進來了。」她好奇和同一個男人在一起五年後，要是能和不同的人上床，不曉得是什麼感覺。伊莎想要興奮的感覺、想要有變化、想要新鮮感。她想要丹尼爾，或只要不是勞倫斯就好。「或許我需要跟你一樣，上那些App……我只是想知道外頭有什麼！」瑞安對自己飾演的角色對外頭的男人感到好奇，想跟新的人在一起，沒有歉疚感。這齣劇起初像是在玩老梗：勞倫斯人生不順，沒有鬥志，基本上不是一個好男友。兩人漸行漸遠。然而，接著伊莎和勞倫斯的感情又再度好起來，勞倫斯找到一份臨時的工作，兩個人再度像以前一樣幸福快樂，似乎沒問題了。

然而，伊莎依舊去了丹尼爾的錄音室，和他來了一場火辣有趣的性愛。瑞安上節目接受主持人威爾莫的訪問時，解釋自己為什麼選擇寫下這樣的劇情[450]。某一部分的原因是她認為這樣比較真實：女性並不會突然「掉進」外遇與劈腿的情境，而是和學者沃克研究的對象一樣，通常因為想要，所以主動向外發展。瑞安告訴威爾莫：「她在第一集就已經打開這道門。女人一旦做了決定，例如：『我要開這道門』，她就會走出去。」這樣的決定不是因為對勞倫斯不滿，也不是因為感情淡了。事實上，從深層的角度來看，這件事與勞倫斯完全無關，關鍵在於伊莎想要什麼，伊莎如何處理自己的欲望。問題其實不在於她可有可無的男友，一直沒辦法振作起來。瑞安告訴威爾莫：「這件事與她有關，她想要滿足這個幻想，想跟這個她自己找的人在一起，她主動做出不一樣的決定。」瑞安是在談「能動性」，伊莎還在摸索女性自主，有時會搞砸，但瑞安希望伊莎擁有能動性。伊莎如同二〇〇一年那份超過十萬美國成人的全面性調查中坦承出軌的五成女性[451]。伊莎跨越那條線是因為她想要，因為想到和新對象做愛令她興奮，而後她把興奮想像化為現實。

然而，伊莎和丹尼爾上床後，愧疚感一直揮之不去，後悔起自己的行為，開始躲丹尼爾。伊莎告訴丹尼爾，那只是一夜情而已。伊莎重新認真對待勞倫斯，又重新愛上男友，對出軌自責不已。但對觀眾來講，光有悔意還不夠，反彈聲浪很大。社群媒上體脣槍舌戰，數千則的網友留言中，有的站「勞倫斯隊」（#TeamLawrence），有的站「伊莎隊」（#TeamIssa）。許多人很氣伊莎。

瑞安沒有因此妥協。她觀察到新加入的觀眾是男性，男性氣壞了（也有女性生氣，但人數遠遠不如男性），男性觀眾把自己帶入勞倫斯這個角色，但如同瑞安所言：**這齣劇不是在講他，而是在講她**。瑞安的這句話，令人想起寫下《情欲徒刑》與《第三者的誕生》兩本書的治療師沛瑞爾。[452]沛瑞爾呼籲，我們思考「外遇」這個議題時，應該跳脫「個人背叛」這個典型思維。外遇或許不是在說，被留下的那個人不好，也並非象徵著被「背叛」的他或她失敗了。此外，也不一定是原本的關係有什麼大問題。可能有，也可能沒有。沛瑞爾發現，外遇其實滿常和他、和她，或是和兩人的關係，一點關係也沒有。由於外遇會造成傷心欲絕，伴侶外遇會使我們徹底身心俱疲，我們很難想像，有可能在某種層面上，另一半出軌其實與我們沒關係，但有時真相確實如此。這樣的概念令人心驚，因為這代表配偶或伴侶所做的事，我們幾乎無從掌控。即便我們「很完美」，他們還是可能跨出那條線。人們劈腿或外遇，是因為他們想那麼做，不一定是因為他們不愛我們、不想要我們了，也不一定是因為他們無法對我們做出承諾，或是因為他們害怕自己有多愛我們。不是因為兩人之間的關係有問題。另一半出軌，可能是因為他們受別人吸引，心動後就跑去行動。瑞安表示，伊莎就是這樣的情形。勞倫斯原本不是什麼太優秀的男友，後來是了，但這點不重要。

勞倫斯最終發現伊莎的祕密，她唯一一次的失足——和很多人一樣，手機最先出賣了她——勞倫斯離開伊莎，立刻找到很棒的新女友，接著又換下一個。伊莎則一直陷在痛苦之中：哭泣，上班不專心，差點丟掉工作。她幻想著和勞倫斯復合，碰上一連串糟糕的約會。某次約會時，再度陷入她的押韻幻想：假裝開心、不斷斥責自己、罵自己是說謊的騙子，並建議約會對象「**快逃**」！[453]

劇情演到伊莎終於走出情傷，再次出門找樂子時，推特上的留言很不滿。很多人覺得伊莎偷吃的罪，還沒被懲罰夠，也因此「站在伊莎那一方的人」，變成被攻擊的目標。只要是「伊莎隊」（#TeamIssa）的人都是垃圾；伊莎是有毒的人。還有網友說，任何站「伊莎隊」的人都是妓女。性別大戰愈演愈烈。然而有人開始思考，為什麼會這樣？如同戴蒙·楊（Damon Young）在VerySmartBrothas.com網站寫道：「勞倫斯代表著所有的男性……喜歡看到女性受到某種應有的懲罰。『勞倫斯隊』的作用是羞辱伊莎。」[454]

身為藝術家，瑞安的反應是順水推舟，決定讓主角在分手後的那段期間，進入「妓女時期」（ho phase）。瑞安解釋：「所謂的妓女時期是指……女性走過的人生儀式，但基本上這是探索你擁有的性解放選項……『放手一搏，看看外頭有什麼。』真的只是這樣而已，就像在一天的尾聲來點樂子，就只是樂趣與探索而已。」[455]瑞安翻轉「像個妓女」所承受的汙名，重新定義成女性如果想要的話，有權去探險，就這樣而已。當然，那不代表雙重標準消失了，危險不存在了。網友相當憤怒伊莎背叛的是「黑人好男人」。主持訪談的威爾莫指出：「男人一生都處於妓女時期。」，瑞安認同這個說法：「我覺得對男性來講，沒有時期——他們就是妓女……男性到處玩，就是那樣，人們接受男人那樣。就連語言也一樣，女性就算真的去玩，也得有一個時期……你不能剩下的人生都當妓女。如果是男性這樣……人們卻覺得理所當然……喬治·克隆尼結婚了……沒人罵他人盡可妻！」

刺激大眾思考的開路先鋒

性學家與性教育者弗蘭奇・戴維斯（Frenchie Davis）是人類性學教育碩士候選人，平日專門討論與解析剛才提到的矛盾。我們兩個人先是在電話上聊，後來住華盛頓特區的她造訪紐約時，我們共進午餐。戴維斯告訴我，對黑人女性而言，對「性」這個議題感興趣，還公開以專業方式研究，其實是一件相當冒險的事[456]。戴維斯說從小到大，家人、朋友、宗教信仰都在告訴她，怎樣叫做一位稱職的黑人女性，黑人女性該有什麼樣的行為舉止；但最終她發現，自己不想當那個女人。「我不想當母親，可能也永遠不會成為妻子，我也不想當『好女孩』。」戴維斯大學念哈佛，目前正在威德恩大學（Widener University）念教育碩士。她成立性教育媒體事件公司「性欲談」（Libido Talk），在網路上、研討會、人們家中，與大家對談，甚至到酒吧推廣性自主的理念。戴維斯每個月在華盛頓特區舉辦「小酌畫畫」（Sip.n.Sketch）活動，到場的男性與女性一起喝雞尾酒、聊天、畫裸體素描。戴維斯要參加的男性思考：「為什麼我們有辦法在這種情境下，簡單欣賞模特兒的身體，但女性穿短褲走在街上時，我們卻物化她們？」我們對談時，戴維斯指出：「世界上就是有一些偽善的事」，她因此有動力不斷在自己的社群內談「性」這個主題，尤其是女性情欲。

戴維斯辦過最受歡迎的活動是「性的冷知識之夜」（最常見的戀物癖是什麼？喜歡鞋子和腳！據說哪一位美國總統是同性戀，還和伴侶一起參加活動？布坎南總統〔James

Buchanan」！）我問她都在哪裡辦活動，她笑著回答：「什麼地方我都去，圖書館、咖啡館。」不過，戴維斯特別希望服務黑人社群，也因此經常到黑人集會的地方推廣理念，也就是教堂。戴維斯說：「我試著盡量與教堂合作，讓人們看到，沒錯，你可以把『宗教』與『性』這兩個面向，結合在一起。我心想，『管他的，大家在地下室玩賓果，我們也可以玩性的賓果！』」

戴維斯是美國屈指可數的非裔美國性學專家，喜愛幽默事物。她Instagram帳號上的照片，穿著一件紅T恤，上頭寫著「性宅」（SEX GEEK），轉貼幽默小語：「如果一輩子沒結婚，就不叫婚前性行為！」、「我輕輕把她的內褲撥到一旁……這樣抽屜才塞得下她剩下的襪子。」戴維斯喜歡以似是而非、似非而是的俏皮話，讓人重新思考關於黑人、女性、性的偏見，而這背後藏著嚴肅的深層動機。戴維斯告訴我，她小時候住底特律，曾經在幾週內，接連失去幾位好友，原因是「與性有關的暴力」。有兩位朋友因為感情生變被槍殺，其中一人的男友不希望讓女友上大學。「我對於黑人的愛與缺愛，有很多問題想問。我也疑惑黑人的愛與暴力之間的界限。源頭是什麼？這些事是怎麼一回事？一定有原因，我得問問題找出來。」

戴維斯的追尋方法是書寫愛、性、種族的交會點。二〇〇三年時，她第一次登上大型電視節目，上HBO的《戴夫詩歌賽》（*Def Poetry Jam*）節目，表演口述情色作品[457]。在那之後，戴維斯到海內外五十多間大專學院表演與演講，經常和黑人藝人摩斯・戴夫（Mos Def）、黑人女詩人桑妮雅・桑切斯（Sonia Sanchez）、黑人女歌手吉兒・史考特（Jill Scott）等人同台。

戴維斯是第一位詩集在紐約市性博物館（Museum of Sex）販售的非裔美國人[458]。全國各地的牧師購買她的著作《不從我的雙腿間》（*Not From Between My Thighs*），在教堂藉那本書討論性自主。戴維斯解釋：「我必須縮減鴻溝，方法是把我的行動主義、寫作事業、學院訓練融為一體。」

從許多方面來看，戴維斯所做的努力，其實承接了非裔美國女性性研究者朱恩・多伯絲・巴特絲（June Dobbs Butts）與瓦耶特。瓦耶特是加州第一位領有執照的黑人女性心理學家，在加州大學洛杉磯分校取得博士學位後，一九八八年出版全美第一本非裔美國女性的性研究論文，研究方法是利用她自行研發的四百七十八題〈瓦耶特性史問卷〉（Wyatt Sex History Questionnaire）進行訪談[459]。瓦耶特希望延續著名的一九五三年金賽研究《女性性行為》（*Sexual Behavior in the Human Female*），她留意到金賽的研究詢問女性受訪者有關於「性禁忌」與「欲望」的問題時，訪談人員大多為白人男性，瓦耶特決定自己的研究要由非裔美國女性來擔任訪談人員，「她們是受過臨床訓練的黑人女性。進行訪談前，先與受訪者建立和諧互動，觀察提及會引發情緒的主題時研究對象的反應，據此調整訪談步調。」[460]換句話說，瓦耶特在訪談過程中，以必要的方式，留意到有關於種族、性別、形象控制的現實。瓦耶特及其訪談人員團隊，因此能蒐集到樣本中六十四位非裔美國女性全面的性史，從童年時期開始。瓦耶特的研究指出幾點新發現：自金賽的開創性研究後，「〔黑人〕女性拓展了她們的性生活，納入陰道插入（vaginal intercourse）以外的各種行為（瓦耶特認為該訪談結果是在主要關係〔primary relationship〕的情境下）。」[461]瓦耶特及其研究同仁的結論是：「金賽研究中，僅二六％的女性表示自己有六名以上性伴侶，此次的新研究對象則達六〇％。」[462]此外，瓦耶特發現一項值得留意的黑人女性外遇事實：「曾經有過婚姻關係的女性中，樣本間的婚外性活動差異不大。金賽樣本中，有過婚外情的女性占三一％，我們的樣本為四〇％。」[463]

瓦耶特是牧師的孫女，接受過儀態訓練，曾到歐洲遊歷，家住洛杉磯的新興規畫區雷蒙特公園（Leimert Park），享有中上階級女孩的一切美好生活，感覺是世上最不可能跑到性學領域闖出一片天的人[464]。此外，瓦耶特一旦決定要加入性學研究後（瓦耶特的《被偷的女性》〔*Stolen Women*〕一書無所不包，詳盡分析HIV傳染、性虐待、親密伴侶的性脅迫、美國奴隸制度帶給後世的影響與強暴），碰上以「體面政治」形式出現的大量阻礙。母親某次問她：「我們能不能只告訴別人你是老師就好？」瓦耶特現在是加州大學洛杉磯分校醫學院的精神醫學與生物行為科學教授，不過她幾年前曾告訴記者，她忘不了某次她坐在克里夫蘭（Cleveland）的飯店大廳等先生，兩個人要去參加婚禮。瓦耶特身上穿著有小圓領的祖母綠洋裝，手上還戴著婚戒，但兩名白人男性從飯店酒吧走到她面前，上下打量：「這個少說也要一百美元吧。」瓦耶特沒有因為黑人女性逃脫不了的形象控制，就對自己的研究止步，反而因此發光發熱，開展研究成果豐碩的一生，在對抗世人成見的過程中，帶給大眾無限啟發。不過，我們依舊會忍不住想，要是瓦耶特及其他女性在一生之中，可以不必耗費時間與精神對抗歧視，她們可以多做多少事。

另一位非裔美國性學研究者多伯絲・巴特絲（June Dobbs Butts），則以不同路徑改變我們對於女性與性的看法[465]。多伯絲・巴特絲是亞特蘭大最受尊敬的黑人政治意見領袖的女兒，後來成為亞特蘭大第一位黑人市長的阿姨。她們家和金恩博士（Martin Luther King, Jr.）住同一個街區，多伯絲・巴特絲和金恩博士是朋友，一起上高中和大學。此外，她的六個姊妹全都念斯皮爾曼學院（Spelman College），接著也大多繼續取得高等教育學位，然而父親仍經常遺憾這輩子沒兒子。多伯絲・巴特絲在某次的訪談中提到，她印象很深刻，她的父親聽見自己有孫子後，全家族在父親的要求下，千里迢迢趕去探望，好像要去朝見剛出生的耶穌一樣。然而，如果生下孫女，她父親只會「噢」一聲。關於身為女性的這一課，多伯絲・巴特絲一輩子都忘不了。

多伯絲・巴特絲長大後，受訓成為性治療師與輔導師，最後取得哥倫比亞大學家庭生活教育的教育博士學位，任職於「美國計畫生育聯盟」（Planned Parenthood）董事會，因而結識性學家威廉・麥斯特（William Masters）與維吉尼亞・強生（Virginia Johnson），成為第一位在「麥斯特與強生性學研究機構」（Masters and Johnson Institute）接受訓練的非裔美國人。不過，多伯絲・巴特絲在性學領域提出原創的思考，探討性議題的時候，以一九六〇年代晚期至一九七〇年代早期美國文化發生的轉變為視角——在民權運動中，美國檢視從前的種族歧視，以及國內對於力量與強權的崇拜。多伯絲・巴特絲致力於將重大的研究發現，帶進流行文化之中。尤其長久以來，黑人深陷刻板印象與誤解之中，她希望黑人男性與黑人女性能夠得知事實。多伯絲・巴特絲在一九七七年，寫下《烏木》(*Ebony*)雜誌第一篇談性的專題報導〈誰需要性教育？〉(Sex Education: Who Needs It?)[466]，接著又替《烏木》寫下其他造成轟動的文章，例如〈性與現代黑人伴侶〉(Sex and the Modern Black Couple)[467]。一九八〇至一九八二年間，多伯絲・巴特絲接著又替《黑玉》(*Jet*)與《本質》(*Essence*)兩本雜誌，撰寫最受歡迎的「性教育」(Sexual Health)每月專欄。多伯絲・巴特絲不斷接下充滿爭議的龐大挑戰，對抗在碰上性議題時，今日的社會依舊存在、前文的戴維斯揭穿的偽善態度。如同多伯絲・巴特絲所言：「美國上流社對著性暗示偷笑，卻羞於談自己的性生活，尤其是當他們碰上不美滿、不舒服的性。」[468]她的研究致力於讓黑人的性掙脫形象控制的枷鎖。從許多方面來看，多伯絲・巴特絲和瓦耶特一樣，在說故事與影像製作的領域當先鋒，替今日最重要、最具爭議的非裔美國女性後起之秀，開闢出一片天。

準備好了嗎？

本章提到戴維斯廣受歡迎的工作坊、《笨笨黑女孩的倒楣經歷》與《閨蜜向前衝》這兩齣戲，它們只是幾個簡單的例子，證明許多人已經準備好接受性、雙重標準、感情，以及非裔美國女性掌控自身性欲時所帶來的挑戰、喜悅與驚奇，即便有時結果是女性反過來被自身的情欲所掌控。我們的文化是否也準備好讓女性在書寫、製作與呈現不符合刻板印象的女性人物時，不會綁手綁腳？如同羅姍・蓋伊（Roxane Gay）的短篇小說集《麻煩女人》（*Difficult Women*）中的女性，坦然面對自己出軌、有性欲、複雜難懂，還經常憤怒不被當成一回事[469]；本章提及的瑞安、菲雅、米勒—楊格、戴維斯，她們和美國女性黑人電視製作人珊達・萊梅斯（Shonda Rimes）一樣，充滿勇氣與說故事的天賦，她們端給觀眾的人物與故事情節，我們在數十年前還不敢想像能夠公開呈現。然而在此同時，觀眾對於伊莎這個出軌角色所投射的憤怒，以及今日依舊影響著黑人女性的形象控制，讓我們得知，如果有人站出來呈現未來的性與性別，談論男性、女性以及其他更多事，公開談，還公開書寫、執導與製作故事，說出黑人女性想要什麼、說出真實的情況，這種舉動的風險依舊相當相當高。

Chapter 8

Loving the Woman Who's Untrue

愛著不專一的女性

為了和一位已婚男人見面，我刻意挑了一間不起眼、不會碰到熟人的餐廳。對方事先傳了簡訊叮嚀：「我們去低調一點的地方。」

我沒戴婚戒出門。自從先前參加「各方都同意的非一對一關係」工作坊後，我就沒戴過。我即將去見的黑髮男人是位高富帥，還總是專心聽你講話，聰明、英俊、能讓我笑，有時我會想，如果能和這樣的人交往，或是直接和這位風度翩翩的男人在一起，不曉得是什麼感覺？他來了，我看見他進餐廳，臉上立刻露出微笑，知道幾秒鐘後我們就會相擁。如果以上聽起來像是一則外遇故事的開頭，你被騙了。本章接下來會談的事，比外遇更精彩有趣，我約到有故事要說的男人。

幾年前，我和提姆（Tim）透過共同的朋友認識。提姆雖然沒稱自己為人生教練，他的確是某種人生嚮導，在我人生遭遇困難的時刻，扮演讓我可以放心透露心事的知己。我和先生曾一度聘請他擔任某種「助產士」與「治療師」，當時的情況是孩子已經大了，我決定重啟全職工作，我和先生需要調整彼此的關係，家務也得重新安排，兩個人要找到平衡。我先生已經算很好說話的人，不過過程依舊不容易，因為我不確定自己要什麼，也因為我們夫妻試圖做出的改變，幸運的話只是有點麻煩，不順的時候則烏煙瘴氣。常見的夫妻分工方式雖不完美，但畢竟大家都接受。

患難見真情，我和提姆的友誼也一樣，我感覺和他相處很舒服，幾乎沒認識多久就成為好友。提姆比我長幾歲，以前待過壓力大、步調快的媒體工作，但永遠開朗大方，臨危不亂，隨時可以上電視。我們的交情早已使他對我**知之甚詳**，他清楚我碰到壓力的反應、我的情緒地雷是什麼、我擔心孩子哪些事、我在恐懼些什麼。我們最初合作沒多久，提姆就要搬家。我很緊張，但他保證不必擔心，可以靠電子產品保持聯絡。我們目前不再合作，但我依舊把提姆當成理想的顧問與友人。我如果寫新文章，或是公私生活碰上棘手問題，經常會傳簡訊給提姆，詢問他的意見。提姆通常一小時內就會回我，親自示範如何保持鎮定並展現幽默感，引導我成為更好的人。每次看見提姆那麼從容不迫，我也會跟著鎮定下來。某一次，某位製作人不再邀我上新聞節目，我表達我的不滿。提姆一聽到這件事，立刻建議：「為了你的健康和事業著想，現在快點寫一封客氣的電子郵件給那位製作人，然後放下這件事。天無絕人之路，沒必要堵死自己的路。」提姆永遠務實、樂觀，每當我悶悶不樂，他會說：「你這是作家性格」，接著建議我每當出現負面的情緒，就告訴自己：「好吧，我的腦子**又來了**。」提姆只要來紐約，我一定會和他見面，他大約每隔幾個月來一趟。

提姆永遠大方豪爽，神態自若，我好奇他是如何辦到的——感覺他永遠不會動怒，情緒穩定，幸福快樂。我開始追問他的工作、生活、童年，他有空時做些什麼，還問起他的婚姻、他已經成年的孩子。提姆彬彬有禮，他會回答我的問題，但也表明他的專長是輔導他人，不喜歡被追問個人隱私。他不只一次笑著表示：「人永遠不會讓你無聊。」提姆相當清楚自己願意與不願意分享的事，我尊重他的意願。

然而，我們這次見面時，提姆想讓我多了解他一點[470]。我們面對面坐著，背景是其他客人觥籌交錯的聲音，他細問了一些我在寫書的事，幾個月前我大略跟他提過。這次提姆又多追問了一點我最近的研究，接著凝視著我，靠了過來，小聲說：「有一件事你大概會感興趣，我太太有兩個丈夫。」

提姆快三十歲時，在職場上認識未來的妻子莉莉（Lily）。兩個人都是新聞人，努力適應每天趕著出刊、一分一秒都不能錯失的忙亂步調，他們必須在幾分鐘內，就弄清重大事件的來龍去脈、編輯、提出觀點，還承受著必須搶先同業第一個報導的壓力。我問兩人是如何開始交往，提姆回憶當年的情景：「莉莉很厲害，不管一則新聞有多混亂，她總是知道什麼東西該放在頭條，自信果斷，非常獨立，我覺得那點非常性感。我一定得認識這個女生。我猶豫了好幾週，最後終於鼓起勇氣約她出去。」

提姆說自己和莉莉「一拍即合」。兩個人約過一次會後，又再約了一次，一次又一次，很快就開始認真交往，不過兩人說好先不要讓公司知道，因為不曉得同事和主管會有什麼反應。提姆笑著回憶：「接著我們到我住的地方，瞬間扒光彼此的衣服。」兩個人感情合拍，性事也合拍。提姆告訴我，自己以前沒遇過像莉莉這樣的女性，有話直說，不過也公私分明，碰上事情會直接挑明，解決後就繼續往前走。莉莉不勢利眼，只是很實際，還溫暖善良。她為自己、為她與提姆的生活努力，拚勁十足。不管是工作，或是規畫兩人的相處時間，莉莉對所有的事都同樣一絲不苟。此外，莉莉的生活充滿樂趣，喜歡跳舞、做菜、和朋友相處，通常還是呼朋引伴開派對的那個人，但碰上壓力時也同樣鎮定、理性。提姆瘋狂愛上她。交往一年半後，兩人宣布訂婚，提姆的主管說：「你們兩個人一看就知道彼此相愛，佳偶天成」，其實每個人早就猜到他們的事，只是在等他們什麼時候才要告訴大家。

即將舉行婚禮的幾週前，莉莉告訴提姆，不論他有什麼夢想，他都該去追尋，自由自在做希望做的事：「莉莉當時告訴我，後來也永遠那樣講：『你和我結婚的話，不論你有什麼夢，你都可以去追。不論你的夢想是騎單車橫越美國，也或者你需要和別人在一起，只要不危及我們的婚姻，你的心思不會不放在家庭上，那就沒關係。』不管是酗酒、吸毒，或是所有其他人跑去做、最終毀掉夫妻關係的事都一樣，我想莉莉是在告訴我：『我希望我們擁有自由，但不包括毀掉兩人婚姻的自由。』」

莉莉開啟那場對話後，莉莉給提姆的，提姆也給她。提姆從來沒想過要限制莉莉些什麼。提姆知道，兩人之間將是平等的婚姻。如同提姆的解釋：「我們尊重雙方各自想要的東西，彼此相愛，不會想做傷害對方的事。莉莉永遠極度獨立，我深受那點吸引。」兩個人決定公證結婚，事先和法官說好，結婚誓詞拿掉標準版本的「不再和其他人發生感情」那句話。

提姆解釋，他和莉莉的協議很明確，基本原則是以兩人關係為第一優先。提姆表示：「如果她要求我不再見某個人，我會立刻結束那段關係。」不過，莉莉不曾提出這樣的要求，提姆也不曾這樣要求莉莉。兩人的方法行得通——他或她只問自己想知道的，至於兩人不希望見到對方或他人做的事，雙方都不會越界。婚後幾年，孩子出生，兩人決定由莉莉待在家一陣子帶孩子。提姆形容在這段期間，「莉莉喜歡當媽媽，但她極度想念有事業、有同事的時候。」莉莉最終意志消沉，罹患憂鬱症，於是夫妻倆做了順理成章的決定：莉莉熱愛工作，提姆希望多陪陪孩子，於是改由提姆在家帶孩子。

如同兩人的開放式婚姻，即便當年家庭主夫沒有今日那麼常見，聽見的人難免會揚起眉毛，提姆與莉莉的事業與家庭生活安排很適合他們。我問提姆碰過什麼狀況，他們如何面對外界的批評。提姆解釋：「我不曾真的在乎別人怎麼想我們夫婦，不管他們贊同，或是對我們的選擇感到失望都一樣，也因此我們最後有一群相互了解、彼此支持的朋友。」提姆聳肩，「不懂或看不慣的人，自然會和我們保持距離」。

孩子開始上學沒多久，提姆注意到妻子變了。莉莉愈來愈疏遠，心不在焉。提姆感到兩人間的對話減少。莉莉下班後，在家仍然繼續加班，哄孩子睡覺後，就一個人倒在床上睡著。到了最後，就連莉莉的女性友人都開始關切，叫提姆要注意。朋友說，她們是真心關心他與莉莉的婚姻，莉莉最近瘋狂愛上外面的一個男人，她們感到不妥。其中一人頻頻催促：「你得告訴她，不能再這樣下去！你得把她趕出家門！」

另一名女性朋友也告訴提姆，一切都是提姆的錯，「你給了莉莉太多自由」。提姆告訴我：「她們講的話令我目瞪口呆，就好像莉莉是我的財產，我得好好控制她，好像莉莉是我的馬一樣！」

莉莉顯然愛上別人，提姆雖然無意「管好她」，但他知道得和太太談一談。某天晚上，孩子睡著後，提姆問莉莉發生了什麼事。莉莉坦承自己和別人在一起，她對那段婚外情開始認真，那個男人令她前所未有地快樂。這是否代表她有問題，兩人的婚姻有問題？然而，莉莉不覺得他們的婚姻有什麼地方不好。她哭了起來，向提姆道歉，說自己愛外面的那個男人，也愛提姆，她以不同方式愛他們兩個人，不曉得該怎麼辦。莉莉哭個不停，一遍又一遍問提姆：

「我現在該怎麼做？」

提姆回憶：「當時莉莉很痛苦，把一切都說了出來，問我該怎麼辦？」提姆也不確定該怎麼做。他努力壓下嫉妒，感到一絲恐慌。他試著大氣、體貼，站在莉莉的立場著想，因為他們夫妻承諾過彼此，永遠會努力這麼做。「我心想，身為你的丈夫，我的義務是要有同理心，要說：『你現在很痛苦，我們兩個都很痛苦。接下來該怎麼做？』接著我明白：**這大概會是我這一生最重大的抉擇。我心想，我信任莉莉，我真的信任她。我如果試著切斷他們的關係，莉莉大概只會更想和那個人在一起**。我知道要是我告訴莉莉，她得斬斷這段情，一切就完了，她只會比從前更愛他。如果我禁止莉莉去見對方，莉莉會更思念他，更想和他在一起。更何況，我們都不是會講那種話的人。」

莉莉嚇了一大跳，因為丈夫告訴她，她應該繼續和外面的人在一起。提姆建議妻子：「你應該釐清頭緒，想一想這對你我來說代表著什麼。」提姆表示，他向莉莉保證：「我會保持冷靜，一切都會沒事。我不會告訴你：『真的嗎，莉莉？你等著瞧吧，**我會讓你得到報應！**』我疼惜你，疼惜自己，疼惜我們的婚姻。」莉莉聽到後，大大鬆了一口氣。

當時提姆和莉莉已經在一起十年。提姆回想：「由於孩子的緣故，我們不再那麼常上床。還有就是我能跟她講的話題，大多是孩子的事，因為主要都是我在顧。我們是老夫老妻，變得一成不變。此外，莉莉的爸爸先前拖了好久才去世，對她、對我們的家庭來講，氣氛很不好，莉莉傷心難過。」

兩人決定面對開放式婚姻的挑戰，莉莉每週可以和男友過夜一、兩個晚上。莉莉也的確最多待在外面一、兩天。外面那個男人的事，莉莉沒有和提姆提太多，提姆也沒問。不過，提姆逐漸得知，莉莉的男友和自己完全是兩種人——那個人身材魁梧，是體力勞動者，也喜歡做菜。幾個月後，兩個男人終於見面，提姆鬆了一口氣，發現自己不討厭莉莉的新男友。提姆向我形容對方：「他不是我會找的那種人，但人還不錯，基本上是非常中規中矩的人。」這裡就叫莉莉的男友瑞克（Rick）好了，瑞克離婚後，開始在提姆與莉莉的房子露面。幾年後，提姆重返職場，事業風生水起，終日忙碌，瑞克搬進莉莉和提姆的第二棟房子，幫忙照顧孩子、煮飯，變成雙胞胎孩子的某種「叔叔」。

提姆這邊，也一直在外頭有女友。提姆表示，自己的婚姻能夠走下去，原因是他感到和莉莉是盟友。兩人的婚姻路變得崎嶇後，第一次敞開一切來談的時候，最重要的是「不假裝，不閃躲，我不會用大男人主義來壓人，這種做法沒用」。提姆告訴我，兩人的開放式婚姻有一段學習曲線：「在早期那些年，我開始實驗。和別人來往，只是一些露水姻緣，莉莉多多少少都曉得。她有時贊同，有時不贊同。莉莉是我的朋友，她保護我，保護我們的婚姻，有時她會明講：『那會出問題，不要那麼做！』」

我不敢相信自己聽到的話，問提姆是否和莉莉定出基本原則。他大笑回答：「這些年來，我們的規則一直在變。隨著年紀增長，你和別人一起變老，你會變成很不一樣的人。關於什麼事可以接受、什麼不可以，那會隨時間變化。我們講好彼此沒有祕密，不把花在彼此與孩子身上的時間、精力、金錢，用在別人身上。那是我們一直遵守的基本原則。我們目前的規定，包括不和孩子還不到某個年齡的人在一起，以及不和沒孩子的人在一起，除非對方已經無法生育。有孩子的話，事情會變得太複雜。」莉莉搬進來同居的男友沒孩子，也不想生孩子，也因此相關規則大多是為了提姆而定。

莉莉偶爾會和其他男人「調一下情」。按照提姆的說法，莉莉特別喜歡被年輕男人追求。她已經努力維繫婚姻二十五年以上，和男友瑞克也在一起近十五年了。提姆解釋：「莉莉不會每天晚上都不在，她會回家。」此外，雖然提姆也有過多段婚外情，他從不希望任何一位女友搬進家中同居。我問他，隨著時間過去，他的婚外情產生什麼樣的變化。提姆想了想。「現在回想起來，那個時候實在是不太好，因為那就像是：**噢，太美好了**。你踏進某種新世界，幾乎是愛怎麼玩，就怎麼玩，只要不超過講好的界限就可以。一開始你會有那種感覺，但其實不是真的愛怎麼玩，就能怎麼玩，因為你得尊重所有會被你影響到的人，包括你的太太和孩子，即便當初一切都是因你太太而起也一樣。此外，你也不能不顧你的外遇對象的感受，人活著有很多道義責任。」

我和提姆對話時，提姆經常提到「尊重」二字。某次我們見面時，提姆提到他甚至沒看過莉莉與瑞克牽手。事實上，莉莉和瑞克每年會一起度兩次假，也一起去演唱會，但提姆不曾見過他們兩人有任何肢體上的接觸。提姆解釋：「莉莉不是那種會秀恩愛的人，所以我沒見過，但也是因為她刻意尊重我，還有更重要的是尊重我們的孩子。沒必要讓孩子感覺像是住在公社裡，永遠不要給他們那種感覺，即便從某些角度來看，的確是那樣沒錯！但我們家沒有公社氣氛，我們每一個人都不那樣覺得。瑞克是廚師，他負責煮飯、照顧我們的房子、當孩子的司機，載他們到每個地方，也因此對孩子來講，比較像是『瑞克是我們家的朋友』。瑞克與莉莉之間發生的事，兩個人全都留到私底下再做。」

我問提姆，和別人「共享」老婆是什麼感覺。他想了一下表示：「我猜這對瑞克來講比較是問題。瑞克自己住一間臥室，莉莉和我睡——我們都是這樣安排。有一個階層，我和莉莉的婚姻在最上面，瑞克似乎可以接受這樣的安排。」這麼多年來，他們家裡的安排似乎適合每一位當事人，提姆說那樣「對大家都好」。

提姆充分意識到，不是人人都能接受他們的生活方式。愛嚼舌根的鄰居有很多意見要發表、很多問題想探聽。「他們會跑來告訴我：『這不關我的事，但你怎麼能容忍別的男人住在你家？我是說，你是一個好人，你怎麼能忍受這種事？』」不過，提姆不去聽這些話，告訴鄰居瑞克也是好人，讓旁人自己下定論。提姆某次聽到別人說，他們家是「那棟詭異的雜交屋」。提姆大笑：「我們家的生活其實很無聊！我們坐在陽台上，邀請朋友過來，有時玩桌遊！我們煮大餐，好吧，其實是瑞克煮的。我們享受的墮落樂趣，就只有這樣而已。」

對提姆與莉莉來講，真正重要的是和孩子對話。孩子已經是小大人。瑞克從最早感覺到孩子聽見別人在講爸媽的閒話，就告訴孩子，關於爸媽之間的關係與居住上的安排，他們想問什麼都可以。孩子說，他們覺得一切都還好，他們了解，不需要知道更多。提姆表示：「你的孩子難道想知道你在臥室裡（和另一半）發生什麼事嗎？完全不想。所以為什麼你會認為，你的孩子想知道你和婚外情對象的事？」提姆告訴我，他相信自己的孩子覺得「不論你們在這裡做什麼，不要讓我們來承擔後果，我們就能接受」。

我感受到提姆還是很愛莉莉，或許原因是莉莉不只給他自由，還一直帶給他挑戰，兩個人因此持續連結在一起，但各有各的生活。提姆同意我的說法，補充說明：「莉莉是這世上最獨一無二的人，她教會我婚姻不是變成彼此的財產，從任何角度來說都不是。我們結婚時，她就已經讓那點成為我們共度未來的基本原則。」

提姆深信開放式的關係對他、對莉莉來講都是正確道路。提姆沒有什麼要建議別人的事，他不同於我聊過的許多處於開放式婚姻的人，從來不說一夫一妻制「不可能行得通」、「偽善」，或甚至是「很難做到」。提姆已經進入另一種境界，關於他的婚姻，他似乎沒有什麼要證明的事。提姆喜歡讓私人生活盡量保持低調，不過他完全不感到尷尬，似乎也喜歡思考他的家庭生活代表的意義，為什麼在他們家行得通。

某次訪談時，提姆告訴我，他最近以很難堪的方式，斷了和一位人妻的長期婚外情。我嚇了一跳，因為提姆不曾提起過對方。提姆解釋，他和對方在一起的時候，還以為對方的先生知情，結果沒這回事。先生發現後，要太太立刻寄簡訊結束兩人的關係，太太照做了。提姆搖頭：「我和她天天聊心事近三年了。」他感到自己罪孽深重，「不曉得她那邊怎麼樣了，她先生大概鬧得很兇，暴跳如雷。」提姆說，這次的分手徹底改變他，他再也不會和不確定對方丈夫是否知情的女性來往，但我有點懷疑這種事到底要如何確定，發許可證嗎？來一場男人與男人間的對談？提姆也沒有頭緒，他剛分手，只知道自己最沮喪的地方是造成他人的痛苦，前女友的先生這下子將一輩子抓住這件事當把柄，當作對妻子的懲罰。提姆解釋：「他就是這樣掌控那段關係。」提姆再次搖頭，「而我得負部分責任，我感到很內疚」。提姆說他寧願攤開來講。「有時我會掙扎，但因為欺騙而害一個家庭破碎，或是因為有人不誠實，讓一段有孩子的婚姻陷入恐怖僵局，這種事不會再發生了。」

或許自稱身處「多重關係社群」的人士，他們想避免的就是像提姆這種情形。或許多重關係人士選擇的相處方式對孩子來講有好處，有時對他們本身也有好處，每個人都不會有不實的一夫一妻期待，脆弱的幻象破滅時就不會那麼痛苦。我告訴提姆多重關係的事，那是美國文化的新興做法，採取那種做法的人士會參加支援團體，例如：「開放愛」（Open Love）、「多元愛社團」（Polyamory Society）、「多愛一點」（Loving More）等等。我想說不定提姆會在那裡找到志同道合的人，但他覺得我的建議莫名其妙，以客氣的口吻強調：「我不認為我的婚姻是**多重關係**。」提姆顯然希望我能明白他的狀況。

「對我來講，我和莉莉決定採取開放式婚姻，不代表我就是某種人。為什麼我會和一群人有共通點，只因為他們剛好都和配偶沒遵守一夫一妻？」

莉莉不願意和我對談。提姆解釋，莉莉相當低調，不過她同意提姆可以向我提到她，她相信提姆說的話她都會同意，沒必要親自補充。我感到提姆和莉莉彼此之間的互信程度真的很高。如果在我開始寫這本書之前，就有人向我提到他們的狀況：「他們是開放式關係，是女方的主意，男的自己也有外遇。」我可能會認為他們夫妻各自有什麼問題，例如害怕親密關係、有依附問題等等，或是他們怎麼會道德觀這麼薄弱。簡而言之，我會以為莉莉和提姆有需要處理的議題，或是過去有過情感創傷，但現在我知道，他們是在努力想辦法變通，盡力維持關係。我認為莉莉非常真誠，非常忠實。

處於多元關係的女哲學家

莉莉大概稱得上打破傳統，不過世上絕不是只有她一個人那樣做。哲學家嘉莉・詹金斯（Carrie Jenkins）用過人的聰明才智，分析像莉莉這樣的安排[471]。詹金斯是加拿大溫哥華卑詩大學（University of British Columbia）的終身職教授，還擔任人人稱羨的加拿大首席研究教授（Cnada Research Chair）。在學院的世界，如果用房地產來比喻，那個頭銜就像在加州馬里布（Malibu）擁有海濱別墅，或住在美國任何都市的精華地段。詹金斯專精的都是相當高深的學問，包括認識論（epistemology）、形上學、語言哲學、數學、愛情。她大學和研究所念三一學院（Trinity College）與劍橋，讀的都是奧地利哲學家維根斯坦（Ludwig Wittgenstein）、英國學家摩爾（G. E. Moore）、英國數學家兼哲學家羅素（Bertrand Russell）的東西。詹金斯平日除了教學與研究的義務，還擔任著名學術哲學期刊《思想》（*Thought*）的編輯。她二〇〇八年的著作《基礎概念：算術知識的實證基礎》（*Grounding Concepts: An Empirical Basis for Arithmetical Knowledge*）在學術圈廣獲好評[472]，但她種種優秀的學術成就，先前並未因此引發震撼，既未吸引大批追隨者，也沒招來罵名。

然而最近，多到數也數不清的人，並未尊稱詹金斯一聲「教授」，改罵她妓女、賤人、「行走的性病」、「女人最大的敗類」、「自私的賤貨」、「公車婊」。種種稱號開始加在這個外表中規中矩、留著中等長度黑色鮑伯頭、戴著書呆子圓框眼鏡、報導照片上通常穿著保守外套的她身上。

人們透過各種管道不停謾罵詹金斯，包括網路論壇、電子郵件、寄到她大學系上的匿名信，以及在發散尿臭味的男廁牆壁上，噴上下流塗鴉。一切的一切，始於詹金斯替《石板》寫了一篇部落格文章。接著她在二〇一七年出版《愛是什麼：以及愛可以是什麼》（*What Love Is:*

And What It Could Be）一書，罵她的人更是多[473]。詹金斯的非小說跨界作品是談「愛」的哲學論文，雅俗共賞，探索愛通常既不排他，也不獨占。詹金斯寫下《愛是什麼》的動機是希望哲學也能進入日常生活，服務真正的一般大眾，應用在大眾關切的主題：誰不會對「愛」感興趣？我和詹金斯對談時[474]，她指出自己受參與政治的優秀哲學家啟發，包括蘇格拉底（詹金斯津津樂道：「蘇格拉底四處走來走去，只要有人願意聽他說話，他就會和那個人談哲學概念！」）、西蒙・波娃（Simone de Beauvoir，「西蒙・波娃替每一位女性寫下《第二性》〔*The Second Sex*〕這本書，她**知道**這很重要。」），以及她喜愛的羅素（「羅素不僅敢寫分析哲學，還勇於探索性與愛，並因此付出代價，相當高昂的代價。」）。詹金斯寫下《愛是什麼》這本書，也是為了相當私人的理由：她本人與兩個男人處於多重關係，一位是她先生，在本書寫作的當下，她們已經在一起「大約九年」；另一位是二〇一二年認識的男友。詹金斯希望將這段三人關係化為理論，在親身實踐中找出隱藏的意涵，針對一夫一妻制，探索與評論我們的文化通常不會明言但力量強大的深層看法。

詹金斯在《愛是什麼》的簡介中，摘要說明為什麼提筆寫作：「如果過去五十年的流行文化可以作為證明，那麼涉及愛情本質的問題十分重要。」這裡指的流行文化包括性醜聞（從美國總統柯林頓〔Clinton〕到法國總統密特朗〔Mitterrand〕）、流行歌詞（「我想知道愛是什麼」〔I Wanna Know What Love Is〕、「那個叫愛的東西是什麼」〔What Is This Thing Called

Love?」），以及《出軌》（*Affairs*）等節目。詹金斯也提到自己的生活：

> 每次早上我從男友公寓走出來，回到我與丈夫的家，有時我會想著我的實際經驗與愛情概念不一樣的地方，以及在我住的地方、在這個年代（二〇一六年的加拿大溫哥華），人們心中的愛情通常具備的面貌。思考過程中，有時我會回想平日碰上的尷尬對話。人們會隨口問我：「你們兩個怎麼會認識？」這個問題在無意間迫使我做出選擇，看是要說謊，還是要回答我知道會說出「太多資訊」的答案。如果我誠實以告：「他是我男友。」那麼同時認識我和我先生的人，不免感到尷尬——那種尷尬來自突然發現有事情值得尷尬、不正常、不舒服。也或者我可以說謊：「噢，他以前在我樓上辦公室工作。」這種回答讓大家都輕鬆。[475]

詹金斯告訴我，她每週一天待在男友雷（Ray）那邊，剩下六天和先生強納森（Jonathan）在一起[476]。三個人擅長共用Google行事曆。詹金斯告訴我，多重關係要成功的話，一定要妥善規畫。她和先生從結婚的開頭，就決定採取非一對一關係，只不過詹金斯凡事要求精確，她最初不確定是否該稱之為「多重關係」（polyamory）。詹金斯後來又愛上男友，也因此真的成了「多重關係」：poly是「多」的意思，amore 是「愛」的意思，愛著不只一個人。詹金斯希望投身真實世界的哲學，再加上她本人處於非一對一關係，其實已經考慮一段時間，希望能以哲學的方式寫下自己的個人生活。不過她認為最好還是先取得終身教職再說，萬一招來負評，衝擊比較不會那麼大。

詹金斯不像是那種會被千夫所指的人。她形容自己是「認可成癮者」與「哈利波特裡永遠不會惹麻煩的好學生妙麗」[477]。「我是世上最不適合叛逆的人，我永遠只想每一科都拿A。」詹金斯一直要到出現謾罵聲，才知道自己在與世界為敵。我問起她的書是何時出版，她開了個玩笑，回答是二〇一七年初，「正好趕上情人節」。人們並未因為情人節而傾訴愛意，反而開始以各種方式汙辱詹金斯，幾乎是書一出版，批評與威脅就排山倒海而來。

詹金斯只不過是公開了自己平日的生活，就威脅到世界的秩序——女人必須遵守一夫一妻制，男人或許也要。詹金斯收到的暴力威脅內容，大多是警告要是她不懂得自我檢點，就會有人讓她懂得如何檢點自己。憤憤不平的陌生人認為，自己有權力給詹金斯一點教訓，感到神聖的事物被破壞、被褻瀆，一定要導回正軌。有人罵她：「死賤貨，祝你得皰疹死掉。你會下十八層地獄，比伊斯蘭教的女人還慘。」[478]這種話顯示出在罵詹金斯的人們心中，她「不受教」、「不聽話」的行為，不只冒犯了她的丈夫與整個文明，還冒犯了罵她的人。

某個夏日午後，我和詹金斯用FaceTime聯絡，看得出她是個鎮定、四平八穩、心胸開闊的人，因為先是我九歲的兒子和朋友打打鬧鬧衝過來，我得瞬間關上筆電換房間，接著她的陽台上出現震耳欲聾的「嗶嗶」倒車聲（在我這個敏感的紐約人耳裡，那像是指甲刮黑板的聲音），但詹金斯好像什麼事都沒發生一樣。她這個人讓你覺得，不管她聽到什麼，不管講得多急多快，她都有辦法用冷靜沉穩的智慧抽絲剝繭，弄懂你在說什麼，還真誠感興趣，榮登你最喜愛的大學教授。《愛是什麼》出版後，詹金斯面對像在演狗血劇的公開威脅與辱罵時，就是用那樣的鎮定態度對待。她指出：「人們心中女性天生該一夫一妻的概念，讓女性的『外遇』變成特別『嚴重』的事。那就是為什麼『賤貨』、『婊子』這種話，當然都只用來罵女人這個性別。」詹金斯引用羅素的話：「真正的原因是女性在歷史上，被視為用來生孩子的男性財產。」

我指出，但這個財產有自我意志。

「沒錯！」詹金斯同意，開始進入主題。就是因為這個財產有意志，「你得掌控它，要是**失去**掌控，要是**無法**掌控，那就會威脅到你這個人，還會威脅到社會。它可能會摧毀世界」。我想起普利茅斯與麻薩諸塞灣殖民地的殖民地，想起犁的觀念一直延續到今日，想起犁是如何深深挖進女性的人生經歷，帶來既深且廣的影響。人們罵詹金斯是「行走的性病」，是在說她這種越線的女人不但被污染了，還會污染別人，她的下賤本質會傳染，就像痲瘋病人一樣。這種痲瘋病人想把你一起拖下水，害你也被傳染——這句罵人的話同時表達出憤怒與焦慮，卻也幻想著有辦法好好制住你，把你關在你該在的地方。

我問詹金斯，多重關係與像她那樣獨立自主的女性所承受的汙名，是否正在減少。詹金斯立刻肯定地回答：「沒有。」的確，現在有一些節目探討多重關係。此外，人們還經常在Google上搜尋與「各方都同意的非一對一關係」相關的詞彙，相關的現象或許顯示出開始有人願意接受這個概念，然而詹金斯不認為民眾真的變開放了。詹金斯特別在意的是，很多批評她的人公然表達出種族歧視，以各種方式嘲弄她居然是和兩個亞裔男人在一起。詹金斯表示：「也許電視影集如今上演多重關係，也出現相關的文化對話，但很多人無法接受多重關係，更別提示是一女加兩個非白人男人。」詹金斯告訴我，人們嘲笑她「喜歡亞洲佬」、「亞洲人的婊子」、「被兩根日本老二插的破麻」。詹金斯演講的時候，把這些字放大，投影在大螢幕上，強調出這些罵人的話的共通點。詹金斯引用她個人十分景仰的貝爾．胡克斯（bell hooks，譯註：美國女權主義者，筆名喜歡使用小寫）：「反多重關係、仇女、種族歧視的評論與觀念，彼此深深連結，也與其他文化偏見連結。」

相較於前述詹金斯碰上的種種遭遇，其他對於她寫的東西、她相信的事、她的生活方式的任意曲解，幾乎令人感到有點好笑，或至少惡意沒那麼深，但其實同樣大有問題。《紐約》（*New York*）雜誌旗下的網站「流行」（The Cut），刊出介紹詹金斯與她的作品的文章，詳細報導她的先生與男友[479]。文章標題是〈或許一夫一妻不是愛的唯一方式〉（Maybe Monogamy Isn't the Only Way to Love），旁邊放著一張三人行的圖庫照片——一個男人挽著一個女人，同時又偷偷牽著另一個女人的手。不需要擁有文化研究的博士學位，也能讀出那張圖的意涵：「我們的刊物就連在介紹有多重關係的女性時，也要重申擁有多名性伴侶基本上是**男性的**特權。」

以上的強制性手段，包括悄悄以男性為中心的圖庫照片、明白表達種族歧視的綽號、公開的威脅等等，全都有效。許多女性告訴我，在網路上的仇女酸民到處亂竄的期間，她們盡量避免在推特放上「#女性主義」等主題標籤——基本上乾脆不放。《神力女超人》（*Wonder Woman*）與《關鍵少數》（*Hidden Figures*）等電影推出前，電影公司對於替女性觀眾製作以女性為主角的電影，興趣缺缺，更不要說出資拍攝以黑人女性為主角的電影。二〇一四年時，漫威（Marvel）執行長寫給索尼（Sony）高層的郵件被駭，上頭說投資女性觀眾將是錯誤，再次證實好萊塢的確比較喜歡以青少年與男性為主角[480]。希拉蕊被反對她的聲浪擊倒，選民相信一定要「打倒（Trump，譯註：川普的姓氏與「打倒」同義）那個賤人，那個邪惡的希拉蕊」（Trump that Bitch, crooked Hillary），要不然整個世界就完蛋了，而白人女性的確加入了討伐的陣營。黑人女演員萊絲莉·瓊斯（Leslie Jones）演出女版的《魔鬼剋星》電影時，指出女性有權搶走「抓鬼」這個先前只保留給男性的虛構工作，被網友以種族歧視與仇女的字眼大酸特酸[481]，後來雖然順利回到原本的喜劇事業，受邀擔任奧運轉播員，但瓊斯的確因為受到網路謾罵的影響，短暫停用過推特一段時間。

詹金斯有能力解構攻擊她與其他人的憤怒言語，她明白她們遭受攻擊的原因是踏出女性理論上該待的狹隘範圍，例如拒絕性專一、點出男性的壓迫，或是跑去選總統。然而，文字的確能傷人，每次看到每次痛。我問詹金斯她的書引發爭議後，她還好嗎？她說整體而言，「在某些日子裡，我高度樂觀。在某些日子裡，我極度陰鬱悲觀。」[482]詹金斯提到，在近日的美國總統大選中，不只是川普的支持者，甚至就連部分的桑德斯支持者，也爆發不知從何而來的仇女氣氛：「指出女性是人，不是財產，帶來非常深的威脅感，即便是相信平等理念的人，也受到威脅。」

詹金斯表示：「我能夠代表不怪的多重關係人士，是因為我看起來很無趣。我威脅到人們心中的淫蕩刻板印象，是因為我是哲學作家，還有學院帶來頭銜與聲望，而且你看看我在照片上的衣服！有夠老土！」她停頓一下，繼續總結：「一切的一切加在一起，讓我既是威脅，又不能隨便無視於我的存在。然而，現況根深蒂固，很多東西都建構在那樣的假設上，那是地基。」詹金斯在最樂觀的時候，認為人們對她的生活型態、對她的書、對不後悔採取非一夫一妻制的女性、對認為自己有權性自決與性自主的大量女性，那些負面反應是一種「迴光返照」。詹金斯判斷：「或許這股反彈這麼激烈、這麼強大，其實只是我們必須對抗的最後一擊。這其實顯示了偏見即將死去，那是巨龍最後的掙扎。」

詹金斯近日以深層的哲學方式，思考了很多有關於善良（kindness）的事，有關於善良與殘忍的對立。詹金斯表示，當一個多重關係人士，其實是在非常努力讓別人做可能會傷害到你的事：他們可能和別人交往。另一方面，如果你採取開放式的關係，你得以非常細膩的心思對待配偶或長期伴侶，或如果你是「三人行」中的一分子，你得以公平的方式處理每一個人的需求。不論你們是哪種形式的多重關係，你們需要以相當耗費心力的方式，努力對彼此善良。詹金斯沉思：「你可以學習溝通，你可以學習認識自己與他人，你可以學著有同理心，但善良無法學。」詹金斯表示，從許多方面來看，當一個多重關係人士與書寫多重關係，都是一種學習的經驗。「你得學著寬恕，人與人之間要寬恕，對這個世界要寬恕。我想我開始明白，社會改變與社會正義不只與大型政治有關，也與我們如何回應、我們如何監視（police）彼此有關。」

在我們如何監視彼此這方面，像詹金斯這樣的女性，她們決定一夫一妻制不適合自己，某些人選擇公開這樣的決定，某些則決定不揭露自己採取非一對一關係（這麼做可能使自己的家庭生活極度不快樂，還可能碰上另一半要求離婚、像詹金斯一樣，被完全不認識的憤怒陌生人騷擾，或是遭受肢體暴力、強暴、甚至被殺）。非一夫一妻制的女性除了會碰上各式威脅與障礙，她們也反映出社會對於不忠女性的鄙視，進一步加深那樣的鄙視，接著再度受到傷害。許多女性生活在有性欲會被羞辱的「蕩婦羞辱」（slut-shaming）文化之中，就連她們本人也責備自己犯賤。我訪問的女性除了安妮卡之外，許多人和三十三歲的瑪拉（Mara）一樣[483]。瑪拉有一個當過海軍陸戰隊的男友，年紀較大、占有欲很強，他不願意或無力與瑪拉有性生活，也拒絕治療勃起障礙。瑪拉最後出軌。「對我來說，有人想要我，真的意義重大。」瑪拉說的話，好像在唸梅亞納教授記錄下的研究對象說的話。終於有人想要自己，對瑪拉來說是莫大的鼓舞與快樂。瑪拉當時是一名二十七、八歲的年輕美女，她想要在性事與情感上獲得滿足，因性事獲得情感慰藉，我覺得很健康、很正常。然而幾年後，瑪拉過著快樂的婚姻生活時，先生侵犯她的隱私，偷看了她的信，發現太太在婚前「欺騙」過自己，於是讓她狠狠流淚。我在餐館訪問瑪拉時，感受到她強烈的罪惡感，我真希望我有魔杖能讓她不再責怪自己。

套用沃克教授的話來講：「在性自主方面，女性同時被男性身上不存在的內外枷鎖困住。」[484]在某些例子，例如沃克的研究對象，女性拿到的社會劇本是女性沒有男性那麼在乎性，也因此沃克的研究對象認為自己「很怪」或「有問題」，竟然性欲強到跑去婚外情，不管怎麼樣都很想上床。在此同時，社會全面禁止偶外性行為，女性尤其不可以出軌，我訪問過的蜜雪兒（Michelle，化名）就因此無法原諒自己——不是無法原諒自己出軌，而是無法原諒自己的出軌對象是已婚女性。

蜜雪兒

蜜雪兒自信、獨立、開朗向上，主持著一間非營利機構，學經歷優秀，經常上全國新聞節目，替擁有廣大讀者的大眾刊物寫東西。她是嚴肅議題（Serious Topics）的思想領袖，美麗聰慧，但也平易近人，調皮風趣，幽默感過人。先前我一直不知道蜜雪兒是同性戀，直到某次我們在共同朋友舉辦的派對上，向她提到我在寫書，她講了我才知道。蜜雪兒直率地揶揄：「你知道我是同性戀，對吧？不管先前知不知道，我的確是，現在你也知道了。找一個時間，我會告訴你我和這個女人的事。我還在試著了解發生了什麼事、事情是怎麼發生的、為什麼我會那樣做。」

蜜雪兒很快就去出差，到各地演講，不過我們繼續保持聯絡。我們通過幾次電子郵件，談她的情況、她的想法，不過蜜雪兒在信上講的都是很浮泛的事。我後來前往她住的城市，我們終於在一間咖啡館坐下來。蜜雪兒說，她曾和一個叫黛莉婭（Delia）的女人在一起一陣子，「大家都知道黛莉婭已婚，無人不知，無人不曉，她是我們本地的女同性戀社群風雲人物」[485]。兩人在雞尾酒派對上認識——蜜雪兒形容為「一開始大家彬彬有禮，但接下來愈來愈瘋狂的那種派對」。黛莉婭也去了，不過太太沒跟著去。蜜雪兒覺得黛莉婭有一股迷人的靦腆氣質，兩人聊起天，發現兩人的兒子同歲，喝了幾杯後，黛莉婭告訴蜜雪兒：「我太太不在家，太棒了。」

蜜雪兒在咖啡館告訴我：「我把那句話聽了進去。我是說，我當時沒發現黛莉婭是在和我調情，也沒發現我被她吸引，因為我從來沒想過，我會允許自己對已婚女性感興趣。」我問蜜雪兒為什麼那麼說，她立刻回答：「因為我不想只當別人的婚外情。」然而，蜜雪兒雖然沒興趣當別人的第三者，她已經把黛莉婭說自己婚姻不快樂的明確暗示記在心裡。

幾天後，兩個人帶著孩子在兒童遊戲場巧遇，最後一起去了一間家庭餐廳。孩子們很快就像失散已久的朋友玩在一起，蜜雪兒與黛莉婭也一樣。黛莉婭再度提起自己在婚姻裡寂寞不快樂，她告訴蜜雪兒，她之前想離開妻子，但後來沒堅持下去。黛莉婭顯然受了很重的傷。黛莉婭美麗，魅力十足，和蜜雪兒一樣有著頑皮幽默感，平日練跑步，身材結實。黛莉婭邀請蜜雪兒母子那天晚上到她們家吃晚飯，她太太還在外地。蜜雪兒說：「我真的很想去，但我也想做對的事，所以我告訴黛莉婭：『不行，這樣不太好，你結婚了。』」黛莉婭點頭說她了解，蜜雪兒說得對。

隔天，兩人開始通電子郵件與簡訊，聊自己今天要做什麼和孩子的事等等。那週過後，兩人就談起對彼此的仰慕之情。「我知道這是錯的。我反覆告訴自己，她已經結婚了，我們之間不會有結果，但我沒有她的簡訊就活不下去。」黛莉婭寄來的簡訊幽默、誠實、透露真心話。「她和太太的關係真的很糟，她很痛苦。她說她們之間完全沒有交流，她太太是工作狂。」兩人的簡訊講起心底話後沒多久，她們就在共同朋友辦的聚會上見到面，那次黛莉婭的太太也在。蜜雪兒回想：「我們兩個人之間的性吸引力非常明顯，人們一看就知道，到今天還是一樣。」

經過那次尷尬的碰面後，兩個人繼續傳簡訊。大約一週後，某天晚上，蜜雪兒的門鈴響了。她打開門，黛莉婭站在那。黛莉婭告訴蜜雪兒，她太太不在家，她太想見她，於是跑來了。黛莉婭走進來，把蜜雪兒逼到牆邊，往前給了她一個很長的熱吻。蜜雪兒回想：「有一條界限，我跨過了那條線，太像我會做的事。」蜜雪兒要黛莉婭離開，黛莉婭的確離開了，但蜜雪兒滿腦子都是她，一直想著那個吻，想著黛莉婭的身體貼在自己身上的感覺，很快兩個人就開始幽會，偷情很刺激，但蜜雪兒覺得不妥當。蜜雪兒回想：「她出門跑步時，有時會來找我。某次我們在公園見面。其他時候我會在停車場等她，我們會去旅館，我們偷偷摸摸的，很糟糕。」她搖頭，「從一開始，我就告訴她：『聽著，你得離開你太太，不然我們不能這樣。』我講得很清楚。我告訴她：『你至少得開始和你太太分手。』黛莉婭回她：『我已經在分了。』她的確有試過。」自黛莉婭和蜜雪兒第一次接吻算起，幾個月後，黛莉婭和太太分居，搬到外面住。黛莉婭和蜜雪兒交往了幾週，不過「因為孩子的緣故」，黛莉婭沒在蜜雪兒家過夜。蜜雪兒說，那幾週「性感火辣，但也有深層的情感交流。我們一直到現在依舊心有靈犀，深受彼此吸引」。

兩個人開始替未來做打算，討論彼此的生活要如何配合，她們的事曝光後又要怎麼告訴孩子。然而，黛莉婭的妻子找到蜜雪兒寫的情書，比對時間點，發現黛莉婭背著自己和蜜雪兒出軌，大發雷霆，跑到黛莉婭工作的地方去鬧，黛莉婭決定回到太太身邊。「黛莉婭告訴我，她罪惡感很深，她太太這麼痛苦，她不能這樣對她。黛莉婭和太太在一起非常不快樂，但就是離不開她，有依賴共生的問題，但我沒立場去講這件事。」

在那段日子，蜜雪兒靠照顧兒子和忙工作，不去多想，但晚上頭一躺在枕頭上，就開始抱著罪惡感回想一切，一一細數自己後悔的事。「一開始我認為，我沒結婚，這個女人的婚姻也破碎了，她說她會離開妻子，所以沒關係。我最初被愛與欲望蒙蔽了雙眼，沒去想自己的選擇道不道德。現在我清醒一點，不再被自己的選擇蒙蔽。和已婚的人在一起，傷害到對方的家庭，令我很有罪惡感。我不是她們不快樂的主因，但我喜歡黛莉婭的孩子，我知道那孩子很難過。」蜜雪兒還有另一種或許較為抽象的罪惡感，「我是爭取婚姻平權的女同志，因為我尊重婚姻制度，我希望同性戀有權結婚，而我卻在不經意之間破壞別人的婚姻，我感到羞恥」。

然而，這個愛情故事尚未結束。黛莉婭和太太進行數個月的婚姻治療後，告訴太太自己想和蜜雪兒約會，太太同意了。蜜雪兒很猶豫，但三個人坐下來討論。「整件事有點超現實，但她太太說，她明白有很多東西黛莉婭無法在婚姻裡得到，她希望黛莉婭快樂，她願意這麼做。」儘管如此，蜜雪兒和黛莉婭復合後，雖然最初過了一段快樂的日子，但蜜雪兒愈來愈焦慮。她們二度在一起幾個月後，用蜜雪兒的話來講，黛莉婭的妻子「崩潰」了，要求黛莉婭不能再見蜜雪兒。黛莉婭愣住，不曉得該怎麼辦。痛苦萬分的蜜雪兒決定自己慧劍斬情絲。「這件事對任何人都沒好處，但我好想她，我好愛她。」蜜雪兒搖頭。兩人分手一年多了，但蜜雪兒依舊還沒走出來，還是覺得很心碎。蜜雪兒說，自己會那麼痛苦，有部分原因是她和黛莉婭的關係最初是不正當的。

蜜雪兒開始哭，試著解釋：「你愛的人已婚時，你是一個祕密，你不重要，你見不得光，你很羞愧。我們很愛對方，卻得藏起這件美好的事。」雖然黛莉婭後來向妻子坦承，自己想繼續和蜜雪兒在一起，但於事無補，蜜雪兒依舊是那個被撇到一旁的人。雖然嚴格來講，分手是蜜雪兒提的，她的心還是很痛。蜜雪兒提分手是為了保護自己與做對的事，不是因為真的想分手。從某種意義上來說，在黛莉婭和妻子的關係中，蜜雪兒是被利用的卒子，那很痛。蜜雪兒告訴我，我們坐下來談的不久前，她收到黛莉婭的信。

信的開頭說：「我必須讓你知道，萬一我死了，或是萬一沒機會或沒辦法告訴你，我每一天都想著你。」那是一封很美的信，充滿愛、性、連結。蜜雪兒讀了那封信後，哭著想自己是否做了正確決定。先前是否該更努力一點，爭取和黛莉婭永遠在一起。然而，就在那封信之後，蜜雪兒感到**人生這麼短，為什麼要讓自己這麼痛苦？**自此之後，她就在心中永遠切斷和黛莉婭的關係。蜜雪兒今日依舊會在某些活動看見黛莉婭，要是碰到了就刻意避開。那不容易。蜜雪兒確定，如果能和黛莉婭結婚，她們會是快樂的一對，不過蜜雪兒感覺那件事不可能發生，畢竟黛莉婭先前想結束婚姻，但沒真的那麼做。黛莉婭想要自由，想要蜜雪兒，但罪惡感太強，沒勇氣爭取。蜜雪兒告訴我整件事的時候，又哭了一下。我告訴她，很抱歉我挖出這些回憶，我很感謝她分享這麼痛苦的事。蜜雪兒點頭。她工作很忙，等一下還要上台演講，她得先走。蜜雪兒說：「我得謝謝你，因為我沒有人能談這件事。我和黛莉婭的事，見不得光，無法跟外人講，但某種意義上，現在可以了。」蜜雪兒說，她想紀念和黛莉婭的這段愛情，這段充滿性張力與情感交流的愛，我很榮幸能當聽眾。

太愛（已婚）女人的男人

某些人剛好愛上已經和別人在一起的人。蜜雪兒就是這樣。她愛上黛莉婭，然而黛莉婭有伴侶了，愛上這樣的人很不湊巧，令人心碎。蜜雪兒沒有當第三者的習慣——「只是剛好發生了」。

不過，某些人則因為種種原因，喜歡找已經有另一半的女性——因為方便、因為有點刺激、因為他們有「人妻癖」。我和幾位男性談過話與通過信，他們的原因似乎是那樣。六十歲的羅伯特（Robert）告訴我，他年輕時曾和已婚女性在一起，兩人有火辣的性愛（以下的故事來自電子郵件與電話訪談），不過沒有好結局[486]。「我一生中碰過最恐怖的事，是因為一個有老公的女人，她叫莎莉（Sally）。我那個時候二十五歲左右，我們在我的公寓大約一週上一次床，性事很美好……我喜歡她喜歡我，她為了我豁出去，我喜歡她那種獨立的精神。她想做，然後就去做，那是很有魅力的特質。再說了，跟人妻在一起很輕鬆，你不用帶她出去，也不用忍受愛情的折磨。我只是玩玩。莎莉會跑來，然後我們找樂子。然而，後來我們太大意，我那個時候很年輕，又很蠢……莎莉只比我大幾歲。某次，我們去一間酒吧，她朋友看見我們……週五晚上的時候，大約七點左右，〔一個男的〕打電話過來，問莎莉在不在，我還以為是打錯電話。一小時後，電話再度響起。同一個聲音說，他知道我住在哪裡，要是我敢再碰莎莉一次，他會知道，他會殺了我。」

嚇到的羅伯特走進浴室，看見鏡子裡的自己滿臉是血。死亡威脅提醒了羅伯特，在他生活的世界，女人是男人的財產，偷莎莉老公的財產會死。丈夫下的威脅發揮作用，羅伯特看見自己死亡的幻象。如同黑色經典電影《雙重賠償》（*Double Indemnity*）裡變成殺夫工具的男主角華特（Walter Neff），羅伯特知道偷情的女性很誘人，但也很危險，得在惹上麻煩之前快點抽身[487]。羅伯特告訴我：「我徹底切斷關係，我等了幾週才打電話，解釋發生了什麼事，說不要再見面了。沒過多久，某天晚上，莎莉打電話過來，說她愛我，她要為我離開先生。我解釋她很好，但我不想死。在那之後，我在外面玩的時候，只找沒老公的女人。」

很難不注意到，羅伯特說自己受莎莉吸引，是因為她「獨立」。莎莉已婚，但這點沒阻擋她。此外，整件事顯然和性有關。電影《雙重賠償》裡的華特，也是因為同樣的這幾點，明明知道很危險，依舊掉進人妻菲利絲（Phyllis Dietrichson）的溫柔鄉，最後不用菲利絲真的在後頭操控，就主動幫忙殺了她有錢的丈夫。兩人第一次的挑逗充滿雙關語，華特告訴菲利絲：「那條腳鍊真漂亮。」在當時的年代，腳鍊暗示著一個女性「道德觀不嚴」，向來令人聯想起交際花與妓女，也因此觀眾知道力量在誰手中，也知道故事會如何結束。

電影裡的華特陷進去，羅伯特則想起，一定得當心已婚女性屬於丈夫的文化劇本，即便莎莉說想改當**他的**老婆。基本上，莎莉想要換人。我理解羅伯特的恐懼，莎莉先生的憤怒太令人熟悉，天底下的故事情節都一樣。不過，我做訪談與閱讀資料時，訝異某些男性完全不像莎莉的丈夫，他們想同時當羅伯特與莎莉的先生。這樣的男性不但容忍妻子紅杏出牆，也不會「睜一只眼閉一隻眼」，反而經常求妻子快點這麼做。這種男人有一種特殊的性癖：渴望看著妻子偷情。他們正好與俄國彼得大帝（Peter the Great）相反[488]。傳說中，彼得大帝懷疑某個男人送他綠帽，於是砍下那個倒楣鬼的頭，泡在酒精罐裡，擺進外遇妻子的閨房，這樣她就會每晚被迫對著一顆人頭思過。接下來要談的男人不一樣，他們沒有占有欲，也不會因為自己的女人出軌就出現暴力舉動。事實上，妻子偷情對他們來講是最強的春藥。他們為了自己的性歡愉，歡迎、開心並安排女性外遇。我是因為社群媒體的緣故，第一次知道有這樣的男性與伴侶關係，大開眼界。

紅杏與綠帽

「你的長相是標準的辣妻（hotwife）。」第一次收到這種Instagram留言時，我心想，**或許吧**，接著就刪掉，沒有多想，畢竟誰沒收過這種騷擾私訊，亂寫一些和性有關的東西。大約一週後，又有一個陌生人寄私訊：「你是辣妻嗎？」我心想：**什麼啊**。然後也刪了。接著又來了：「嗨，你過著戴綠帽的生活型態（cuckold lifestyle）嗎？」這一次，我停下來多看兩秒。什麼是「戴綠帽的生活型態」？我查看私訊我的男人，檔案介紹說他以前是軍人，相貌端正，動態都是和運動有關的東西。那個男人看起來是陽剛型的，但「戴綠帽的生活型態」幾個字，讓我想起學生時代讀過的英國中世紀作家喬叟（Chaucer）作品，像是〈磨坊主人的故事〉（The Miller's Tale）和〈商人的故事〉（The Merchant's Tale）等故事，內容都是年輕女性在老公眼皮底下紅杏出牆。她們的老公又老又無能，各種層面的無能。在〈磨坊主人的故事〉和〈商人的故事〉兩篇故事中，妻子都沒得到懲罰，故事的趣味就在她們的另一半對妻子爬牆毫無頭緒。妻子、讀者、敘事者都瞧不起那些老公。

我在網路上查了一下，回到喬叟的世界，只不過這一次老公們不是傻瓜。不像商人故事裡的騎士丈夫眼睛那麼瞎，也不像磨坊主人故事裡的木工丈夫那麼倒楣。喜歡「戴綠帽的生活型態」或「辣妻」的男性，對於發生了什麼事一清二楚。事實上，他們當王八，正是他們自己一手安排的，因為以第一手的方式聽見或目睹妻子偷情，讓他們很性奮。他們不同於男人充滿占有欲的劇本，張開雙手歡迎不忠的妻子（他們的「辣妻」），他們因為自己喜歡，慫恿妻子一次次「背叛」。這種男性似乎還不少——或是幻想這麼做的男性還不少。使用英語搜尋引擎的異性戀A片使用者中，這種有趣性癖的搜尋次數高居第二。此外，研究人員賈斯汀·萊米勒

（Justin Lehmiller）做過一份四千名男性的調查，五八%有過和其他男人交換伴侶或「戴綠帽」的性幻想[489]。某些男性喜歡在一旁看，甚至參與。某些人則只想協助伴侶和別人上床，事後再聽事情的經過。

馬凱（Kai Ma）在性愛網路雜誌Nerve.com上，以精彩的〈請享用我太太〉（Take My Wife, Please）一文[490]，大致介紹什麼是「戴綠帽」（cucking）與「辣妻」（hotwifing）。馬凱指出，某些丈夫想看妻子和別的男人做愛，或是鼓勵妻子做「出格的事」，「以極端的方式」破壞婚姻制度、陽剛的意識型態，甚至是父權制度。馬凱訪問過幾位這樣的男性，還透過Chatzy.com與CuckoldPlace.com等網站，造訪網路上的綠帽生活。馬凱指出，在這樣的男性中，許多在日常生活中我們會覺得他們是「首領型」（alpha）的男性，極度陽剛，但他們在和妻子的性生活中，喜歡扮演明確的副手（beta）角色。克特（Kurt）與克麗絲汀娜（Christina）這對夫婦向馬凱仔細介紹他們的綠帽性生活，「公牛」（bull）是指和已婚辣妻上床的男性，克特與克麗絲汀娜的公牛是克勞狄奧（Claudio），三個人經常一起「玩」。克特與克麗絲汀娜當初是在Craigslist分類廣告網站找到克勞狄奧，開出的條件是「公牛」的老二必須比克特大。克特以前是軍人，聽見克麗絲汀娜說「〔克勞狄奧〕碰得到〔你碰不到〕的地方」會讓他很性奮。此外，克特喜歡在現場觀看克麗絲汀娜與克勞狄奧做愛，或是觀看他們夫妻邀請到臥室介入兩人婚姻的其他「公牛」，所有的「公牛」生殖器都比克特大。克特說，他喜歡「公牛」在身心兩方面帶給自己威脅的感覺，他感到自己在每方面都變得渺小。克特告訴馬凱：「這是我可以選擇被支配（submissive）的人生領域。」我們的社會長久以來深信「真的男子漢可以控制好妻子」，克特和他的綠帽同好則喜歡交出掌控，他們之中許多人達到高潮的方法，是讓自己可以不必當房間內「最大的」男人。

喜歡讓自己戴綠帽的男性會躲起來看妻子爬牆，或透過攝影機看。也有人在辣妻和公牛實際做愛時離得很遠，但會待在那裡做準備。這些男人享受協助妻子赴約：有一位男性會幫妻子刮腿毛、煮晚餐、訂房間、購買妻子約會時穿上的性感衣物，還幫忙買妻子帶去的保險套。某些男性喜歡在事後詳細聽事情的經過。某些綠帽男喜歡在完事後，幫「偷吃」的妻子或女友口交——這個步驟叫「清理」（clean up）。一位綠帽男解釋：「讓我性致大發的事，是我的女人很享受〔和公牛〕在一起，接著回來羞辱我：『現在換你擁有我。你可以嚐一嚐別的男人留下的東西。』」對出軌女性忍氣吞聲，讓這些男性滿腔欲火。

然而，不是所有娶了辣妻的男性都是綠帽男。愛麗西・馬克蔻（Alexis McCall）是一名辣妻，還自稱是「辣妻生活型態的教練」。她在辣妻生活型態個人部落格上，介紹自己和先生之間的相處情形，澄清一些她見到的誤會[491]。馬克蔻的先生喜歡妻子和別的男人上床，但性事上不是順從的那一方。聽見妻子偷情會讓他血脈賁張，但他不喜歡看，也不喜歡像馬凱的男性受訪者一樣被汙辱。馬克蔻的辣妻定義是「已婚女性。那段婚姻中，只有女方是開放性婚姻，妻子可以在丈夫的許可與鼓勵下，和其他男性約會與上床，以滿足丈夫和其他男性分享妻子的性幻想。這樣的關係對兩人的婚姻有好處」。[492]馬克蔻表示，如果婚姻不是開放式的，女方卻和別人上床，那麼這個女人是「婊子」（cheater，按照主流標準看，馬克蔻這樣的女性是蕩婦，然而她們認為別的女人比她們「賤」。這種現象實在很有趣，但必須放在別的地方討論）。如果是男女兩方都「開放」的婚姻，那麼女方叫自由性愛者（swinger）。辣妻別有定義。許多像馬克蔻一樣的辣妻戴著腳鍊，把自己連結至電影《雙重賠償》裡的人妻菲利絲，以及那個誘人、危險的女性世界。腳鍊的作用是告訴其他人，她們願意和生活型態相同的男性上床，以及協助辣妻找到彼此。馬克蔻表示，她曾在雜貨店停車場看見一名女性，立刻就知道對方是同道中人，從她身上的珠寶就看得出來，包括她手上戴滿戒指，但無名指沒戴。此外，對方也打量了馬克蔻的腳鏈。

馬克蔻在文章中提到，先前她過著黑暗的無性婚姻，考慮過要外遇，但先生說出自己對辣妻感興趣，這下子情況整個轉變。馬克蔻解釋：「我一發現這讓我可以在婚姻生活外有性生活，我立刻決定要這麼做，反正我先前就已經在計畫這種事。」聽起來像是接下來會發生糟糕的事，但馬克蔻和先生進行得很順利。馬克蔻說這聽起來違反直覺，但辣妻反而促進了她婚姻中的親密感與溝通技巧。基本上，在先生的鼓勵下偷吃，挽救了兩人的關係，協助他們彼此對話，建立起前所未有的深刻連結。被轉化成性癖的女性外遇，讓這對夫婦團結在一起，誠實說出心中的話，對彼此史無前例地欲火高漲。

臨床心理學家與性治療師雷大衛（David Ley）在精彩好讀、多方探討的《欲求不滿的妻子》（*Insatiable Wives*）一書中，也提出類似的研究發現[493]。採取綠帽／辣妻生活型態的伴侶，每一對的實際做法不同，但成功伴侶的共通點是擁有過人的連結度與親密度、令人羨慕的溝通技巧，以及相較於一夫一妻的組合，他們對彼此有強大的欲望。雷大衛做過一項線上性愛調查，受訪者的答案讓他首度聽到這種生活型態（雷大衛的另一本書叫《看片也要有道德》〔*Ethical Porn for Dicks*〕，他真的很會取名字），他原本還以為是網友在開玩笑，因為沒有任何學院文獻提過這個主題。然而，進一步探索後，雷大衛找到幾位綠帽／辣妻，仔細訪問他們，接著嚇了一跳。某天早上，我訪問雷大衛，他在Skype上告訴我：「我原本想著：**這不可能是什麼健康的做法**。然而，接著我立刻制止自己這樣想。這些人通常都已經結婚數十年，為什麼我要假設，他們想要有不同於標準做法的性行為，一定不健康？我這是在讓社會上對於一夫一妻、濫交、女性情欲的偏見，影響我的臨床判斷。」[494]雷大衛決定先聽聽大家怎麼說，訪談相關人士，結果再度訝異許多夫妻和馬克蔻與先生一樣，相當重視婚姻，表現出對彼此的敬重，以高超的方式溝通。好幾位受訪者結婚數十年了，但對於婚姻和性事都有高滿意度，這是相當不尋常的狀況。

雷大衛指出，採取這種生活型態的夫婦，每對的做法不同，例如他見到的芭比（Bobby）

與理查（Richard）這一對，甚至不會真的討論芭比的婚外情，由芭比自行安排，而且為了安全起見，只找他們認識的人。然而，雷大衛也碰過男方參與妻子和其他男人的性體驗，「不少採取這種生活型態的男性有雙性戀傾向」。雷大衛解釋，那些男性覺得去同志酒吧不舒服，但如果有妻子從旁引導，當成遊戲的一部分，先生可能在「綠帽」情境下替男人口交。雷大衛訪問過一對結婚二十二年的夫婦，先生深愛妻子，自認是雙性戀，他會在妻子和其他男人性交後，享受和妻子之間的「絲滑片刻」（silky seconds），因為「他的存在尚在她體內」[495]。雷大衛告訴我，如果是這樣，選擇這種生活型態的男性可以探索自身的性向流動，不過男性不一定會向自己承認這點。如此說來，這些男性有點像阿爾弗雷德．金賽（Alfred Kinsey），也就是美國性學研究之父與著名的金賽中心創始人。據說金賽喜歡與其他男人分享妻子克拉拉（Clara），包括他的門徒克萊德．馬丁（Clyde Martin）。至於金賽本人是否與馬丁上床，眾說紛紜。

雷大衛與薩維奇、萊米勒做過一項同性戀男性參加「綠帽」的研究[496]。幾位研究人員發現，在婚姻平權的年代，這種生活型態也受男同志歡迎。同志男性結婚後，有可能對「戴綠帽」與當「辣夫」（hothusband）愈來愈感興趣。雷大衛解釋：「背後的理由是似乎關係合法化之後，在合法關係內被戴綠帽更能引發性欲，因為那成了一種禁忌。」[497]他訪問過的一對異性戀夫婦表示：「野花要比家花香的話……前提是得先有柵欄隔出家花……如果沒有柵欄，統統都只是花。」[498]婚姻帶來柵欄或可跨越的線。對某些人來講，越過那條線是犯下道德過錯，但對某些人來講，那是一種性癖，越線使他們性致大發。

從許多綠帽網站來看，例如MySlutWife.com與BlackedWives.com，種族顯然也在綠帽／辣妻生活型態中，經常扮演使人不安的角色，幾乎隨處可見「巨屌黑人」（Mandingo）的性癖。某些人主張，在這種情況下，每個人都享受到了。然而，如果說辣妻是一種激進的進步，賦予女性能動性，女性似乎能盡情享受性愛；但辣妻同時也是反動的，造成刻板印象被具體化（reification）——黑人「性欲超強」，「老二都很大」（BBC, big black cock）。某位「公牛」告訴馬凱，他不會回覆白人夫婦的廣告，因為白人「古板」、充滿刻板印象，訂出相當種族歧視的條件。「某些人以為，黑人一定都是辮子頭混混或籃球員……有著很大很黑的老二。」[499]他嘆了一口氣，提到有一則廣告寫著：「我們希望你長的像歌手亞瑟小子〔Usher〕。」「Craigslist上的典型公牛，不會長得像籃球員艾倫．艾佛森〔Allen Iverson〕或亞瑟小子，所以收起你的刻板印象，接受現實吧。」

前文研究色情影片史的學者米勒—楊格，對於黑人都有巨大生殖器的刻板印象，以及她本人提出的「綠帽社會性」（cuckold sociality），有著更深一層的解釋[500]。米勒—楊格與共同作者澤維爾．李文蒙（Xavier Livermon）強調，一定要特別留意巨屌黑人綠帽的種族性癖「展現了移動的欲望」（mobile desires at play）。一方面，這種三人組合充滿「豐富可能性與酷兒潛在性」（productive possibilities and queer potential），另一方面，這有如向黑人男性索要性勞動，讓黑人男性變成刻板印象中具備危險性的牲口。米勒—楊格與李文蒙指出，所有的A片，尤其是強調黑人巨屌的綠帽影片，「是我們最私密的種族社會觀點中，少數最被攤在陽光下的觀點」。「把性無能變成一種色情」，羞辱（通常是）白人的一家之長，造成威脅，有性能力的黑人取代白人丈夫。這種綠帽類型讓白人能夠靠替身，與黑人男性性交，把焦慮與威脅轉化成刺激。白人妻子的身體在同一時間成為「發洩管道，讓白人男性發洩他們的種族清洗欲望，以及對黑人男性身體的渴求」。從這種角度來看，白人妻子不再是勇於突破常規的女性，而是代替先生行使複雜的異性戀種族霸權。

如果說當辣妻聽起來像是開放作風，甚至是賦權（empowering），或許吧。某些採行綠帽／辣妻生活型態的男性，真要說他們給人的印象，他們對於妻子的性自由不是那麼感興趣。他們真正感興趣的是自己的歡愉，嚴格安排一切的演出。妻子有時不會配合演出丈夫寫的劇本，也或者伴侶會發現兩人的目的不再一致。雷大衛扮鬼臉告訴我：「有時情況是男人非常沮喪，因為妻子沒照他們的安排來。男人說：『不對，不對，不對，你要**這樣**才對，我幻想的是你跟**這種**類型的男人在一起！』」[501]雷大衛覺得太滑稽了，進一步瞄準女性這邊分析：「我發現有幾位女性，她們一開始之所以會參與這種事，為的是滿足丈夫的幻想與需求，但漸漸地，她們發展出更多的性自主與獨立性。這些女性說：『我對做這件事感興趣，我要發展關係』，或乾脆隨心所欲，不受男性掌控。」改寫一下自由性愛者常說的一句話：如果你是男性，許願要小心。男人或許一天能高潮好幾次，但老婆卻是**每小時**都能高潮那麼多次。如同馬克蔻所言：「一旦你把精靈放出瓶子，她可能就不回去了。」[502]

最後，雷大衛認為他所研究的綠帽／辣妻關係，對男性來講可能代表許多事：雙性戀、對扮演服從角色感興趣、想控制、想放棄控制、扮演受虐狂。米勒—楊格或許還會加上：「在感覺不gay的情況下，使用黑人男性的身體。」雷大衛告訴我，他最訝異的是，目睹人們在安排這種性事時創意無限。「就好像這些男性了解，自己的女性伴侶擁有非常實在的性能量。」他讚嘆：「他們說：『好，女性的性欲是**無法滿足的**，與男性的性欲不一樣，所以讓我們以一起騎這部引擎吧。』這些男性靠著發動女性性欲的引擎，得到間接的代入滿足感。」

戴綠帽的人知道，辣妻享樂的能力近乎無限，自己則不然，所以選擇與辣妻合作。他們不和傳統男性站在一起，不試圖壓制、摧毀、減少女性的性欲，不把女性的性欲關在忠實的牢籠裡，他們知道那樣做對任何人都沒好處。他們歡迎女性展現性欲，因為女性的性欲能帶他們上天下地，享受無窮快樂。

Chapter 9

Life Is Short. Should You Be Untrue?

人生短短數十年，該出軌嗎？

人們究竟為什麼會出軌，相關的研究車載斗量。最常見的看法——我們用來建構整個文化與性別劇本的解釋，大概是「完美的」二分法：男人要性，女人要連結感與親密感。你要是在網路上查「婚外情」，一定會看到這種所謂一個要性、一個要愛的「普世真理」。然而，你也可以告訴沃克的研究對象這種解釋，問問她們是否同意。那些女性上艾希利·曼德森偷情網站面試男性，尋找自己在婚姻裡得不到的東西：性。或是問問那些身處異性戀婚姻，但上網尋求女女一夜情的女性。你可以去找寫下《新一夫一妻制》的伴侶治療師尼爾森，尼爾森會說依據她的經驗，「男性與女性外遇時，他們要的東西基本上是一樣的。他們要性與連結。真希望我在人生與事業的早期就知道這件事——男性與女性的動機其實十分類似。」[503]情況通常是這樣的：研究對象接受提問，過程中被引導講出某些答案，或是他們感到社會的文化腳本逼迫他們一定得那樣回答。說自己尋求親密感與情感連結的女性，大概內化了女性就是那樣的說法，覺得自己理應那麼做。研究人員聽到預期的答案後，就不太有動機像戴蒙德和赫迪一樣，追問別的問題，挖出男性與女性真實的性動機、性向、性欲。意識型態過於強大時，自我通報的答案會帶來放大解釋因果關係的滑坡謬誤（slippery slope）。

然而，如同沃克研究的女性，某些女性顯然不理會教條。維多利亞米蘭（Victoria Milan）偷情網站調查兩千名女性使用者，詢問尋求外遇的已婚人士為何要偷吃，第一名的答案是「增加生活中的刺激感（三五%）」[504]（此外，驚人的二二・五%，也就是每五人就超過一人，回答自己偷情是因為在婚姻的床上得不到滿足）。二〇一一年的金賽不忠與「性」格（sexual personality）研究發現，五百零六名男性與四百一十二名的女性線上填答人，兩者的出軌率統計上不分軒輊[505]。研究人員還發現，「擔心床上表現不佳」會增加偶外性行為的可能性，男女都一樣，原因或許在於如果是只會上一次床的新伴侶，就可以假裝自己沒問題；或因為出軌機會香豔刺激，自然會表現良好。最後，說自己在婚姻或伴侶關係中性生活不和諧的女性，偷吃機率是沒碰上問題的女性的二・九倍。性研究者克莉絲汀・馬克（Kristen Mark）的「床上功夫研究」（Good in Bed），調查一千九百二十三位女性與一千四百一十八名男性，發現男女在感情中因為「無聊」而出軌的機率一樣[506]。此外，在一段關係的頭三年，女性感到無聊的機率大約是男性的兩倍。

某些女性發展婚外情的原因是她們做得到。由於工業化的西方地區女性有辦法取得資源，她們得以性自主，尤其如果家裡是靠她們養，或家中主要由她們負擔家計。她們就像懷安多特的女性，因為供應族人食物，生活在女性享有較高地位的社會。我至少聽過十幾則相似的故事，這些女性的朋友或朋友的朋友，手中有由她們自行管理的財富，名下有房子和信託基金，或是靠自己累積、賺得財富，因此得以愛怎麼過性生活，就怎麼過性生活。英國女星蒂妲・史雲頓大概就屬於這種類型[507]。她美麗又有錢有勢，據說曾和一起生下雙胞胎孩子的人生伴侶，以及小她近二十歲的年輕男友，一起住在蘇格蘭城堡裡（史雲頓接受女主播凱蒂・庫瑞克〔Katie Couric〕及其他人的採訪時，否認與兩個男人處於雙重關係，但不否認過著某些人會感到不尋常的生活）。一位女性告訴我，她有一位朋友是女性繼承人，和先生住在美國豪宅裡，小孩的生父則在歐洲，因此她經常往返於兩個男人與歐美大陸之間。萬一沒有親族提供強大後盾，金錢可以讓你不必理會限制女性的意識型態，減少女性展現性自主時會面臨的後果，包括被男性報復，像是男性將不再提供經濟援助，甚至暴力相向。然而，如果你住的房子屬於某個女人，櫃子裡的食物是她出錢買的，她不靠你養，比較難想像你會伸手打這個女人。

其他女性的外遇則符合期待或務實。在南美許多「可分父權」的文化，只找一個配偶的女性被視為吝嗇與壞母親。離我們更近的例子，包括人類學家雅琳・傑洛尼莫斯（Arline

Geronimus）在論文與〈小媽媽知道的事〉（What Teen Mothers Know）一文中提到，在美國性別比懸殊的地區，若是女性遠比男性多，女性負擔不起晚點生孩子與一夫一妻制的生育與社會策略[508]。舉例來說，在入獄率高的地區，母親與孩子會受惠於連續性關係，倚賴多代同堂的大家庭或其他親屬的支援來撫養孩子。不同於社會上保守主義者的說法，這種做法與道德無關，而是母親受到制度化的種族歧視影響，有時生活在相當艱困的環境下，不得不依據物質條件做出歷史上協助智人活下去的策略與權衡。

女性會「不忠」，還有其他難以「感覺到」的因子。某些演化生物學家相信，我們會到外頭尋找基因與我們相容的伴侶。誰忘得了那個著名的T恤實驗？找一群男性在未使用任何香水、體香劑或肥皂的情況下，穿著T恤兩天，接著請四十九位女性聞那些穿過的T恤，判斷上頭氣味的性感程度。最後的結果出爐，女性受試者選擇的T恤，T恤主人與她們的「主要組織相容性複合體」（major histocompatibility complex，MHC）最不一樣[509]。整體而言，雙親的MHC愈不同，子代就愈健康。此一T恤實驗顯示，氣味可能在配偶選擇上發揮作用。我們會透過嗅覺，依據基因的速配程度被吸引。基因的速配程度是指兩人的特定基因有多不同，那些基因製造的分子讓免疫系統得以辨識入侵者。研究嗅覺的神經生物學家萊斯利·佛謝爾（Leslie Vosshall）表示：「許多動物顯然會對MHC氣味類型起反應，人類似乎不可能不使用這套系統。」[510]事情就是這麼一回事（該研究發現，吃避孕藥的女性會有相反結果。若是藥物阻斷我們的荷爾蒙，我們的鼻子就會出錯，挑錯人的機率上升。各位大概聽說過男性受荷爾蒙「驅使」，不過這項研究顯示女性也一樣）。另一項胡特爾教徒（Hutterites）的研究顯示，MHC最接近的人，生育間隔較長（女性較難受孕），流產率也高[511]。相關研究顯示，所謂「難以描述的吸引力」，我們忍不住喜歡一個人，或許是因為基因速配程度高。女性要是嫁給速配程度不高的男性，還真是不幸，她們可能永遠到處在聞，看有沒有帶有說不出的魅力（其實是MHC）的男人。

好了，我們現在知道出軌女性的某些事。她們就是你和我。她們的婚姻很無聊，沒有性生活，沒有性高潮。她們也可能婚姻幸福，但很想和配偶以外的人上床。也或者她們有錢有勢，想幹什麼都可以。另一種可能是她們身處的文化認為單一配偶不好，或是情況不允許一夫一妻，也或者她們有某種特別的「性」格。女性其實和男性沒有不同，她們向外發展的原因，常常是因為她們想那麼做，看是要找樂子或報復，或是因為人在外地，也或者不小心酒喝多了，屈服於自己對女同事的情感。不論理由是什麼，在那段時間（不論是不到一小時的相會，也或者是延續數年的外遇），她們不是母親，不是妻子，也不是員工。她們不誠實，也不自我犧牲。她們不是好人，沒做令人敬佩的事。然而無論如何，她們做自己。女性性欲的過去、現在、未來，有一個主動、自私的面向，目的是獲得歡愉。不管再怎麼指責有性欲的女性有問題，也改變不了我們從懷安多特人、辛巴人、巴莉希的巴諾布猿、赫迪的葉猴、崔弗斯與梅亞納實驗室，以及從戴蒙的二十年訪談中學到的重要事實：生態情境正確時，女性和男性一樣可能向外發展。我們堅信不疑的兩人配對，其實站不住腳。世界被不斷改寫，然而某些規則與公式被保留了下來，全球各地文化與你認識的女性，說出一件顯而易見的事：要是我們無從自己選擇情人，或儘管我們選了，但只要強迫或桎梏存在，就不會有自主權。

Afterword

Female Choices

後記｜女性的選擇

我花了近兩年半的時間書寫、研究、擔任參與式觀察者，想了解外遇的女性，找出科學、文學、大眾文化宣揚的錯誤事實。這個領域的浩瀚程度令我感到敬畏。這本書只不過是就女性外遇與女性的性自主，相當粗淺地略提了一些歷史紀錄與史前時代的演化史。這個主題複雜、令人驚奇，許多時候推翻我們認知中的男性與女性。性研究的資料汗牛充棟，有時互相矛盾，不斷推陳出新。多位孜孜不倦的女性研究人員，她們的研究發現打破許多我們最深信不疑的假設。女性是什麼樣的人，她們是怎麼一回事，與我們原先的設想不一樣。此外，每當我提到自己在書寫女性外遇，就會有好心人士紛紛提供文化面向中「一定得提到」的點——別忘了放進影集《美麗心計》（*Big Little Lies*）；別忘了放黑人女權主義者弗羅倫斯．甘迺迪看似「簡單」但精彩的妙語，她在一九七〇年代重塑了我們的性意識；別忘了放蕾哈娜的歌詞。即便我再做許多年研究，也不可能摸上邊，有那個資格、有那個能力寫出《女性外遇大全》。本書所涵蓋的範圍與沒觸及的議題，也因此不免相當隨意。關於女性的性，我們只能不斷迎接新挑戰，接觸各種具開創性的研究、歌曲、電影、Netflix影集、社會運動、主題標籤#，多多接收不同的觀點。

某些讀者好奇我做的選擇，想知道我的研究與這趟旅程帶我到達哪裡。書寫女性外遇與女性的性自主，以超乎想像的方式豐富了我的思考與我的婚姻。我和先生討論相關議題，例如我們以前沒討論過對性專一與「永遠」的想法。如同電影《關鍵少數》，我見識到優秀但鮮為人知的非裔美國女性所留下的性研究成果，例如瓦耶特與巴特絲；我進入辣妻、多重關係等主題的世界，研究與觀察母巴諾布猿的性事；參加性派對；訪問有婚外情或處於「各方都同意的非一對一關係」的女性；我讓自己沉浸在社會科學、科學、通俗文學的世界，了解女性的多重性行為；還訪問靈長類動物學、陪產照護、社會行動主義等各領域的專家。每一次的訪談都是一次冒險，重塑我對於女性、性、關係的觀點，打破我習以為常的假設，質疑起自己的做法、信念、生活。

女性決定要或不要一夫一妻制，原因不可能脫離她身處的環境、生態、性別認同，當中混雜了欲望、承擔風險的能力、她與伴侶做出的決定與協議、親族的協助、社會支持、文化、資源取得。換句話說，一切與**情境**有關，也因此我個人的道路不會適用於其他女性的情形。我沒在本書分享個人決定，原因是我的決定可能被誤認成某種建議或「最佳選擇」。世上沒有最佳選擇，一切要視情況而定。所謂的「水性楊花」，其實是各有考量的生殖或社會策略。非人類雌性靈長類動物、早期原人女性、人類女性的聰明抉擇，在特定時空、特定情境下發揮功用。某些情境雖然特殊，但絕不罕見。對某些女性來講，今日依舊如此。某些女性若是踏出一夫一妻制的界限，可能招來殺身之禍。如同赫迪、史茅茲、史摩爾等女性主義思想家與靈長動物學家所言，我們依舊不知道女性如果真的可以自由選擇，她們將選擇什麼樣的生育方式與社會性性行為。不過，協助我們一窺從前的靈長類近親、狩獵採集與遊牧民族，以及裙襬俱樂部派對的賓客、林米莎與詹金斯等多重關係運動人士，來自不同角落的女性所告訴我們的事，使我們無法假設異性戀的性專一絕對會再度雀屏中選。

二〇一七年，我在美國西南部的老人社區訪問了九十三歲的女性維吉尼亞（Virginia）。如同本書第三章登場的安妮卡與莎拉的故事，維吉尼亞的故事點出女性的性事，尤其是我們的性自主與我們做出的抉擇，深受情境、文化、桎梏影響。

維吉尼亞在六十多年前結婚，有六個孩子[512]。光是這樣的經歷，就讓我覺得她是非常了不起的訪談對象，不過當然還不只如此。維吉尼亞的一生經歷過經濟大恐慌、二戰、登月、性革命、美國選出第一位黑人總統、女性參選總統、女性因為參選總統被大加撻伐、科技革命，維吉尼亞一輩子見過許多事。她小時候接受天主教教育，大人告訴她親吻是不對的，還說安全期以外的避孕法都是犯罪，婚前性行為更是不赦之罪。維吉尼亞告訴我，父母嚴格管教她，尤其是母親。一九四四年時，維吉尼亞在布魯明頓印第安納大學（Indiana University Bloomington）接受兩小時的訪談研究。當時她是從小被保護得很好的大一新生，因為想要心理學加分，自願參加研究。維吉尼亞回憶，教授告訴班上同學，如果加入某個叫金賽博士的人的研究，將是很好的事。維吉尼亞和她的家人告訴我，當年訪談維吉尼亞的人，大概不是金賽博士本人，而是他的研究同仁，可能是馬丁或瓦德爾．普默洛伊（Wardell Pomeroy）？維吉尼亞不確定究竟是哪一位。一開始的訪談題目很合理，例如她抽菸、跳舞、玩牌的頻率，但接著她被問到是否玩過脫衣撲克（絕對沒有！），然後題目愈來愈離奇，例如：「你第一次與動物性交時，當時你幾歲？第一次是什麼時候？」與「你第一次與屍體性交時，當時你幾歲？第一次是什麼時候？」（金賽的研究人員使用這種出題形式，目的是讓受訪者安心說出自己做過被汙名化的事。）

維吉尼亞的基本性知識，全是高中時從女性朋友那聽來的。她說她當年受訪時差點暈過去。「我回答——我沒說出『ㄒㄧㄥˋ』（性）這個字，太粗鄙了，所以我用『戀愛』（affair）代替。我問研究人員：『真的有人和屍體談戀愛嗎!?』」訪談到這裡，我和維吉尼亞的兩個女兒笑得東倒西歪，維吉尼亞也一樣。

維吉尼亞的一個女兒終於忍住笑意，提到：「媽，我們小的時候，你和爸告訴我們，你們結婚前沒接過吻，你說你們**握手！**」大家再度笑到眼淚都要流出來。

維吉尼亞告訴我，能夠接受金賽研究員的訪談，她感覺自己好像一個大人物。同寢室的其他女孩非常想知道，她被問了哪些題目。其他幾個也受訪的同學想要比較被問了什麼。室友說：「你有沒有被問到動物那題？天啊，我差點**死掉！**」另一個人高呼：「我是**真的**死掉！」

維吉尼亞回家時，父母覺得女兒能參加金賽團隊的研究，實在是太了不起，非常興奮。維吉尼亞一一把所有的細節，全部告訴母親。維吉尼亞說，當時母親「嚇壞了」，打電話給學校。根據那通電話的檔案紀錄，維吉尼亞的母親不反對問那些問題，但她抗議題目的設計方式，怎麼會說什麼「許多你們這年紀的年輕女性性生活活躍，你第一次……是什麼時候？」

維吉尼亞告訴我們：「結果我再也沒回那所學校了！」大家坐在維吉尼亞家的客廳，一邊吃水果沙拉，一邊聽她回憶往事。維吉尼亞後來重讀大學，在父母的要求下，進了離家不遠的天主教學院，畢業前都住在家裡。我們再度大笑。

我們的笑聲掩蓋了我們的訝異之情，僅僅半世紀前的世界是多麼令人感到陌生。我訪問維吉尼亞時，她依舊認為婚前性行為不好，但在場的女兒與孫女，大概不認同維吉尼亞的觀念。我們的笑聲說出：**天啊，世界真的變了很多**。

然而真的嗎？真的變化很大嗎？我們可能認為時間愈接近現代，女性得到的自由就愈多，但我們錯了。維吉尼亞的母親待過歌舞團，還組過女子樂團。然而，維吉尼亞表示，她的母親在扮演媽媽的角色時，嚴格規定餐桌禮儀，還一路保護女兒的貞操。維吉尼亞笑著告訴我：「我母親的人生遠比我的人生有趣許多！然而我出生後，完全看不出她這輩子加入過歌舞團。」維吉尼亞看不出，或許也沒有任何人看得出，但「歌舞團」在那裡，我們所有人身上都有——生物學與演化所帶來的欲望與狂野，如今被馴服與重新改造，就和維吉尼亞的母親一樣。

維吉尼亞年輕時生活在二戰的時空，身旁沒有年輕男人，她和女性朋友於是玩起「荒謬的遊戲」。

「我們放學後買一罐百事可樂——當時是五分錢，然後〔開起玩笑〕，演起戲來：『你睡了我的丈夫，我永遠不會再跟你講話！』」她們把自己的所見所聞表演出來。天主教女孩雖然天真乖巧，觀察力可是一等一的。

那是很久以前的事了，但也彷若昨日，以及明日。我們永遠不曾全然純真，期待有一天，我們將不再不假思索就判定自己有罪，或至少有能力赦免自己的罪。

作者的話

為了把統計數據與研究發現帶進生活，我訪問了三十位女性與兩位男性的「女性不忠經驗」。家庭主婦／主夫、學生、藝術家、企業家、接待人員、老師、退休人士，職業僅是一種他們可能用來描述自己的方式。五位受訪者是非裔美國人，四位是拉丁裔，其餘為白人。他們的年齡為二十歲至九十三歲不等，住在美國九個州。這顯然不是具代表性的樣本，重點是聽人們以自己的方式，講出女性不忠的故事，以補充我在本書中提及的學術研究、調查及其他數據。

我採取半結構性訪談（譯註：開頭為有固定題目的結構式訪談，接著詢問開放式問題），鼓勵受訪者安心討論自己的動機與主觀經驗，以面對面或電話訪談的形式進行，訪問長度通常近半小時至兩小時。

呈現受訪者的故事時，我更動了許多當事人的細節，包括姓名（不論是否在正文中提及），以及可能認出真實身分的資訊。我沒改動他們的故事顯現真實經驗的方式，而我個人的經驗則依據記憶描述。

Acknowledgment

謝辭

我深感榮幸，三十位女性（和兩位男性）與我分享故事和祕密。他們的信任使我受寵若驚，我感謝他們的誠實，希望我充分傳達了他們想說的話與經驗。

除了內文提及的專家，其他人也加深我對此次主題的理解。他們耐心和我對談、寫信給我，還親身做出示範。他們的著作說出許多事，鼓舞許多人，包括：Suzanne Iasenza、Katie Hinde、Sofia Jawed-Wessel、Sari Cooper、費雪、Lori Brotto、Joh Marks、Stephen Glickman、Henry Kyemba、Robert Martin、Emily Nagoski、Jeff Nunokawa、Ian Kerner、Mal Harrison、Latham Thomas、Cynthia Sowers。我要特別感謝蜜雪兒．班札森博士（Michelle Bezanson）與她的田野助理艾莉森．麥納瑪拉（Allison McNamara），她們慷慨邀請我前往她們位於哥斯大黎加的田野調查地，艾莉

森還提供靈長類文獻的寶貴協助。我也要感謝傑出的研究者卡羅納與伯大尼·薩曼（Bethany Saltman）提供洞見。卡羅納建議了「重要的他者」（Significant Otherness）與「紅杏與綠帽」（Cuckoo for Cuckolds）等章節標題。我要感謝我的助理Florence Katusiime、Melissa Tan、Jerrod MacFarlane，以及我的實習生Hannah Park。

我深深感謝編輯崔西·班哈（Tracy Behar）的專業能力、幽默，以及無窮無盡的熱情與支持。我也要感謝利特爾布朗公司（Little, Brown）的每一個人，包括出版人麗根·亞瑟（Reagan Arthur）、美術部門、助理編輯伊恩·史特勞斯（Ian Straus），他們讓本書能夠問世。我最要感謝的人是我的經紀人理查·潘恩（Richard Pine），從構思本書到大功告成，他一路陪伴，並一如往常在閱讀後大力提供協助與建言。我也感謝伊莉莎·羅斯坦（Eliza Rothstein）提供協助。

我的媽媽是我這輩子認識的第一位女性主義者，她讓我愛上了生物學與人類學。我小時候喜歡問一堆與性有關的問題，她都以實事求是的態度回答。寫作時，碧昂絲的歌是這本書的原聲帶；而作家瑪麗·蓋茨基爾（Mary Gaitskill）與蓋伊的文字也為我帶來無限啟發。

我要感謝所有的女性好友，你們一直鼓勵我，靠著你們的加油打氣我才能完成本書。我愛你們。我要感謝我的孩子艾略特（Eliot）與萊爾（Lyle），他們只說了：「天啊，媽，你這次要寫**性**!?」然後就默默忍耐。感謝我的繼女萊希（Lexi）與凱薩琳（Katharine）付出的友誼，感謝我的乾女兒希薇（Sylvie）與薇拉（Willa）做她們自己，她們是女性主義的未來。

最後，我由衷感謝我的先生約珥・摩瑟（Joel Moser）。他為我帶來的婚姻生活與婚姻之愛是全世界最美好的冒險。這本書獻給他。

Choice in Humans," *American Journal of Human Genetics* 61, no. 3 (1997): 497–504.

後記　女性的選擇

512. Virginia, interviews with the author, 2017.

491. A. McCall, "Hotwife Feedback," Combined Blogs, AlexisMcCall.com, January 30, 2017, http://www.alexismccall.com/combined_blogs.html.
492. A. McCall, "Hotwife Sex vs Adultery," Combined Blogs, AlexisMcCall.com, June 14, 2017, http://www.alexismccall.com/combined_blogs.html.
493. Ley, *Insatiable Wives.*
494. David Ley, interview with the author, June 27, 2017.
495. Ley, *Insatiable Wives*, 17.
496. J. J. Lehmiller, D. Ley, and D. Savage, "The Psychology of Gay Men's Cuckolding Fantasies," *Archives of Sexual Behavior*, published online ahead of print (December 28, 2017): 1–15.
497. Ley, interview, June 27, 2017.
498. Ley, *Insatiable Wives*, 113.
499. Ma, "Take My Wife, Please," https://www.datehookup.com/singles-content-take-my-wife-please--the-rise-of-cuckolding-culture.htm.
500. "Black Stud, White Desire: Black Masculinity in Cuckold Pornography and Sex Work," in A. Davis and Black Sexual Economies Collective, eds., *Black Sexual Economies: Race and Sex in a Culture of Capital* (Champaign: University of Illinois Press, forthcoming), 1–11.
501. Ley, interview, June 27, 2017.
502. McCall, "Hotwife Feedback," http://www.alexismccall.com/combined_blogs.html.

第九章 人生短短數十年，該出軌嗎？

503. Tammy Nelson, interview with the author, July 5, 2017.
504. "The Top Five Reasons Married Moms Cheat," *Divorce* (blog), *Huffington Post*, February 27, 2014, https://www.huffingtonpost.com/2014/02/27/married-moms-cheat_n_4868716.html.
505. K. P. Mark, E. Janssen, and R. R. Milhausen, "Infidelity in Heterosexual Couples: Demographic, Interpersonal, and Personality-Related Predictors of Extradyadic Sex," *Archives of Sexual Behavior* 40, no. 5 (2011): 971–82.
506. "Good in Bed Surveys, Report #1: Relationship Boredom," GoodinBed.com, https://www.goodinbed.com/research/GIB_Survey_Report-1.pdf.
507. K. Roiphe, "Liberated in Love: Can Open Marriage Work?," *Harper's Bazaar*, July 13, 2009, http://www.harpersbazaar.com/culture/features/a400/open-marriages-0809/.
508. A. Geronimus, "What Teen Mothers Know," *Human Nature* 7, no. 4 (1996): 323–52.
509. C. Wedekind, T. Seebeck, F. Bettens, and A. J. Paepke, "MHC-Dependent Mate Preferences in Humans," *Proceedings of the Royal Society B, Biological Sciences* 260, no. 1359 (1995): 245–49.
510. Leslie Vosshall, correspondence with the author, October 26, 2017.
511. C. Ober, L. R. Weitkamp, N. Cox, H. Dytch, D. Kostyu, and S. Elias, "HLA and Mate

第八章 愛著不專一的女性

470. Tim, interviews with the author, 2016, 2017.

471. Profile, "Carrie Jenkins," University of British Columbia website, accessed February 11, 2018, https://philosophy.ubc.ca/persons/carrie-jenkins/.

472. C. S. Jenkins, *Grounding Concepts: An Empirical Basis for Arithmetical Knowledge* (Oxford, UK: Oxford University Press, 2008).

473. C. Jenkins, *What Love Is: And What It Could Be* (New York: Basic Books, 2017).

474. Carrie Jenkins, interview with the author, August 7, 2017.

475. Jenkins, *What Love Is*, ix.

476. Jenkins, correspondence with the author, August 15, 2017.

477. Jenkins, interview, August 7, 2017.

478. M. Weigel, " 'I Have Multiple Loves': Carrie Jenkins Makes the Philosophical Case for Polyamory," *Chronicle of Higher Education*, February 3, 2017.

479. D. Baer, "Maybe Monogamy Isn't the Only Way to Love," The Cut, *New York*, March 6, 2017, https://www.thecut.com/2017/03/science-of-polyamory-open-relationships-and-nonmonogamy.html.

480. K. Snyder, "Hollywood Sets Up Its Lady Superheroes to Fail," *Wired*, June 14, 2015, https://www.wired.com/2015/06/hollywood-sets-lady-superheroes-fail/; and J. Bailey, "Will November's Diverse Blockbusters Kill Hollywood's Teenage Boy Obsession?" *Flavorwire*, December 4, 2013, http://flavorwire.com/428023/will-novembers-diverse-blockbusters-kill-hollywoodsteenage-boy-obsession.

481. N. Woolf, "Leslie Jones Bombarded with Racist Tweets After *Ghostbusters* Opens," *The Guardian*, July 18, 2016, https://www.theguardian.com/culture/2016/jul/18/leslie-jones-racist-tweets-ghostbusters.

482. Jenkins, interview, August 7, 2017.

483. Mara, interview with the author, 2017.

484. Alicia Walker, interview with the author, September 25, 2017.

485. Michelle, interview with the author, 2017.

486. Robert, interviews with the author, 2017.

487. *Double Indemnity*, directed by B. Wilder, screenplay by B. Wilder and R. Chandler (Hollywood, CA: Paramount Pictures, 1944), film.

488. D. Ley, *Insatiable Wives: Women Who Stray and the Men Who Love Them* (Lanham, MD: Rowman and Littlefield, 2009), 8.

489. J. J. Lehmiller, *Tell Me What You Want: The Science of Sexual Desire and How It Can Help You Improve Your Sex Life* (Boston: Da Capo Press, 2018); and J. J. Lehmiller, correspondence with the author, October 25, 2017.

490. K. Ma, "Take My Wife, Please: The Rise of Cuckolding Culture," DateHookup.com (originally Nerve.com), March 3, 2010, https://www.datehookup.com/singles-content-take-my-wife-please--the-rise-of-cuckolding-culture.htm.

453. *Insecure*, season 2, episode 1, "Hella Great," aired July 23, 2017, on HBO, https://www.hbo.com/insecure/season-01/2-messy-as-f-k.
454. D. Young, "The Problem with #Team-Lawrence, Explained," Very Smart Brothas, July 25, 2017, https://verysmartbrothas.the-root.com/the-problem-with-teamlawrenceexplained-1822521432.
455. Rae interview with Wilmore, *Black on the Air*.
456. Frenchie Davis, interviews with the author, August 1, 2017, and December 1, 2017.
457. "Fucking Ain't Conscious" Frenchie (Def Poetry), video, posted by rpolanco3, November 11, 2010, excerpt from *Def Poetry Jam*, season 3, episode 5, aired May 3, 2003, on HBO, https://www.youtube.com/watch?v=nGbNKaJcFb0.
458. F. Davis, *Not from Between My Thighs* (self-pub., 2001), https://www.amazon.com/Not-From-Between-My-Thighs/dp/0971438404.
459. G. E. Wyatt, S. D. Peters, and D. Guthrie, "Kinsey Revisited, Part I: Comparisons of the Sexual Socialization and Sexual Behavior of White Women Over 33 Years," *Archives of Sexual Behavior* 17, no. 3 (1988): 201–39; and G. E. Wyatt, S. D. Peters, and D. Guthrie, "Kinsey Revisited, Part II: Comparisons of the Sexual Socialization and Sexual Behavior of Black Women Over 33 Years," *Archives of Sexual Behavior* 17, no. 4 (1988): 289–332.
460. Wyatt, Peters, and Guthrie, "Kinsey Revisited, Part II," 327.
461. Wyatt, Peters, and Guthrie, "Kinsey Revisited, Part II," 316.
462. Wyatt, Peters, and Guthrie, "Kinsey Revisited, Part II," 314.
463. Wyatt, Peters, and Guthrie, "Kinsey Revisited, Part II," 317.
464. G. Pollard-Terry, "A Refined Eye," interview of Gail Elizabeth Wyatt, *Los Angeles Times*, January 3, 2004, http://articles.latimes.com/2004/jan/03/entertainment/et-pollard3.
465. C. Kelley, "Sex Therapist, Witness to Civil Rights Movement to Speak Sunday," *Atlanta in Town*, July 15, 2016, http://atlantaintownpaper.com/2016/07/32886/; "June Dobbs Butts Oral History Interview," interview by F. Abbott, January 29, 2016, Special Collections and Archives, Georgia State University Library, http://digitalcollections.library.gsu.edu/cdm/ref/collection/activistwmn/id/17; and M. McQueen, "June Dobbs Butts, Pioneer Work on Sex Therapy's New Frontier," *Washington Post*, October 9, 1980, https://www.washingtonpost.com/archive/local/1980/10/09/june-dobbs-butts-pioneer-work-on-sex-therapys-new-frontier/7db54898-4411-45a8-9035-19b7543db4ff/?utm_term=.654db922f5a0.
466. J. Dobbs Butts, "Sex Education: Who Needs It?," *Ebony*, April 1977, 96–98, 100.
467. J. Dobbs Butts, "Sex Education," 128, 130, 132, 134.
468. J. Dobbs Butts, "Inextricable Aspects of Sex and Race," *Contributions in Black Studies* 1, no. 5 (1977): 53.
469. R. Gay, *Difficult Women* (New York: Grove Press, 2017).

and London: Duke University Press, 2014), 9.
433. Miller-Young, *A Taste for Brown Sugar*, 90–98.
434. Miller-Young, *A Taste for Brown Sugar*, 91.
435. Miller-Young, *A Taste for Brown Sugar*, 97.
436. "6.9 Questions with Dr Mireille Miller-Young," video interview of M. Miller-Young by K. Shibari, 14:55, posted April 10, 2013, by hotmoviesforher, https://www.youtube.com/watch? time_continue=2&v=DmZzLFznr-0.
437. "6.9 Questions with Dr Mireille Miller-Young," interview, https://www.youtube.com/watch?time_continue=2&v=DmZzLFznr-0.
438. Chideya, "Sex Stereotypes of African Americans," https://www.npr.org/templates/story/story.php?storyId=10057104.
439. "6.9 Questions with Dr Mireille Miller-Young," interview, https://www.youtube.com/watch?time_continue=2&v=DmZzLFznr-0.
440. Miller-Young, *A Taste for Brown Sugar*, 110, 243.
441. Anonymous, interview with the author, 2017.
442. T. McMillan Cottom, "How We Make Black Girls Grow Up Too Fast," *New York Times*, July 29, 2017, https://www.nytimes.com/2017/07/29/opinion/sunday/how-we-make-black-girls-grow-up-too-fast.html.
443. McMillan Cottom, "Black Girls Grow Up Too Fast," https://www.nytimes.com/2017/07/29/opinion/sunday/how-we-make-black-girls-grow-up-too-fast.html.
444. McMillan Cottom, "Black Girls Grow Up Too Fast," https://www.nytimes.com/2017/07/29/opinion/sunday/how-we-make-black-girls-grow-up-too-fast.html.
445. Crunktastic, "SlutWalks v. Ho Strolls," Crunk Feminist Collective, May 23, 2011, https://crunkfeminist collective.wordpress.com/2011/05/23/slutwalks-v-ho-strolls/.
446. Miller-Young, *A Taste for Brown Sugar*, 201.
447. Issa Rae Productions, *The Misadventures of Awkward Black Girl*, web series, two seasons, 2011–2013, http://awkwardblackgirl.com; and I. Rae, *The Misadventures of Awkward Black Girl* (New York: Atria, 2016).
448. Rae interview with Wilmore, *Black on the Air.*
449. *Insecure*, season 1, episode 2, "Messy as F**k," aired October 16, 2016, on HBO, https://www.hbo.com/insecure/season-01/2-messy-as-f-k.
450. Rae interview with Wilmore, *Black on the Air.*
451. C. Northrup, P. Schwartz, and J. Witte, "Why People Cheat: 'The Normal Bar' Reveals Infidelity Causes," *Divorce* (blog), *Huffington Post*, January 22, 2013, excerpt from *The Normal Bar: The Surprising Secrets of Happy Couples and What They Reveal About Creating a New Normal in Your Relationship* (New York: Harmony, 2014), https://www.huffingtonpost.com/2013/01/22/why-people-cheat_n_2483371.html.
452. E. Perel, *Mating in Captivity* (New York: HarperCollins, 2006); and E. Perel, *The State of Affairs: Rethinking Infidelity* (New York: HarperCollins, 2017).

413. Diamond, interview, September 28, 2017.

第七章　重要的他者

414. D. Philyaw, "Eula," *Apogee* 9 (Summer 2017).
415. Tiffany Dufu, interview with the author, January 25, 2018.
416. D. Philyaw, "Milk for Free," *Brevity* 49 (May 2015).
417. T. Winfrey Harris, *The Sisters Are Alright: Changing the Broken Narrative of Black Women in America* (Oakland, CA: Berrett-Koehler, 2015).
418. Deesha Philyaw, interviews with the author, July 26, 2017, and November 9, 2017.
419. Winfrey Harris, *The Sisters Are Alright*, 3–4.
420. P. Hill Collins, *Black Feminist Thought: Knowledge, Consciousness, and the Politics of Empowerment* (New York: Routledge, 2002), 98.
421. Collins, *Black Feminist Thought*, 19.
422. Winfrey Harris, *The Sisters Are Alright*, 32–33.
423. Victor Corona, correspondence with the author, summer 2017.
424. J. K. Williams, G. E. Wyatt, H. F. Myers, K. N. Presley Green, and U. S. Warda, "Patterns in Relationship Violence Among African American Women," *Journal of Aggression, Maltreatment, and Trauma* 16, no. 3 (2008) 296–310; G. Pollard-Terry, "For African American Rape Victims, a Culture of Silence," *Los Angeles Times*, July 20, 2004, http://articles.latimes.com/2004/jul/20/entertainment/et-pollard20; and N. G. Alexander-Floyd, "Beyond Superwoman: Justice for Black Women Too," *Dissent*, Winter 2014, https://www.dissentmagazine.org/article/beyond-superwoman-justice-for-black-women-too.
425. J. Katz, C. Merrilees, J. C. Hoxmeier, and M. Motisi, "White Female Bystanders' Responses to Black Women at Risk for Incapacitated Sexual Assault," *Psychology of Women Quarterly* 41, no. 2 (2017): 273–85.
426. T. Winfrey Harris, "No Disrespect: Black Women and the Burden of Respectability," Bitch Media, May 22, 2012, https://www.bitchmedia.org/article/no-disrespect.
427. Winfrey Harris, *The Sisters Are Alright*, 7.
428. Philyaw, interview, July 26, 2017.
429. Winfrey Harris, *The Sisters Are Alright*, 79.
430. Issa Rae interview with Larry Wilmore, "Issa Rae from 'Insecure' on the 'Hoe Phase' and Finding Her Voice," *Black on the Air*, episode 10, August 3, 2017, found on The Ringer podcast network, https://www.theringer.com/2017/8/4/16100040/issa-rae-on-the-hoe-phase-and-finding-her-voice.
431. F. Chideya, "Sex Stereotypes of African Americans Have Long History," interview with H. Samuels and M. Miller-Young, *News and Notes*, National Public Radio, aired May 7, 2007, https://www.npr.org/templates/story/story.php?storyId=10057104.
432. M. Miller-Young, *A Taste for Brown Sugar: Black Women in Pornography* (Durham, NC,

Rieger, E. Latty, and J. M. Bailey, "A Sex Difference in the Specificity of Sexual Arousal," *Psychological Sciences* 15, no. 11 (2004): 736–44.

398. A. M. Walker, "'I'm Not a Lesbian; I'm Just a Freak': A Pilot Study of the Experiences of Women in Assumed-Monogamous Other-Sex Unions Seeking Secret Same-Sex Encounters Online, Their Negotiation of Sexual Desire, and Meaning-Making of Sexual Identity," *Sexuality and Culture* 18, no. 4 (2014): 911–35.
399. M. Dawson, "This Sex Club Gives Men Major FOMO," *New York Post*, March 3, 2016, https://nypost.com/2016/03/03/men-are-dying-to-get-into-this-all-female-sex-club/.
400. Bryony Cole, interview with the author, May 5, 2017.
401. L. M. Diamond, *Sexual Fluidity: Understanding Women's Love and Desire* (Cambridge, MA: Harvard University Press, 2008).
402. Lisa Diamond, interview with the author, September 28, 2017.
403. Diamond, interview, September 28, 2017.
404. W. Martin, "Gay Until Labor Day: Stretching Female Sexuality in the Hamptons," *Observer,* May 18, 2016, http://observer.com/2016/05/gay-until-labor-day-stretching-female-sexuality-in-the-hamptons/.
405. *Saturday Night Live*, season 40, "Forgotten TV Gems: Whoops! I Married a Lesbian," aired May 16, 2015, on NBC, http://www.nbc.com/saturday-night-live/video/forgotten-tv-gems-whoops-i-married-a-lesbian/2866702? snl=1.
406. B. Kerr, "Inside the Sex Party That Lets Straight Women Be Gay for a Night," *Rolling Stone*, February 23, 2017, https://www.rollingstone.com/culture/features/inside-a-sex-party-where-straight-women-are-gay-for-a-night-w467015.
407. J. Gay, " 'Mummies and Babies' and Friends and Lovers in Lesotho," *Cambridge Journal of Anthropology* 5, no. 3 (1979): 32–61, cited in E. Blackwood, ed., *The Many Faces of Homosexuality: Anthropological Approaches to Homosexual Behavior* (New York: Harrington Park Press, 1986), 97–116.
408. M. Shostak, *Nisa: The Life and Words of a !Kung Woman* (Cambridge, MA: Harvard University Press, 1981), 99, 103.
409. G. Wekker, " 'What's Identity Got to Do with It?' Rethinking Identity in Light of the *Mati* Work in Suriname," in E. W. E. Blackwood and S. E. Wieringa, eds., *Female Desires: Same-Sex Relations and Transgender Practices Across Cultures* (New York: Columbia University Press, 1999), 119–38, 232.
410 H. E. Fisher, *Anatomy of Love: A Natural History of Marriage, Mating, and Why We Stray* (New York: W. W. Norton, 2016); and H. E. Fisher, *The Sex Contract: The Evolution of Human Behavior* (New York: William Morrow, 1982).
411. E. M. Morgan and E. M. Thompson, "Processes of Sexual Orientation Questioning Among Heterosexual Women," *Journal of Sex Research* 48, no. 1 (2011): 16–28.
412. A. Tsoulis-Reay, "Are You Straight, Gay, or Just . . . You?," *Glamour*, February 11, 2016, https://www.glamour.com/story/glamour-sexuality-survey.

Smithsonian Magazine, November 2006, https://www.smithsonianmag.com/science-nature/the-smart-and-swinging bonobo-134784867/; and "The Make Love, Not War Species," *Living on Earth*, PRI, radio broadcast, 14:47, aired the week of July 7, 2006, https://loe.org/shows/segments.html?programID=06-P13-00027&segmentID=2.

389. A. R. Parish, "Female Relationships in Bonobos (*Pan paniscus*): Evidence for Bonding, Cooperation, and Female Dominance in a Male-Philopatric Species," *Human Nature* 7, no. 1 (1996): 61–96; Parish, "Sex and Food Control in the 'Uncommon Chimpanzee,' " 157–79; A. R. Parish, F. M. de Waal, and D. Haig, "The Other Closest Living Relative: How Bonobos (*Pan paniscus*) Challenge Traditional Assumptions About Females, Dominance, Intra- and Intersexual Interactions, and Hominid Evolution," *Annals of the New York Academy of Sciences* 907 (2000): 97–113; and T. Furuichi, "Female Contributions to the Peaceful Nature of Bonobo Society," *Evolutionary Anthropology: Issues, News, and Reviews* 20, no. 4 (2011): 131–42.

390. J. D. Roth, "Ape Bites Off Keeper's Finger, Returns It," Animal Intelligence, March 26, 2007, http://www.animalintelligence.org/2007/03/26/ape-bites-off-keepers-fingerreturns-it/.

391. M. F. Small, "Casual Sex Play Common Among Bonobos," *Discover*, June 1, 1992, cited in Small, *Female Choices*, 144 .

392. G. Hohmann and B. Fruth, "Use and Function of Genital Contacts Among Female Bonobos," *Animal Behavior* 60, no. 1 (2000): 107–20; Furuichi, "Female Contributions to the Peaceful Nature of Bonobo Society," 131–42; and Parish, De Waal, and Haig, "The Other Closest Living Relative," 97–113.

393. P. Orenstein, *Girls and Sex: Navigating the Complicated New Landscape* (New York: Oneworld, 2016).

394. V. Grigoriadis, *Blurred Lines: Rethinking Sex, Power, and Consent on Campus*(Boston: Houghton Mifflin Harcourt, 2018).

395. B. Smuts, "The Evolutionary Origins of Patriarchy," *Human Nature* 6, no. 1 (1995): 1–32; and Z. Tang-Martínez, "Rethinking Bateman's Principles: Challenging Persistent Myths of Sexually Reluctant Females and Promiscuous Males," *Journal of Sex Research* 53, no. 4 (2016): 532–39.

396. M. A. Fischer, "Why Women Are Leaving Men for Other Women," *O, The Oprah Magazine*, April 2009, http://www.oprah.com/relationships/why-women-are-leaving-men-for-lesbian-relationships-bisexuality/all.

397. M. L. Chivers, M. C. Seto, and R. Blanchard, "Gender and Sexual Orientation Differences in Sexual Response to Sexual Activities Versus Gender of Actors in Sexual Films," *Journal of Personality and Social Psychology* 93, no. 6 (2007): 1108–21; M. L. Chivers and A. D. Timmers, "Effects of Gender and Relationship Context in Audio Narratives on Genital and Subjective Sexual Response in Heterosexual Women and Men," *Archives of Sexual Behavior* 41, no. 1 (2012): 185–97; and M. L. Chivers, G.

human-relatives.
374. R. Diogo, J. L. Molnar, and B. Wood, "Bonobo Anatomy Reveals Stasis and Mosaicism in Chimpanzee Evolution, and Supports Bonobos as the Most Appropriate Extant Model for the Common Ancestor of Chimpanzees and Humans," *Scientific Reports* 7, article 608 (2017); and George Washington University, "Bonobos May Be Better Representation of Last Common Ancestor with Humans Than Chimps: Study Examined Muscles of Bonobos and Found They Are More Closely Related to Humans Than Common Chimpanzees," news release, *ScienceDaily*, April 29, 2017, https://www.sciencedaily.com/releases/2017/04/170429095021.htm.
375. T. C. Nguyen, "Gorillas Caught in a Very Human Act," *Live Science*, February 13, 2008, https://www.livescience.com/2298-gorillas-caught-human-act.html; and Small, *Female Choices*, 175.
376. E. Palagi and I. Norscia, "Bonobos Protect and Console Friends and Kin," *PLoS One* 8, no. 11 (2013): e79290.
377. F. B. M. de Waal and F. Lanting, *Bonobo: The Forgotten Ape* (Berkeley: University of California Press, 1997), 33.
378. Small, *Female Choices*, 175.
379. J. H. Manson, S. Perry, and A. R. Parish, "Nonconceptive Sexual Behavior in Bonobos and Capuchins," *International Journal of Primatology* 18, no. 5 (1997): 767–86.
380. F. B. M. de Waal, "Bonobo Sex and Society," *Scientific American*, June 1, 2006, https://www.scientificamerican.com/article/bonobo-sex-and-society-2006-06/.
381. Manson, Perry, and Parish, "Nonconceptive Sexual Behavior in Bonobos and Capuchins," 767–86.
382. J. P. Balcombe, *The Exultant Ark: A Pictorial Tour of Animal Pleasure*(Berkeley: University of California Press, 2011).
383. Z. Clay, S. Pika, T. Gruber, and K. Zuberbühler, "Female Bonobos Use Copulation Calls as Social Signals," *Biology Letters* 7, no. 4 (2011): 513–16.
384. Amy Parish, interview with the author, March 16, 2017.
385. A. R. Parish, "Sex and Food Control in the 'Uncommon Chimpanzee': How Bonobo Females Overcome a Phylogenetic Legacy of Male Dominance," *Ethology and Sociobiology* 15, no. 3 (1994): 157–79.
386. D. P. Watts, M. Muller, S. J. Amsler, G. Mbabazi, and J. C. Mitani, "Lethal Intergroup Aggression by Chimpanzees in Kibale National Park, Uganda," *American Journal of Primatology* 68, no. 2 (2006): 161–80.
387. A. C. Arcadi and R. W. Wrangham, "Infanticide in Chimpanzees: Review of Cases and a New Within-Group Observation from the Kanyawara Study Group in Kibale National Park," *Primates* 40, no. 2 (1999): 337–51.
388. I. Parker, "Swingers," *New Yorker*, July 30, 2007, https://www.newyorker.com/magazine/2007/07/30/swingers-2; P. Raffaele, "The Smart and Swinging Bonobo,"

University Press, 1992), 100–16, cited in Small, *Female Choices*, 172–73.

361. J. Kuester and A. Paul, "Female Reproductive Characteristics in Semifree-Ranging Barbary Macaques (*Macaca sylvanus*)," *Folia Primatologica* 43, nos. 2–3 (1984): 69–83, cited in Small, *Female Choices*, 172; M. F. Small, "Promiscuity in Barbary Macaques (*Macaca sylvanus*)," *American Journal of Primatology* 20, no. 4 (1990): 267–82, cited in Small, *Female Choices*, 172; and D. M. Taub, "Female Choice and Mating Strategies Among Wild Barbary Macaques (*Macaca sylvanus*)," in D. G. Lindburg, ed., *The Macaques: Studies in Ecology, Behavior, and Evolution* (New York: Van Nostrand Reinhold, 1980), cited in Small, *Female Choices*, 172.
362. M. F. Small, "Female Choice in Nonhuman Primates," *American Journal of Physical Anthropology* 32, no. S10 (1989): 103–27; and Small, *Female Choices*, 171.
363. Small, "Female Choice in Nonhuman Primates," 103–27; and Small, *Female Choices*, 171.
364. Small, "Female Choice in Nonhuman Primates," 103–27; and Small, *Female Choices*, 171.
365. D. Bergner, *What Do Women Want? Adventures in the Science of Female Desire* (New York: HarperCollins, 2013), 43–51, 121.
366. U. Reichard, "Extra-Pair Copulations in a Monogamous Gibbon (*Hylobates lar*)," *Ethology* 100, no. 2 (1995): 99–112; R. A. Palombit, "Extra-Pair Copulations in a Monogamous Ape," *Animal Behaviour* 47, no. 3 (1994): 721–23; and C. Barelli, K. Matsudaira, T. Wolf, C. Roos, M. Heistermann, K. Hodges, T. Ishida, S. Malaivijitnond, and U. H. Reichard, "Extra-Pair Paternity Confirmed in Wild White-Handed Gibbons," *American Journal of Primatology* 75, no. 12 (2013): 1185–95.
367. Small, *Female Choices*, 171.
368. Small, *Female Choices*, 164.
369. Wolfe, "Behavioral Patterns of Estrous Females," 525–34.
370. C. Srivastava, C. Borries, and V. Sommer, "Homosexual Mounting in Free-Ranging Hanuman Langurs (*Presbytis entellus*)," *Archives of Sexual Behavior* 20, no. 5 (1991): 487–516, cited in Small, *Female Choices*, 146.
371. A. L. Zihlman, J. E. Cronin, D. L. Cramer, and V. M. Sarich, "Pygmy Chimpanzee as a Possible Prototype for the Common Ancestor of Humans, Chimpanzees, and Gorillas," *Nature* 275, no. 5682 (1978): 744–46; K. Prüfer, K. Munch, I. Hellman, K. Akagi, J. R. Miller, B. Walenz, S. Koren, et al., "The Bonobo Genome Compared with the Chimpanzee and Human Genomes," *Nature* 486, no. 7404 (2012): 527–31; and A. Gibbons, "Bonobos Join Chimps as Closest Human Relatives," *Science*, June 13, 2012, https://www.sciencemag.org/news/2012/06/bonobos-join-chimps-closest-human-relatives.
372. "Zoos," The Bonobo Project website, accessed 2018, https://bonoboproject.org/heroes-for-bonobos/zoos/.
373. Prüfer et al., "The Bonobo Genome Compared," 527–31; and Gibbons, "Bonobos Join Chimps," https://www.sciencemag.org/news/2012/06/bonobos-join-chimps-closest-

348. Scelza, "Female Choice and Extra Pair Paternity," 889–91.
349. Hrdy, "The Optimal Number of Fathers," 246; and E. M. Johnson, "Promiscuity Is Pragmatic," *Slate*, December 4, 2013, http://www.slate.com/articles/health_and_science/science/2013/12/female_promiscuity_in_primates_when_do_women_have_multiple_partners.html.
350. Scelza, "Female Choice and Extra Pair Paternity," 889–91.

第六章　天堂裡的巴諾布猿

351. L. Wolfe, "Behavioral Patterns of Estrous Females of the Arashiyama West Troop of Japanese Macaques (*Macaca fuscata*)," Primates 20, no. 4 (1979): 525–34, cited in M. F. Small, *Female Choices: Sexual Behavior of Female Primates* (Ithaca, NY: Cornell University Press, 1993), 111.
352. D. G. Lindburg, S. Shideler, and H. Fitch, "Sexual Behavior in Relation to Time of Ovulation in the Lion-Tailed Macaque," in P. G. Heltne, ed., *The Lion-Tailed Macaque: Status and Conservation*, vol. 7 (New York: Alan R. Liss, 1985), 131–48, cited in Small, Female Choices, 111–12.
353. Lindburg, Shideler, and Fitch, "Sexual Behavior in Relation to Time of Ovulation," cited in Small, *Female Choices*, 111–12.
354. R. Foerg, "Reproductive Behavior in *Varecia variegata*," *Folia Primatologica* 38, nos. 1–2 (1982): 108–21, cited in Small, *Female Choices,* 112.
355. C. H. Janson, "Female Choice and Mating System of the Brown Capuchin Monkey *Cebus apella*," *Ethology* 65, no. 3 (1984): 177–200, cited in Small, *Female Choices*, 158.
356. Janson, "Female Choice and Mating System of the Brown Capuchin Monkey," 177–200, cited in Small, *Female Choices*, 158.
357. Small, *Female Choices*, 174.
358. D. G. Lindburg, "Mating Behavior and Estrus in the Indian Rhesus Monkey," in P. K. Seth, ed., *Perspectives in Primate Biology* (New Delhi: Today and Tomorrow's Publishers, 1983), 45–61, cited in Small, *Female Choices*, 172.
359. G. S. Saayman, "The Menstrual Cycle and Sexual Behavior in a Troop of Free-Ranging Chacma Baboons (Papio ursinus)," *Folia Primatologica* 12, no. 2 (1970): 81–110, cited in Small, in *Female Choices*, 173.
360. K. Milton, "Mating Patterns of Woolly Spider Monkeys, *Brachyteles arachnoides*: Implications for Female Choice," *Behavioral Ecology and Sociobiology* 17, no. 1 (1985): 53–59, cited in Small, *Female Choices*, 172–73; K. B. Strier, "New World Primates, New Frontiers: Insights from the Woolly Spider Monkey, or Muriqui (*Brachyteles arachnoides*)," *International Journal of Primatology* 11, no. 1 (1990): 7–19, cited in Small, *Female Choices*, 172–73; and K. B. Strier, "Causes and Consequences of Nonaggression in the Woolly Spider Monkey, or Muriqui (*Brachyteles arachnoides*)," in J. Silverberg and J. P. Gray, eds., *Aggression and Peacefulness in Humans and Other Primates* (New York: Oxford

Apart," *Evolution and Human Behavior* 22, no. 1 (2001): 47–60.
326. Hrdy, "The Optimal Number of Fathers," 75–96.
327. Borgerhoff Mulder, "Serial Monogamy," 130–50.
328. Hrdy, "The Optimal Number of Fathers," 75–96.
329. Borgerhoff Mulder, "Serial Monogamy," 130–50.
330. Borgerhoff Mulder, "Serial Monogamy," 130–50.
331. Borgerhoff Mulder, "Serial Monogamy," 130–50.
332. S. Beckerman and P. Valentine, *Cultures of Multiple Fathers: The Theory and Practice of Partible Paternity in Lowland South America* (Gainesville: University of Florida Press, 2002).
333. K. Hill and A. M. Hurtado, *Aché Life History: The Ecology and Demography of a Foraging People* (New York: Aldine de Gruyter, 1996), cited in Hrdy, *Mother Nature*, 246.
334. Hill and Hurtado, *Aché Life History*, cited in Hrdy, *Mother Nature*, 246.
335. Beckerman and Valentine, *Cultures of Multiple Fathers*, 10.
336. S. Beckerman, R. Lizarralde, C. Ballew, S. Schroeder, C. Fingelton, A. Garrison, and H. Smith, "The Bari Partible Paternity Project: Preliminary Results," *Current Anthropology* 39, no. 1 (1998): 164–68, cited in Hrdy, *Mother Nature*, 247–48.
337. Hrdy, *Mother Nature*, 248.
338. Z. Tang-Martínez, "Rethinking Bateman's Principles: Challenging Persistent Myths of Sexually Reluctant Females and Promiscuous Males," *Journal of Sex Research* 53, no. 4 (2016): 532–59; and Z. Tang-Martínez, "Data Should Smash the Biological Myth of Promiscuous Males and Sexually Coy Females," Phys.org, January 20, 2017, https://phys.org/news/2017-01-biological-myth-promiscuous-males-sexually.html.
339. Drea, "Bateman Revisited," 915–23.
340. Drea, "Bateman Revisited," 915–23.
341. P. A. Gowaty, Y.-K. Kim, and W. A. Anderson, "No Evidence of Sexual Selection in a Repetition of Bateman's Classic Study of *Drosophila melanogaster*," *Proceedings of the National Academy of Sciences* 109, no. 29 (2012):11740–45.
342. Drea, "Bateman Revisited," 915–23; and Gowaty, Kim, and Anderson, "No Evidence of Sexual," 11740–45.
343. Brooke Scelza, interview with the author, October 11, 2016.
344. H. Greiling and D. M. Buss, "Women's Sexual Strategies: The Hidden Dimension of Extra-Pair Mating," *Personality and Individual Differences* 28, no. 5 (2000): 929–63, cited in Scelza, "Female Choice and Extra Pair Paternity," 889–91.
345. Scelza, "Female Choice and Extra Pair Paternity," 889–91; and A. Saini, *Inferior: How Science Got Women Wrong—And the New Research That's Rewriting the Story* (Boston: Beacon, 2017), 129–31.
346. Scelza, interview, October 11, 2016.
347. Scelza, "Female Choice and Extra Pair Paternity," 889–91.

306. J. R. Garcia, E. A. Lloyd, K. Wallen, and H. E. Fisher, "Variation in Orgasm Occurrence by Sexual Orientation in a Sample of U.S. Singles," *Journal of Sexual Medicine* 11, no. 11 (2014): 2645–52; and L. Wade, "The Orgasm Gap," *AlterNet*, April 3, 2013.
307. S. B. Hrdy, "The Primate Origins of Human Sexuality," in G. Stevens and R. Bellig, eds., *The Evolution of Sex* (San Francisco: Harper and Row, 1988), 101–36.
308. Hrdy, interview, October 25, 2016.
309. Hrdy, "The Primate Origins of Female Sexuality," 122.
310. Hrdy, "The Primate Origins of Female Sexuality," 123.
311. C. Ryan and C. Jethá, *Sex at Dawn: How We Mate, Why We Stray, and What It Means for Modern Relationships* (New York: HarperCollins, 2012), 265–67.
312. J. E. Rodgers, *Sex: A Natural History* (New York: Henry Holt, 2002), 99; and Ryan and Jethá, *Sex at Dawn*, 222–32.
313. A. L. Dixson and M. J. Anderson, "Sexual Selection, Seminal Coagulation, and Copulatory Plug Formation in Primates," *Folio Primatologica* (Basel) 73, nos. 2–3 (2002): 63–69.
314. G. G. Gallup, R. L. Burch, M. L. Zappieri, R. A. Parvez, M. L. Stockwell, and J. A. Davis, "The Human Penis as a Semen Displacement Device," *Evolution and Human Behavior* 27, no. 4 (2003): 277–89.
315. Ryan and Jethá, *Sex at Dawn*, 228; and Amy Parish, interview with the author, March 13, 2017.
316. Z. Clay, S. Pika, T. Gruber, and K. Zuberbühler, "Female Bonobos Use Copulation Calls as Social Signals," *Biology Letters* 7, no. 4 (2011): 513–16.
317. Smuts, *Sex and Friendship in Baboons*; and Small, *Female Choices*, 6, 171.
318. W. Shakespeare, *Hamlet*, ed. Cyrus Hoy (New York: W. W. Norton, 1996), 143–46.
319. C. Hua, *A Society Without Fathers or Husbands: The Na of China*, trans. A. Hustvedt (New York: Zone Books, 2001).
320. C. M. Beall and M. C. Goldstein, "Tibetan Fraternal Polyandry: A Test of Sociobiological Theory," *American Anthropologist* 83, no. 1 (1981): 5–12.
321. K. E. Starkweather and R. Hames, "A Survey of Non-Classical Polyandry," *Human Nature* 23, no. 2 (2012): 149–72.
322. Small, *Female Choices*, 214.
323. S. B. Hrdy, "The Optimal Number of Fathers: Evolution, Demography, and History in the Shaping of Female Mate Preferences," *Annals of the New York Academy of Sciences* 907, no. 1 (2000): 75–96; and M. Borgerhoff Mulder, "Serial Monogamy as Polygyny or Polyandry? Marriage in the Tanzanian Pimbwe," *Human Nature* 20, no. 2 (2009): 130–50.
324. J. F. Peters and C. L. Hunt, "Polyandry Among the Yanomama Shirishana," *Journal of Comparative Family Studies* 6, no. 2 (1975): 197–207.
325. K. A. Haddix, "Leaving Your Wife and Your Brothers: When Polyandrous Marriages Fall

1981).
293. Hrdy, interview, October 25, 2016.
294. D. Bergner, *What Do Women Want? Adventures in the Science of Female Desire* (New York: HarperCollins, 2013), 43–51, 121.
295. C. Barelli, K. Matsudaira, T. Wolf, C. Roos, M. Heistermann, K. Hodges, T. Ishida, S. Malaivijitnond, and U. H. Reichard, "Extra-Pair Paternity Confirmed in Wild White-Handed Gibbons," *American Journal of Primatology* 75, no. 12 (2013): 1185–95.
296. M. F. Small, "Female Choice in Nonhuman Primates," *American Journal of Physical Anthropology* 32, no. S10 (1989): 103–27; and M. F. Small, "Female Choice and Primates," in *Female Choices: Sexual Behavior of Female Primates* (Ithaca, NY: Cornell University Press, 1993), 171.
297. Small, *Female Choices*, passim; A. Jolly, "Pair Bonding, Female Aggression, and the Evolution of Lemur Societies," *Folia Primatologica* 69, suppl. 1 (1998): 1–13; B. Smuts, *Sex and Friendship in Baboons* (New York: Aldine, 1985); B. Smuts, "The Evolutionary Origins of Patriarchy," *Human Nature* 6, no. 1 (1994): 1–32; and J. Altmann, and S. C. Alberts, "Variability in Reproductive Success Viewed from a Life-History Perspective in Baboons," *American Journal of Human Biology* 15, no. 3 (2003): 401–9.
298. C. M. Drea, "Bateman Revisited: The Reproductive Tactics of Female Primates," *Integrative and Comparative Biology* 45, no. 5 (2005): 915–23.
299. J. Soltis, "Do Primate Females Gain Nonprocreative Benefits by Mating with Multiple Males? Theoretical and Empirical Considerations," *Evolutionary Anthropology* 11, no. 5 (2002): 187–97.
300. S. Winston, "The Missing Female Pleasure Parts," Intimate Arts Center blog, September 20, 2016, https://intimateartscenter.com/the-missing-female-pleasure-parts/; and S. Winston, "Lost Sexy Bits," Intimate Arts Center blog, August 12, 2016, https://intimateartscenter.com/the-missing-sexy-pieces/.
301. N. Angier, *Woman: An Intimate Geography*(Boston: Houghton Mifflin Harcourt, 1999), 67.
302. Angier, *Woman*, 65.
303. Winston, "The Missing Female Pleasure Parts," https://intimateartscenter.com/the-missing-female-pleasure-parts/; and S. Winston, "Lost Sexy Bits," https://intimateartscenter.com/the-missing-sexy-pieces/.
304. L. R. Emery, "Here's [Why] Many Single Women Have Multiple Orgasms," *Bustle*, February 2, 2016, https://www.bustle.com/articles/139224-heres-many-single-women-have-multiple-orgasms.
305. E. Gordon, correspondence with the author, April 8, 2018; and R. J. Levin and G. Wagner, "Orgasm in Women in the Laboratory—Quantitative Studies on Duration, Intensity, Latency, and Vaginal Blood Flow," *Archives of Sexual Behavior* 14, no. 5 (1985): 444.

276. R. L. Trivers, "Parental Investment and Sexual Selection," in B. Campbell, ed., *Sexual Selection and the Descent of Man, 1871–1971* (Chicago: Aldine, 1972), 136–79; and R. L. Trivers and D. E. Willard, "Natural Selection of Parental Ability to Vary the Sex Ratio of Offspring," *Science* 179, no. 4068 (1973): 90–92.
277. Trivers, "Parental Investment and Sexual Selection," passim.
278. S. B. Hrdy, "Quality vs. Quantity," in *Mother Nature: Maternal Instincts and the Shaping of the Species* (New York: Ballantine, 2000), 8–10.
279. S. B. Hrdy, "Empathy, Polyandry, and the Myth of the Coy Female," in E. Sober, ed., *Conceptual Issues in Evolutionary Biology* (Cambridge, MA: MIT Press, 1994), 131–59.
280. "Why You Do What You Do: Sociobiology: A New Theory of Behavior," *Time*, August 1, 1977, http://content.time.com/time/magazine/article/0,9171,915181,00.html.
281. D. J. Trump and B. Zanker, *Think Big and Kick Ass in Business and Life* (New York: HarperLuxe, 2007), 270–71, cited in Dunsworth, "How Donald Trump Got Human Evolution Wrong," *Washington Post*, July 14, 2017, https://www.washingtonpost.com/news/speaking-of-science/wp/2017/07/13/human-evolutions-biggest-problems/?utm_term=.3215e2a12035.
282. Dunsworth, "How Donald Trump Got Human Evolution Wrong," https://www.washingtonpost.com/news/speaking-of-science/wp/2017/07/13/human-evolutions-biggest-problems/?utm_term=.3215e2a12035.
283. "Lock Her Up Is Right," *Washington Post* video, Donald Trump campaign speech, October 10, 2016, https://www.washingtonpost.com/video/politics/trump-on-clinton-lock-her-up-is-right/2016/10/10/fd56d59e-8f51-11e6-bc00-1a9756d4111b_video.html?utm_term=.44a85887919e.
284. P. Rucker, "Trump Says Fox's Megan Kelly Had 'Blood Coming Out of Her Wherever,' " *Washington Post*, August 8, 2015, https://www.washingtonpost.com/news/post-politics/wp/2015/08/07/trump-says-foxs-megyn-kelly-had-blood-coming-out-of-her-wherever/?utm_term=.caa657382a49.
285. Sarah Blaffer Hrdy, interview with the author, October 25, 2016.
286. S. B. Hrdy, "Male and Female Strategies of Reproduction Among the Langurs of Abu" (PhD thesis, Harvard University, 1975), retrieved from ProQuest Dissertations and Theses database (UMI no. 1295398).
287. Hrdy, interview, October 25, 2016.
288. S. B. Hrdy, "Male-Male Competition and Infanticide Among the Langurs (*Presbytis entellus*) of Abu, Rajasthan," *Folia Primatologica* 22, no. 1 (1974): 19–58.
289. Sarah Blaffer Hrdy, correspondence with the author, January 19, 2017.
290. Hrdy, interview, October 25, 2016, and correspondence with the author, January 19, 2017.
291. Hrdy, interview, October 25, 2016.
292. S. B. Hrdy, *The Woman That Never Evolved* (Cambridge, MA: Harvard University Press,

200–12.

259. C. Groneman, *Nymphomania: A History* (New York: W. W. Norton, 2001), 13–16.
260. Groneman, *Nymphomania*, 14.
261. Groneman, *Nymphomania*, 16.
262. J. Beach, "Limits to Women's Rights in the 1930s," Classroom, September 29, 2017, https://classroom.synonym.com/limits-to-womens-rights-in-the-1930s-12082808.html; L. K. Boehm, "Women, Impact of the Great Depression On," in R. S. McElvaine, ed., *Encyclopedia of the Great Depression*, vol. 2 (New York: Macmillan Reference USA, 2004), 1050–55, http://link.galegroup.com/apps/doc/CX3404500550/UHIC?u=vol_h99hs&xid=73687bb3; and L. Hapke, *Daughters of the Great Depression: Women, Work, and Fiction in the American 1930s* (Athens: University of Georgia Press, 1997).
263. Beach, "Limits to Women's Rights," https://classroom.synonym.com/limits-to-womens-rights-in-the-1930s-12082808.html.
264. US Department of Labor, Women's Bureau, *Women Workers in Ten War Production Areas and Their Postwar Employment Plans*, Bulletin 209 (Washington, DC: US Government Printing Office, 1946); and M. Schweitzer, "World War II and Female Labor Force Participation Rates," *Journal of Economic History* 40 (1980): 89–95.
265. B. Kahan, "The Walk-In Closet: Situational Homosexuality and Homosexual Panic," *Criticism* 55, no. 2 (2013): 177–201; J. L. Jackson, "Situational Lesbians and the Daddy Tank: Women Prisoners Negotiating Queer Identity and Space, 1970–1980," *Genders* 53 (2011); and E. Kennedy and M. Davis, *Boots of Leather, Slippers of Gold* (New York: Routledge, 1993).
266. J. Toops, "The Lavender Scare: Persecution of Lesbianism During the Cold War," *Western Illinois Historical Review* 5 (2013): 91–107, http://www.wiu.edu/cas/history/wihr/pdfs/Toops-LavenderScareVol5.pdf.
267. L. Diamond and R. C. Savin-Williams, "Explaining Diversity in the Development of Same-Sex Sexuality Among Young Women," *Journal of Social Issues* 56, no. 2 (2000): 297–313; and L. M. Diamond, *Sexual Fluidity* (Cambridge, MA: Harvard University Press, 2008).
268. A. J. Bateman, "Intra-sexual Selection in *Drosophila*," *Heredity* 2 (1948): 349–68.
269. D. A. Dewsbury, "The Darwin-Bateman Paradigm in Historical Context," *Integrative and Comparative Biology* 45, no. 5 (2005): 831–37.
270. Bateman, "Intra-sexual Selection in *Drosophila*," 362.
271. Bateman, "Intra-sexual Selection in *Drosophila*," 364.
272. Bateman, "Intra-sexual Selection in *Drosophila*," 365.
273. M. E. Murray, "Whatever Happened to I. Jane?: Citizenship, Gender, and Social Policy in Postwar Era," *Michigan Journal of Gender and Law* 9, no. 1 (2002): 123.
274. Dewsbury, "The Darwin-Bateman Paradigm," 831–37.
275. Dewsbury, "The Darwin-Bateman Paradigm," 831–37.

Fertility Population: The Roles of Paternity, Investment, and Love in Jealous Response," *Evolution and Human Behavior* 35, no. 2 (2014): 103–8.

242. M. Norman, "Getting Serious About Adultery; Who Does It and Why They Risk It," *New York Times*, July 4, 1998, http://www.nytimes.com/1998/07/04/arts/getting-serious-about-adultery-who-does-it-and-why-they-risk-it.html.
243. Scelza, "Jealousy in a Small-Scale," 103–8.
244. Brooke Scelza, interview with the author, March 22, 2017.
245. Brooke Scelza, interview with the author, March 22, 2017.
246. Scelza, "Female Choice," 889–91.
247. Brooke Scelza, interview with the author, October 11, 2016.
248. Scelza, "Female Choice," 889–91.
249. C. Darwin, *The Descent of Man, and Selection in Relation to Sex* (New York: D. Appleton and Company, 1896); and A. G. Jones and N. L. Ratterman, "Mate Choice and Sexual Selection: What Have We Learned Since Darwin?," *Proceedings of the National Academy of Sciences* 106, suppl. 1 (2009): 10001–8.
250. Darwin, *The Descent of Man*; and Jones and Ratterman, "Mate Choice and Sexual Selection," 10001–8.
251. Darwin, *The Descent of Man*, 222, 557, 563.
252. S. B. Hrdy, *The Woman That Never Evolved* (Cambridge, MA: Harvard University Press, 1981), xiii.
253. W. Acton, *The Functions and Disorders of the Reproductive Organs in Childhood, Youth, Adult Age, and Advanced Life, Considered in the Physiological, Social, and Moral Relations*, first edition, 1857, British Library Archive, https://www.bl.uk/romantics-and-victorians/articles/victorian-sexualities.
254. Acton, *Functions and Disorders of the Reproductive Organs*, 112; and Hrdy, *The Woman That Never Evolved*, 165. Also cited by S. Hrdy, correspondence with the author, January 19, 2017.
255. R. von Krafft-Ebing, *Psychopathia Sexualis, with Especial Reference to Contrary Sexual Instinct: A Medico-Legal Study*, trans. C. G. Chaddock (Philadelphia: F. A. Davis: 1894), 13.
256. Alexander G. Ophir, Steven M. Phelps, Anna Bess Sorin, and Jerry O. Wolff, "Social but Not Genetic Monogamy Is Associated with Greater Breeding Success in Prairie Voles," 2008, https://pdfs.semanticscholar.org/526d/c2781f6094002810f8eeb0b604e5ad155486.pdf; and M. C. Mainwaring and S. Griffith, "Looking After Your Partner: Sentinel Behavior in a Socially Monogamous Bird," *PeerJ* 1, e83 (2013), https://doi.org/10.7717/peerj.83.
257. "Ballistic Penises and Corkscrew Vaginas—The Sexual Battles of Ducks," *Discover*, December 22, 2009.
258. J. Ridley, *Bertie: A Life of Edward VII* (New York: Penguin Random House, 2013),

Fecundity, and Nonsynchrony in a Natural-Fertility Population," *Current Anthropology* 38, no. 1 (1997): 123–29.

228. C. Garcia-Moreno, A. Guedes, and W. Knerr, "Understanding and Addressing Violence Against Women: Sexual Violence," World Health Organization, 2012, http://apps.who.int/iris/bitstream/10665/77434/1/WHO_RHR_12.37_eng.pdf.

229. A. Mulholland, "Increase in 'Vaginal Tightening' Surgeries Worries Doctors," CTVNews, May 20, 2014, https://www.ctvnews.ca/health/increase-in-vaginal-tightening-surgeries-worries-doctors-1.1829041.

230. American College of Obstetricians and Gynecologists, "Vaginal 'Rejuvenation' and Cosmetic Vaginal Procedures," ACOG Committee Opinion no. 378, *Obstetrics and Gynecology* 110 (2007): 737–38, https://www.acog.org/Clinical-Guidance-and-Publications/Committee-Opinions/Committee-on-Gynecologic-Practice/Vaginal-Rejuvenation-and-Cosmetic-Vaginal-Procedures.

231. American College of Obstetricians and Gynecologists, "Expanding Cosmetic Gynecology Field Draws Concern," 2017 annual meeting update, May 17, 2017, http://annualmeeting.acog.org/expanding-cosmetic-gynecology-field-draws-concern/.

232. D. Gross, correspondence with the author, September 4, 2017, and September 20, 2017.

233. I. Ting, "Men Want Beauty, Women Want Money: What We Want from the Opposite Sex," *Sydney Morning Herald,* October 1, 2015, http://www.smh.com.au/lifestyle/life/family-relationships-and-sex/men-want-beauty-women-want-money-what-people-want-in-a-sexual-partner-20151001-gjyyot.html.

234. Quoted in A. E. Bromley, "Patriarchy and the Plow," *UVA Today*, August 23, 2016, https://news.virginia.edu/content/patriarchy-and-plow.

235. IResearchNet.com, "Anthropology Research Topics: 338. Mbuti Pygmies," accessed February 8, 2018, www.iresearchnet.com/topics/anthropology-research-topics.html; and A. J. Noss, and B. S. Hewlett, "The Contexts of Female Hunting in Central Africa," *American Anthropologist*, 103, no. 4 (2001): 1024–40.

第五章　非洲辛巴族

236. B. A. Scelza, "Female Choice and Extra Pair Paternity in a Traditional Human Population," *Biology Letters* 7, no. 6 (2011): 889–91.

237. M. Bollig and H. Lang, "Demographic Growth and Resource Exploitation in Two Pastoral Communities," *Nomadic Peoples* 3, no. 2 (1999): 17.

238. A. S. Cameron, "The Influence of Media on Himba Conceptions of Dress, Ancestral, and Cattle Worship, and the Implications for Culture Change" (master's thesis, Brigham Young University, 2013), 24.

239. Cameron, "The Influence of Media," 25.

240. Katie Hinde, interview with the author, January 27, 2017.

241. Scelza, "Female Choice," 889–91; and B. A. Scelza, "Jealousy in a Small-Scale, Natural

UK: Cambridge University Press, 2002), 34–35.
212. Virgil, "The Georgics," Internet Classics Archive, http://classics.mit.edu/Virgil/georgics.html; and Virgil, *The Bucolics, Æneid, and Georgics of Virgil*, ed. J. B. Greenough (Boston: Ginn and Company, 1900), www.perseus.tufts.edu/hopper/text?doc=Perseus%3Atext%3A1999.02.0058.
213. Editors, "Julia," *Encyclopædia Britannica*, May 3, 2013, www.britannica.com/biography/Julia-daughter-of-Augustus.
214. M. Lefkowitz and M. Fant, *Women's Life in Greece and Rome* (Baltimore: Johns Hopkins University Press, 2016), 196.
215. "Julia," *Encyclopædia Britannica*, www.britannica.com/biography/Julia-daughter-of-Augustus.
216. Angier, *Woman*, 316.
217. Alesina, Giuliano, and Nunn, "On the Origins of Gender Roles," 469–530.
218. A. Mason, "What Was the Women's Land Army?," Imperial War Museums website, January 30, 2018, www.iwm.org.uk/history/what-was-the-womens-land-army; and S. R. Grayzel, "Nostalgia, Gender, and the Countryside: Placing the 'Land Girl' in First World War Britain," *Rural History* 10, no. 2 (1999): 155–70.
219. Alesina, Giuliano, and Nunn, "On the Origins of Gender Roles," 477.
220. Alesina, Giuliano, and Nunn, "On the Origins of Gender Roles," 477.
221. International Labour Organization, "Labor Force Participation Rate, Female," November 2017, retrieved from Index Mundi, https://www.indexmundi.com/facts/indicators/SL.TLF.CACT.FE.ZS/rankings.
222. Catalyst, "Women in Government," report, February 15, 2017, http://www.catalyst.org/knowledge/women-government.
223. A. Lenhardt, L. Wise, G. Rosa, H. Warren, F. Mason, and R. Sarumi, *Every Last Girl: Free to Live, Free to Learn, Free from Harm*, Save the Children, 2016, https://www.savethechildren.org.uk/content/dam/global/reports/advocacy/every last-girl.pdf. See also A. MacSwan, "US Ranks Lower Than Kazakhstan and Algeria on Gender Equality," *The Guardian*, October 11, 2016, https://www.theguardian.com/global-development/2016/oct/11/us-united-states-ranks-lower-than-kazakhstan-algeria-gender-equality-international-day-of-the-girl.
224. L. Villarosa, "Why America's Black Mothers and Babies Are in a Life-or-Death Crisis," *New York Times Magazine*, April 11, 2018.
225. "Election 2016: Exit Polls," CNN Politics, November 23, 2016, www.cnn.com/election/2016/results/exit-polls (Nate Silver believed the correct figure was 53 percent); and C. Malone, "Clinton Couldn't Win Over White Women," November 9, 2016, https://fivethirtyeight.com/features/clinton-couldnt-win-over-white-women/.
226. Alesina, Giuliano, and Nunn, "On the Origins of Gender Roles," 473.
227. B. I. Strassmann, "The Biology of Menstruation in *Homo sapiens*: Total Lifetime Menses,

University of Pennsylvania, 1997), 170.
193. S. Hornblower, A. Spawforth, E. Eidinow, eds., *The Oxford Classical Dictionary*, 4th ed. (Oxford, UK: Oxford University Press, 2012), 708.
194. A. Fuentes, *Race, Monogamy, and Other Lies They Told You: Busting Myths About Human Nature* (Berkeley: University of California Press, 2012), 178; and J. S. Hyde, "The Gender Similarities Hypothesis," *American Psychologist* 6, no. 6 (2005): 581–92.
195. A. F. Alesina, P. Giuliano, and N. Nunn, "On the Origins of Gender Roles: Women and the Plough," *Quarterly Journal of Economics* 128, no. 2 (2013): 470–71.
196. Cited in N. Angier, *Woman: An Intimate Geography* (Boston: Houghton Mifflin Harcourt, 1999), 313.
197. S. Coontz, *Marriage, a History: From Obedience to Intimacy or How Love Conquered Marriage* (New York: Penguin, 2006), 47.
198. Coontz, *Marriage, a History*, 47.
199. Y. Thomas, "Fathers as Citizens of Rome, Rome as a City of Fathers," in A. Burguière, C. Klapisch-Zuber, M. Segalen, and F. Zonabend, eds., *A History of the Family, Vol. I: Distant Worlds, Ancient Worlds*, trans. S. H. Tenison, R. Morris, and A. Wilson (Cambridge, UK: Polity Press, 1996), 265, cited in Coontz, *Marriage, a History*, 46.
200. L. Hazleton, *Jezebel: The Untold Story of the Bible's Harlot Queen* (New York: Doubleday, 2009).
201. "II Kings 9:30–37 NKJV," Bible.com, www.bible.com/bible/114/2KI.9.30-37.
202. Hazleton, *Jezebel*, 157.
203. G. W. Bromiley, ed., *The International Standard Bible Encyclopedia*, vol. 2 (Grand Rapids, MI: William. B. Eerdmans, 1979), 1058.
204. Hazleton, *Jezebel*, 66–67.
205. Hazleton, *Jezebel*, 67.
206. Hazleton, *Jezebel*, 68–69.
207. "Jezebel," *Merriam-Webster's Collegiate Dictionary*, 10th ed. (Springfield, MA: Merriam-Webster, 1993), 629.
208. M. Cartwright, "Food and Agriculture in Ancient Greece," *Ancient History Encyclopedia*, July 25, 2016, https://www.ancient.eu/article/113/food-agriculture-in-ancient-greece/.
209. S. Forsdyke, "Street Theatre and Popular Justice in Ancient Greece: Shaming, Stoning, and Starving Offenders Inside and Outside the Courts," *Past and Present* 201, no. 1 (2008): 3n2.
210. L. Mastin, "Ancient Greece— Aeschylus—Agamemnon," Classical Lecture, accessed February 8, 2018, www.ancient-literature.com/greece_aeschylus_agamemnon.html.
211. M. C. Nussbaum, "The Incomplete Feminism of Musonius Rufus, Platonist, Stoic, and Roman," in M. C. Nussbaum and J. Sihvola, eds., *The Sleep of Reason: Erotic Experience and Sexual Ethics in Ancient Greece and Rome* (Chicago: University of Chicago Press, 2002), 283–326; and C. Edwards, *The Politics of Immorality in Ancient Rome* (Cambridge,

Biology 15 (2003): 380–400; and K. L. Kramer, "Cooperative Breeding and Its Significance to the Demographic Success of Humans," *Annual Review of Anthropology* 39 (2010): 417–36.

176. C. Ryan and C. Jethá, *Sex at Dawn: How We Mate, Why We Stray, and What It Means for Modern Relationships* (New York: HarperCollins, 2012), 94.
177. C. O. Lovejoy, "The Origin of Man," *Science* 211, no.4480 (1981): 341–50; R. B. Lee and I. DeVore, eds., *Man the Hunter* (Chicago: Aldine De Gruyter, 1968), passim; and S. B. Hrdy, *Mother Nature: Maternal Instincts and the Shaping of the Species* (New York: Ballantine, 2000), 253.
178. Bell, Hinde, and Newson, "Who Was Helping?," e83667; Ryan and Jethá, *Sex at Dawn*; Hrdy, *Mother Nature*, 64–65, 90–93, 266–77; and Hrdy, *Mothers and Others*, 30–31, 197–203, 276–80.
179. Katherine MacKinnon, interview with the author, August 2015.
180. Hrdy, *Mother Nature*, 248, 252.
181. Ryan and Jethá, *Sex at Dawn*, 95.
182. Ryan and Jethá, *Sex at Dawn*, 95.
183. G. Sagard, *The Long Journey to the Country of the Hurons*, ed. G. McKinnon Wrong (Toronto: Champlain Society, 1939).
184. Quoted in J. Steckley, "For Native Americans, Sex Didn't Come with Guilt," *Fair Observer*, March 30, 2015, www.fairobserver.com/region/north_america/for-native-americans-sex-didnt-come-with-guilt-21347/; and Sagard, *The Long Journey to the Country of the Hurons*, 120.
185. B. G. Trigger, *The Children of Aataentsic: A History of the Huron People to 1660*, vol. 2 (Kingston, Ontario: McGill-Queen's University Press, 1987), 49, cited in C. Tindal, "The Sex-Positive Huron-Wendat," *Acres of Snow* (blog), February 11, 2017, https://acresofsnow.ca/the-sex-positive-huron-wendat/.
186. Hrdy, *Mother Nature*, 231.
187. Hrdy, *Mother Nature*, 252.
188. H. Baumann, "The Division of Work According to Sex in African Hoe Culture," *Africa* 1, no. 3 (1928): 290.
189. R. L. Blumberg, " 'Dry' Versus 'Wet' Development and Women in Three World Regions," *Sociology of Development* 1, no. 1 (2015): 91–122.
190. Quoted in A. E. Bromley, "Patriarchy and the Plow," *UVA Today*, August 23, 2016, https://news.virginia.edu/content/patriarchy-and-plow.
191. Quoted in Bromley, "Patriarchy and the Plow," https://news.virginia.edu/content/patriarchy-and-plow.
192. K. Kh. Kushnareva, *The Southern Caucasus in Prehistory: Stages of Cultural and Socioeconomic Development from the Eighth to the Second Millennium BC*, University Museum monograph 99, trans. H. N. Michael (Philadelphia: University Museum,

166. B. I. Strassmann, "Menstrual Hut Visits by Dogon Women: A Hormonal Test Distinguishes Deceit from Honest Signaling," *Behavioral Ecology* 7, no. 3 (1996): 304–15; and Brooke Scelza, interview with the author, March 22, 2017.

第四章　犁、財產、體統

167. C. S. Larsen, "Our Last 10,000 Years: Agriculture, Population, and the Bioarchaeology of a Fundamental Transition," chap. 13 in *Our Origins: Discovering Physical Anthropology* (New York: W. W. Norton, 2010), retrieved from http://www.wwnorton.com/college/anthro/our-origins2/ch/13/answers.aspx; K. Nair et al., "Origins of Agriculture," *Encyclopædia Britannica*, last modified March 10, 2017, https://www.britannica.com/topic/agriculture; and L. Evans, "Early Agriculture and the Rise of Civilization," in *Science and Its Times: Understanding the Social Significance of Scientific Discovery*, vol. 1, ed. N. Schlager (Farmington Hills, MI: Gale Group, 2001), on Encyclopedia.com, http://www.encyclopedia.com/science/encyclopedias-almanacstranscripts-andmaps/early-agriculture-andrise-civilization.
168. Evans, "Early Agriculture," http://www.encyclopedia.com/science/encyclopedias-almanacs-transcripts-and-maps/early-agriculture-and-rise-civilization.
169. Larsen, "Our Last 10,000 Years."
170. Larsen, "Our Last 10,000 Years."
171. J. Diamond, "The Worst Mistake in the History of the Human Race," *Discover*, May 1987, 64–65, http://discovermagazine.com/1987/may/02-the-worst-mistake-in-the-history-of-the-human-race.
172. H. Fisher, "Why We Love, Why We Cheat," TED video, 9:00–9:33 (of 23:24), filmed February 2006, https://www.ted.com/talks/helen_fisher_tells_us_why_we_love_cheat/transcript#t-576310.
173. M. Shostak, *Nisa: The Life and Words of a !Kung Woman* (Cambridge, MA: Harvard University Press, 1981), 195.
174. Shostak, Nisa, 195.
175. S. B. Hrdy, *Mothers and Others: The Evolutionary Origins of Mutual Understanding* (Cambridge, MA: Belknap Press, 2011), passim; S. B. Hrdy, "Evolutionary Context of Human Development: The Cooperative Breeding Model," chap. 2 in C. S. Carter, L. Ahnert, K. E. Grossmann, S. B. Hrdy, M. E. Lamb, S. W. Porges, and N. Sachser, eds., *Attachment and Bonding: A New Synthesis* (Cambridge, MA: MIT Press, 2006), http://citeseerx.ist.psu.edu/viewdoc/download? doi=10.1.1.207.8922&rep=rep1&type=pdf; A. V. Bell, K. Hinde, and L. Newson, "Who Was Helping? The Scope for Female Cooperative Breeding in Early *Homo,*" *PLoS One* 8, no. 12 (2013): e83667; K. Hawkes, "The Grandmother Effect," *Nature* 428, March 11, 2004, 128–29, http://radicalanthropologygroup.org/sites/default/files/pdf/class_text_002.pdf; K. Hawkes, "Grandmothers and the Evolution of Human Longevity," *American Journal of Human*

"Men Become Richer After Divorce," *The Guardian*, January 24, 2009, https://www.theguardian.com/lifeandstyle/2009/jan/25/divorce-women-research.

146. L. Brown, *Divorce: For Richer, for Poorer,* AMP.NATSEM Income and Wealth Report, Issue 39 (2016), https://www.amp.com.au/content/dam/amp/digitalhub/common/Documents/Insights/News/Decembe r%2013%20-%20AMP.NATSEM39%20-%20For%20Richer%20For%20Poorer%20-%20Report%20-%20FINAL%20(1).pdf; and D. Dumas, "Women with Children Biggest Financial Losers of Divorce: Report," *Sydney Morning Herald*, December 13, 2016, http://www.smh.com.au/lifestyle/news-and-views/news-features/women-with-children-biggest-financial-losers-of-divorce-report-20161212-gt92op.html.
147. Sarah, interview, 2016.
148. A. Breslaw, "*Divorce* Recap: A Tough Time," Vulture, *New York*, October 16, 2016, http://www.vulture.com/2016/10/divorce-recap-season-1-episode-2.html.
149. S. C. Stearns, "Trade-Offs in Life-History Evolution," *Functional Ecology* 3 (1989): 259–68.
150. Marta Meana, interview with the author, April 22, 2017.
151. P. Druckerman, *Lust in Translation: Infidelity from Tokyo to Tennessee* (New York: Penguin, 2008), 71–77.
152. Druckerman, *Lust in Translation*, 72–73.
153. Druckerman, *Lust in Translation*, 74–78.
154. Druckerman, *Lust in Translation*, 71.
155. Druckerman, *Lust in Translation*, 75.
156. B. A. Scelza, "Choosy but Not Chaste: Multiple Mating in Human Females," *Evolutionary Anthropology* 22, no. 5 (2013): 259–69; and E. M. Johnson, "Promiscuity Is Pragmatic," *Slate*, December 4, 2013, http://www.slate.com/articles/health_and_science/science/2013/12/female_promiscuity_in_primates_when_do_women_have_multiple_partners.html.
157. D. M. Buss, C. Goetz, J. D. Duntley, K. Asao, and D. Conroy-Beam, "The Mate Switching Hypothesis," *Personality and Individual Differences* 104 (2017): 143–49.
158. Druckerman, *Lust in Translation*, 75.
159. J. A. Spring, *How Can I Forgive You?*(New York: HarperCollins, 2004).
160. Druckerman, *Lust in Translation,* 17–18.
161. Druckerman, *Lust in Translation,* 18.
162. Annika, interview with the author, 2016.
163. C. R. Wong, *Never Too Late* (New York: Kensington, 2017).
164. M. Meana and E. Fertel, "It's Not You, It's Me: Exploring Erotic Self-Focus" (PowerPoint presentation, Society for Sex Therapy and Research 41st Annual Meeting, Chicago, April 16, 2016).
165. D. Bergner, *What Do Women Want?* (New York: HarperCollins, 2013) 44–50.

(2011): 309–29; T. D. Conley, A. C. Moors, J. L. Matsick, and A. Ziegler, "The Fewer the Merrier?: Assessing Stigma Surrounding Consensually Non-Monogamous Romantic Relationships," *Analyses of Social Issues and Public Policy* 13, no. 1 (2013): 1–30; and A. M. Baranowski and H. Hecht, "Gender Differences and Similiarities in Receptivity to Sexual Invitations: Effects of Location and Risk Perception," *Archives of Sexual Behavior* 44, no. 8 (2015): 2257–65.

131. D. J. Ley, *Insatiable Wives* (Lanham, MD: Rowman and Littlefield, 2009), 34. In addition, a 2000 review of the Registrar General on Marriages, Divorces, and Adoptions in England and Wales suggests that 29 percent of men presented "adultery" as a cause of the breakdown of a marriage while 21 percent of women did, according to K. Smedley, "Why Men Can Never Forgive a Wife's Affair . . . Even Though They'd Expect YOU to Forgive Them," *Daily Mail*, December 17, 2009, http://www.dailymail.co.uk/femail/article-1236435/Why-men-forgive-wifes-affair-theyd-expect-YOU-forgive-them.html.
132. I. Kerner, "Female Infidelity: It's Different from the Guys," *The Chart* (blog), CNN, April 7, 2011, http://thechart.blogs.cnn.com/2011/04/07/female-infidelity-its-different-from-the-guys/; P. Hall in Smedley, "Why Men Can Never Forgive a Wife's Affair"; and D. Buss et al., "Jealousy: Evidence of Strong Sex Differences Using Both Forced Choice and Continuous Measure Paradigms," *Personality and Individual Differences* 86 (2015): 212–16.
133. J. Deetz and P. S. Deetz, *The Times of Their Lives* (New York: W. H. Freeman, 2000).
134. Deetz and Deetz, *Times of Their Lives*, 143.
135. Deetz and Deetz, *Times of Their Lives*, 144.
136. Deetz and Deetz, *Times of Their Lives*, 143.
137. Deetz and Deetz, *Times of Their Lives*, 148.
138. Deetz and Deetz, *Times of Their Lives*, 148.
139. K. Thomas, "The Double Standard," *Journal of the History of Ideas* 20, no. 2 (1959): 195–216.
140. R. von Krafft-Ebing, *Psychopathia Sexualis, with Especial Reference to Contrary Sexual Instinct: A Medico-Legal Study,* trans. C. G. Chaddock (New York: G. P. Putnam, 1965), 9, cited in Ley, *Insatiable Wives*, 3.
141. Cacilda Jethá, interview with the author, October 17,2017.
142. S. P. Jenkins, "Marital Splits and Income Changes over the Longer Term" (working paper, no. 2008-07, Institute for Social and Economic Research, University of Essex, Colchester, UK, 2008).
143. D. Cunha, "The Divorce Gap," *The Atlantic*, April 28, 2016, https://www.theatlantic.com/business/archive/2016/04/the-divorce-gap/480333/.
144. Cunha, "Divorce Gap," https://www.theatlantic.com/business/archive/2016/04/the-divorce-gap/480333/.
145. Jenkins, "Marital Splits and Income Changes over the Longer Term," cited in A. Hill,

(2011): 309–29.

118. P. W. Eastwick and E. J. Finkel, "Sex Differences in Mate Preference Revisited: Do People Know What They Initially Desire in a Romantic Partner," *Journal of Personality and Social Psychology* 94, no. 2 (2008): 245–64.

119. M. W. Wiederman, "Extramarital Sex: Prevalence and Correlates in a National Survey," *Journal of Sex Research* 34, no. 2 (1997): 167–74; and Wang, "Who Cheats More?," https://ifstudies.org/blog/who-cheats-more-the-demographics-of-cheating-in-america.

120. L. Wolfe, "The Oral Sex Void: When There's Not Enough at Home," *Electronic Journal of Human Sexuality* 14 (2011): 1–14.

第三章 我們有多自由？

121. Sarah, interview with the author, 2016.

122. S. Shange, "A King Named Nicki: Strategic Queerness and the Black Femmecee," *Women and Performance: A Journal of Feminist History* 24, no. 1 (2014): 29–45.

123. L. Moore, "8 Ways to Get What You Want in Bed," *Cosmopolitan*, October 23, 2014, http://www.cosmopolitan.com/sex-love/a32424/ways-to-get-what-you-want-in-bed/.

124. H. Havrilesky, "Thank God for Selina Meyer's Unapologetic 50-Something Sex Drive," The Cut, *New York*, June 6, 2016, https://www.thecut.com/2016/06/thank-god-for-selinas-sex-life-on-veep.html.

125. K. M. J. Thompson, "A Brief History of Birth Control in the U.S.," Our Bodies Ourselves website, December 14, 2013, https://www.ourbodiesourselves.org/health-info/a-brief-history-of-birth-control/.

126. E. Jong, *Fear of Flying* (New York: Holt, Rinehart and Winston, 1973).

127. R. F. Baumeister, "The Reality of the Male Sex Drive," *Psychology Today,* December 8, 2010, https://www.psychologytoday.com/blog/cultural-animal/201012/the-reality-the-male-sex-drive.

128. M. Gerressu, C. H. Mercer, C. A. Graham, K. Wellings, and A. H. Johnson, "Prevalence of Masturbation and Associated Factors in a British National Probability Survey," *Archives of Sexual Behavior* 37, no. 2 (2008): 226–78; correspondence from Dr. Cynthia Graham with the author, October 13, 2017; H. Leitenberg and K. Henning, "Sexual Fantasy," *Psychological Bulletin* 117, no. 3 (1995): 469–96, cited in N. Wolf, *Promiscuities: The Secret Struggle for Womanhood* (New York: Random House, 1997), 161; and J. Jones and D. Barlow, "Self-Reported Frequency of Sexual Urges, Fantasies, and Masturbatory Fantasies in Heterosexual Males and Females," *Archives of Sexual Behavior* 19, no. 3 (1990): 269–79.

129. R. D. Clark and E. Hatfield, "Gender Differences in Receptivity to Sexual Offers," *Journal of Psychology and Human Sexuality* 2, no. 1 (1989): 39–55.

130. T. Conley, "Perceived Proposer Personality Characteristics and Gender Differences in Acceptance of Casual Sex Offers," *Journal of Personality and Social Psychology* 100, no. 2

Women's Infidelity (Unpublished manuscript, 2017), PDF p. 61.
93. Alicia Walker, interview with the author, September 25, 2017.
94. P. Bourdieu and L. J. D. Wacquant, *An Invitation to Reflexive Sociology* (Chicago: University of Chicago Press, 1992), 53.
95. Walker, *The Secret Life*, 64–65.
96. Walker, *The Secret Life*, 65.
97. Walker, *The Secret Life*, 64.
98. Walker, *The Secret Life*, 64.
99. Walker, *The Secret Life*, 64.
100. Walker, *The Secret Life*, 82.
101. Walker, *The Secret Life*, 93.
102. Walker, *The Secret Life*, 99.
103. Walker, *The Secret Life*, 104.
104. Walker, *The Secret Life*, 104.
105. Walker, interview, September 25, 2017.
106. Walker, *The Secret Life*, 85.
107. Walker, *The Secret Life*, 97.
108. Walker, *The Secret Life*, 74.
109. Walker, *The Secret Life*, 242.
110. Walker, interview, September 25, 2017.
111. Walker, *The Secret Life*, 44.
112. Walker, *The Secret Life*, 80.
113. Walker, *The Secret Life*, 87.
114. Walker, interview, September 25, 2017.
115. A. M. Walker, "'I'm Not a Lesbian; I'm Just a Freak': A Pilot Study of the Experiences of Women in Assumed-Monogamous Other-Sex Unions Seeking Secret Same-Sex Encounters Online, Their Negotiation of Sexual Desire, and Meaning-Making of Sexual Identity," *Sexuality and Culture* 18, no. 4 (2014): 911–35.
116. D. C. Atkins, D. H. Baucom, and N. S. Jacobson, "Understanding Infidelity: Correlates in a National Random Sample," *Journal of Family Psychology* 15, no. 4 (2001): 735–49; J. Treas and D. Giesen, "Sexual Infidelity Among Married and Cohabiting Americans," *Journal of Marriage and Family* 62, no. 1 (2000): 48–60; Walker, *The Secret Life*, 19; D. Selterman, J. R. Garcia, and I. Tsapelas, "Motivations for Extradyadic Infidelity Revisited," *Journal of Sex Research*, published online ahead of print (December 15, 2017); and S. Glass and T. Wright, "Sex Differences in Type of Extramarital Involvement and Marital Dissatisfaction," *Sex Roles* 12 (1985): 1101–1120, cited in H. Fisher, *The Anatomy of Love* (New York: Norton, 2016).
117. T. D. Conley, "Perceived Proposer Personality Characteristics and Gender Differences in Acceptance of Casual Sex Offers," *Journal of Personality and Social Psychology* 100, no. 2

Probability Sample of Adult Women and Men," *PLoS One* 12, no. 7 (2017): e0181198.
73. E. Perel, *The State of Affairs: Rethinking Infidelity* (New York: HarperCollins, 2017), 18 (page references are to an earlier version of the manuscript and have been checked against the published book).
74. N. Angier, *Woman: An Intimate Geography.* (Boston: Houghton Mifflin Harcourt, 1999), 389.
75. R. Basson, "The Female Sexual Response: A Different Model," *Journal of Sex and Marital Therapy* 26, no. 1 (2000): 51–65.
76. D. Bergner, *What Do Women Want? Adventures in the Science of Female Desire* (New York: HarperCollins, 2013): 5; and E. Blair, "I'll Have What She's Having," review of *What Do Women Want?,* by D. Bergner, *New York Times,* June 13, 2013, http://www.nytimes.com/2013/06/16/books/review/what-do-women-want-by-daniel-bergner.html.
77. S. J. Dawson and M. L. Chivers, "Gender Differences and Similarities in Sexual Desire," *Current Sexual Health Reports* 6, no. 4 (2014): 211–19.
78. Meredith Chivers, interview with the author, April 21, 2017.
79. Chivers, interview, April 21, 2017.
80. Chivers, interview, April 21, 2017.
81. Chivers, interview, April 21, 2017.
82. K. E. Sims and M. Meana, "Why Did Passion Wane? A Qualitative Study of Married Women's Attributions for Declines in Sexual Desire," *Journal of Sex and Marital Therapy* 36, no. 4 (2010): 360–80.
83. Marta Meana, interview with the author, April 22, 2017.
84. C. A. Graham, C. H. Mercer, C. Tanton, K. G. Jones, A. M. Johnson, K. Wellings, and K. R. Mitchell, "What Factors Are Associated with Reporting Lacking Interest in Sex and How Do These Vary by Gender? Findings from the Third British National Survey of Sexual Attitudes and Lifestyles," *BMJ Open* 7, no. 9 (2017): e016942.
85. L. Borreli, "Moving in with Your Boyfriend Can Kill Your Sex Drive, Study Finds," *Newsweek,* September 14, 2017, http://www.newsweek.com/moving-boyfriend-kill-sex-drive-study-665071.
86. Meana, interview, April 22, 2017.
87. M. Meana and E. Fertel, "It's Not You, It's Me: Exploring Erotic Self-Focus" (PowerPoint presentation, Society for Sex Therapy and Research 41st Annual Meeting, Chicago, April 16, 2016).
88. Meana and Fertel, "It's Not You, It's Me."
89. Meana, interview, April 22, 2017.
90. M. Meana, "Sexual Desire Issues in Women" (lecture, Society for Sex Therapy and Research 42nd Annual Meeting, Montréal, April 20, 2017).
91. "About," Alicia M. Walker website, https://www.alicia-walker.com/.
92. A. M. Walker, *The Secret Life of the Cheating Wife: Power, Pragmatism, and Pleasure in*

barely-half-of-u-s-adults-are-married-a-record-low/. See also Pew Research Center's *The Decline of Marriage and Rise of New Families*, report, November 18, 2010, http://www.pewsocialtrends.org/2010/11/18/the-decline-of-marriage-and-rise-of-new-families/6/.

65. E. Barkhorn, "Cheating on Your Spouse Is Bad; Divorcing Your Spouse Is Not," *The Atlantic*, May 23, 2013, https://www.theatlantic.com/sexes/archive/2013/05/cheating-on-your-spouse-is-bad-divorcing-your-spouse-is-not/276162/; and GSS Data Explorer, "Is It Wrong to Have Sex with Person Other Than Spouse," https://gssdataexplorer.norc.org/trends/Gender%20&%20Marriage?measure=xmarsex.
66. Schwyzer, "America's Last Sexual Taboo," https://www.theatlantic.com/sexes/archive/2013/05/how-marital-infidelity-became-americas-last-sexual-taboo/276341/.

第二章 太熱愛上床的女性

67. NORC's General Social Survey, http://www.norc.org/pages/search-all.aspx#k=female%20infidelity%2040%25; and National Data Program for the Social Sciences, *General Social Surveys*, 1972–2016: *Cumulative Codebook* (NORC, University of Chicago, September 2017), http://gss.norc.org/documents/codebook/GSS_Codebook.pdf.
68. Sources reporting the GSS data include J. Ohikuare, "The Fate of Today's TV Mistresses: Not Death, but Shame," *The Atlantic*, July 17, 2013, https://www.theatlantic.com/sexes/archive/2013/07/the-fate-of-todays-tv-mistresses-not-death-but-shame/277874/; Z. Schonfeld, "Wives Are Cheating 40% More Than They Used to but Still 70% as Much as Men," *The Atlantic*, June 2, 2013, https://www.theatlantic.com/national/archive/2013/07/wives-cheating-vs-men/313704/; F. Bass, "More Wives in the US Are Having Affairs," *Boston Globe*, July 3, 2013, https://www.bostonglobe.com/news/nation/2013/07/02/wives-narrow-infidelity-gap-with-increase-cheating/kkwYp8P2Q3jcXKwR7YAKYP/story.html; and V. Taylor, "Cheating Wives Narrowing the Infidelity Gap: Report," *The Daily News*, July 3, 2013, http://www.nydailynews.com/life-style/wives-narrowing-infidelity-gap-report-article-1.1389687.
69. P. Druckerman, *Lust in Translation: Infidelity from Tokyo to Tennessee* (New York: Penguin, 2008), 59; and "Telling Tales Explain the Discrepancy in Sexual Partner Reports," *Nature 365* (1993): 437–40.
70. D. C. Atkins, D. H. Baucom, and N. S. Jacobson, "Understanding Infidelity: Correlates in a National Random Sample," *Journal of Family Psychology* 15, no. 4 (2001): 735–49, cited in Druckerman, *Lust in Translation*, 54.
71. Atkins et al., "Understanding Infidelity," cited in Druckerman, *Lust in Translation*, 54; and W. Wang, "Who Cheats More? The Demographics of Infidelity in America," *IFS Blog*, Institute for Family Studies, January 10, 2018, https://ifstudies.org/blog/who-cheats-more-the-demographics-of-cheating-in-america.
72. D. Herbenick, J. Bowling, T.-C. (J.) Fu, B. Dodge, L. Guerra-Reyes, and S. Sanders, "Sexual Diversity in the United States: Results from a Nationally Representative

relations-morally.aspx.
53. Walker, *The Secret Life*, 22; D. C. Atkins, D. H. Baucom, and N. S. Jacobson, "Understanding Infidelity: Correlates in a National Random Sample," *Journal of Family Psychology* 15, no. 4 (2001): 735–49; M. W. Wiederman, "Extramarital Sex: Prevalence and Correlates in a National Survey," *Journal of Sex Research* 34, no. 2 (1997): 167–74; and S. Luo, M. Cartun, A. Snider, "Assessing Extradyadic Behavior: A Review, a New Measure, and Two New Models," *Personality and Individual Differences* 49/3 (2010): 155–63.
54. Walker, *The Secret Life*, 22; A. L. Vangelisti and M. Gerstenberger, "Communication and Marital Infidelity," in J. Duncombe, *The State of Affairs*, 59–78, cited in Walker, *The Secret Life*, 22, 285.
55. Herbenick et al., "Sexual Diversity in the US," e0181198.
56. M. Brandon, "The Challenge of Monogamy: Bringing It Out of the Closet and into the Treatment Room," *Sexual and Relationship Therapy* 26, no. 3 (2011): 271–77, cited in Walker, *The Secret Life*, 22.
57. J. S. Hirsch, H. Wardlow, D. J. Smith, H. M. Phinney, S. Parikh, and C. A. Nathanson, *The Secret: Love, Marriage, and HIV* (Nashville: Vanderbilt University Press, 2009): 22, cited in Walker, *The Secret Life*, 3.
58. E. Anderson, "Five Myths About Cheating," *Washington Post*, February 13, 2012, https://www.washingtonpost.com/opinions/five-myths-about-cheating/2012/02/08/gIQANGdaBR_story.html?utm_term=.ed749d 677958.
59. Tammy Nelson, interview with the author, July 5, 2017.
60. The Austin Institute for the Study of Family and Culture, "Relationships in America," survey, 2014, p. 43, http://relationshipsinamerica.com/; L. Betzig, "Causes of Conjugal Dissolution: A Cross-Cultural Study," *Current Anthropology* 30, no. 5 (1989): 654–76; and R. E. Emery, ed., *Cultural Sociology of Divorce: An Encyclo-pedia* (Thousand Oaks, CA: SAGE Publications, 2013), 36.
61. S. B. Hrdy, "Empathy, Polyandry, and the Myth of the Coy Female," in E. Sober, ed., *Conceptual Issues in Evolutionary Biology* (Cambridge, MA: MIT Press, 1994), 131–59; M. F. Small, *Female Choices* (Ithaca, NY: Cornell University Press, 1993), 193–95; and B. A. Scelza, "Choosy but Not Chaste: Multiple Mating in Human Females," *Evolutionary Anthropology* 22, no. 5 (2013): 269.
62. M. Kalmijn, "The Ambiguous Link Between Marriage and Health: A Dynamic Reanalysis of Loss and Gain Effects," *Social Forces* 95, no. 4 (2017): 1607–36.
63. D. Cohn, J. S. Passel, W. Wang, and G. Livingston, "Barely Half of US Adults Are Married—A Record Low," Social and Demographic Trends, Pew Research Center, December 14, 2011, http://www.pewsocialtrends.org/2011/12/14/barely-half-of-u-s-adults-are-married-a-record-low/.
64. Cohn et al., "Barely Half of US Adults," http://www.pewsocialtrends.org/2011/12/14/

45. M. L. Haupert, A. N. Gesselman, A. C. Moors, H. E. Fisher, and J. R. Garcia, "Prevalence of Experiences with Consensual Non-monogamous Relationships: Findings from Two National Samples of Single Americans," *Journal of Sex and Marital Therapy* 43, no. 5 (2017): 424–40.
46. E. Sheff, "Three Waves of Non-Monogamy: A Select History of Polyamory in the United States," Sheff Consulting, September 9, 2012, https://elisabethsheff.com/2012/09/09/three-waves-of-polyamory-a-select-history-of-non-monogamy/; and L. A. Hutchins, "Erotic Rites: A Cultural Analysis of Contemporary United States Sacred Sexuality Traditions and Trends" (PhD dissertation, Cultural Studies, Union Institute and University, 2001).
47. Bureau of Labor Statistics, "Occupational Employment and Wages, May 2016, 21-1013 Marriage and Family Therapists," US Department of Labor, last modified March 31, 2017, https://www.bls.gov/oes/current/oes211013.htm.
48. C. Bergstrand and J. B. Williams, "Today's Alternative Marriage Styles: The Case of Swingers," *Electronic Journal of Human Sexuality* 3, no. 10 (2000). Mention of "consensual sexual non-monogamy" is in the "Discussion" section, paragraph 5.
49. D. Baer, "Maybe Monogamy Isn't the Only Way to Love," The Cut, *New York*, March 6, 2017, http://nymag.com/scienceofus/2017/03/science-of-polyamory-open-relationships-and-nonmonogamy.html; I. Kerner, "Rethinking Monogamy Today," CNN.com, April 12, 2017, http://www.cnn.com/2017/04/12/health/monogamy-sex-kerner/index.html; B. J. King, "A Cultural Moment for Polyamory," National Public Radio, March 23, 2017, http://www.npr.org/sections/13.7/2017/03/23/521199308/a-cultural-moment-for-polyamory; N. Little, "Black Folks Do: A Real Look at Consensual Non-Monogamy in the Black Community," *Griots Republic*, June 6, 2017, http://www.griotsrepublic.com/black-folks-do/; Z. Vrangalova, "Is Consensual Non-Monogamy Right for You?," Dr. Zhana, March 10, 2017, http://drzhana.com/2017/03/10/is-consensual-non-monogamy-right-for-you/; and V. Safronova, "Dating Experts Explain Polyamory and Open Relationships," *New York Times*, October 26, 2016, https://www.nytimes.com/2016/10/25/fashion/dating-experts-explain-polyamory-and-open-relationships.html.
50. A. C. Moors, "Has the American Public's Interest in Information Related to Relationships Beyond 'The Couple' Increased Over Time?," *Journal of Sex Research* 54, no. 6 (2017): 677–84.
51. General Social Survey stats cited in A. J. Cherlin, "Americans Prefer Serial Monogamy to Open Relationships," *New York Times*, May 21, 2013, https://www.nytimes.com/roomfordebate/2012/01/20/the-gingrich-question-cheating-vs-open-marriage/americans-prefer-serial-monogamy-to-open-relationships?mcubz=3.
52. Schwyzer, "America's Last Sexual Taboo," https://www.theatlantic.com/sexes/archive/2013/05/how-marital-infidelity-became-americas-last-sexual-taboo/276341/; and Gallup poll, 2013, https://news.gallup.com/poll/162689/record-high-say-gay-lesbian-

31. M. Scheinkman, "Beyond the Trauma of Betrayal: Reconsidering Affairs in Couples Therapy," *Family Process* 44, no. 2 (2005): 232.
32. Scheinkman, "Beyond the Trauma of Betrayal," 230.
33. D. Savage, "Monogamish," *Savage Love* (blog), The Stranger, July 20, 2011, https://www.thestranger.com/seattle/SavageLove?oid=9125045; and D. Savage, "Meet the Monogamish," *Savage Love* (blog), The Stranger, January 4, 2012, https://www.thestranger.com/seattle/SavageLove?oid=11412386.
34. J. Treas and D. Giesen, "Sexual Infidelity Among Married and Cohabiting Americans," *Journal of Marriage and Family* 62, no. 1 (2000): 48–60, cited in A. M. Walker, *The Secret Life of the Cheating Wife: Power, Pragmatism, and Pleasure in Women's Infidelity* (Unpublished manuscript, 2017), PDF p. 17.
35. "Who's Cheating? Agreements About Sexual Exclusivity and Subsequent Concurrent Partnering in Australian Heterosexual Couples," *Sexual Health* 11 (2014): 524–531.
36. Walker, *The Secret Life*, 17 (page references throughout are to an earlier version of the manuscript and have been checked against the published work).
37. S. Johnson, *Hold Me Tight: Seven Conversations for a Lifetime of Love* (New York: Little, Brown, 2008).
38. R. Morin, "Up for Polyamory? Creating Alternatives to Marriage," *The Atlantic*, February 19, 2014, https://www.theatlantic.com/health/archive/2014/02/up-for-polyamory-creating-alternatives-to-marriage/283920/.
39. David Ley, interview with the author, June 27, 2017; Mischa Lin, interview with the author, May 17, 2017; and Christopher Ryan and Cacilda Jethá, interview with the author, October 17, 2017.
40. C. Bodenner, "When Polyamory Isn't Really About Sex," *The Atlantic*, January 19, 2016, https://www.theatlantic.com/notes/2016/01/when-polyamory-isnt-really-about-sex/424653/; C. Camacho, "Polyamory Is About Way More Than Just Having Sex with Multiple People," MSN Lifestyle, August 22, 2017, https://www.msn.com/en-us/lifestyle/family-relationships/polyamory-is-about-way-more-than-just-having-sex-with-multiple-people/ar-AAqyBbx; and C. Jenkins, "Dear Media: Stop Acting Like Polyamory Is All About the Sex," The Establishment, July 27, 2016, https://theestablishment.co/dear-media-polyamory-is-not-all-about-sex-6216830b9d39.
41. Mischa Lin, interview with the author, May 17, 2017.
42. A. N. Rubel and A. F. Bogaert, "Consensual Nonmonogamy: Psychological Well-Being and Relationship Quality Correlates," *Journal of Sex Research* 52, no. 9 (2015): 961–82.
43. S. Snyder, *Love Worth Making* (New York: St. Martin's Press, 2018); and Stephen Snyder, email correspondence with the author, August 20, 2017.
44. H. Schwyzer, "How Marital Infidelity Became America's Last Sexual Taboo," *The Atlantic*, May 29, 2013, https://www.theatlantic.com/sexes/archive/2013/05/how-marital-infidelity-became-americas-last-sexual-taboo/276341/.

Gay Men Are Making Open Relationships Work," *The Guardian,* July 22, 2016, https://www.theguardian.com/lifeandstyle/2016/jul/22/gay-dating-open-relationships-work-study.
12. Anonymous, interview with the author, 2017.
13. S. B. Hrdy, *Mother Nature: Maternal Instincts and the Shaping of the Species* (New York: Ballantine, 2000), xi.
14. Sarah Hrdy, interview with the author, October 25, 2016; and E. M. Johnson, "Promiscuity Is Pragmatic," *Slate*, December 4, 2013.
15. Pure website, www.pure.dating.
16. Bryony Cole, interview with the author, May 5, 2017.
17. Anonymous, interview with the author, 2017.
18. Mischa Lin, interview with the author, May 17, 2017; David Ley, interview with the author, June 27, 2017; and Christopher Ryan and Cacilda Jethá, interview with the author, October 17, 2017.
19. "Tilda Swinton on Rumors of Her Love Life," interview with Katie Couric, YouTube, published June 16, 2010; and K. Roiphe, "Liberated in Love: Can Open Marriage Work?" *Harper's Bazaar* online, July 13, 2009.

第一章 大開眼界

20. S. Freud, *Civilization and Its Discontents* (London: Hogarth Press and Institute of Psycho-analysis, 1949).
21. L. Elsroad, "Tenderloin," in T. K. Jackson, ed., *The Encyclopedia of New York City* (New Haven, CT: Yale University Press, 1995), 1161.
22. E. Burrow and M. Wallace, *Gotham: A History of New York City to 1898* (London: Oxford University Press, 2000), 1148–49.
23. Elsroad, "Tenderloin," 1161.
24. S. Dominus, "Is an Open Marriage a Happier Marriage?," *New York Times Magazine*, May 11, 2017, www.nytimes.com/2017/05/11/magazine/is-an-open-marriage-a-happier-marriage.html.
25. *Cheaters* website, http://www.cheaters.com.
26. T. Taormino, *Opening Up: A Guide to Creating and Sustaining Open Relationships* (New York: Cleis Press, 2008).
27. D. Easton and C. A. Liszt, *The Ethical Slut: A Guide to Infinite Sexual Possibilities* (San Francisco: Greenery Press, 1997).
28. T. Nelson, *The New Monogamy: Redefining Your Relationship After Infidelity* (Oakland, CA: New Harbinger, 2013).
29. Tammy Nelson, interview with the author, July 5, 2017.
30. E. Perel, *Mating in Captivity* (New York: HarperCollins, 2006); and E. Perel, *The State of Affairs: Rethinking Infidelity* (New York: HarperCollins, 2017).

no. 1 (2000): 75–96; M. Daly and M. Wilson, "The Reluctant Female and The Ardent Male," in *Sex, Evolution, and Behavior* (North Scituate, MA: Duxbury Press, 1978); D. Symons, *The Evolution of Human Sexuality* (New York: Oxford University Press, 1979), ix, cited in *The Woman That Never Evolved*, by S. B. Hrdy (Cambridge, MA: Harvard University Press, 1999): xx; and M. Mills, "Why Men Behave Badly: Causality vs. Morality," *Psychology Today*, June 22, 2011,https://www.psychologytoday.com/us/blog/the-how-and-why-sex-differences/201106/why-men-behave-badly-causality-vs-morality.

6. S. Hite, "Why I Became a German," *New Statesman*, November 17, 2003, https://www.newstatesman.com/node/194881.
7. S. Hite, *The Hite Report: Women and Love—A Cultural Revolution in Progress* (New York: Knopf, 1987), 410.
8. D. C. Atkins, D. H. Baucom, and N. S. Jacobson, "Understanding Infidelity: Correlates in a National Random Sample," *Journal of Family Psychology* 15, no. 4 (2001): 735–49; General Social Survey (1993), cited in "Adultery Survey," *New York Times*, http://www.nytimes.com/1993/10/19/us/adultery-survey-finds-i-domeans-i-do.html; A. M. Walker, *The Secret Life of the Cheating Wife: Power, Pragmatism, and Pleasure in Women's Infidelity* (Unpublished manuscript, 2017), PDF p. 22; "Adultery Survey Finds 'I Do' Means 'I Do,'" *New York Times*, http://www.nytimes.com/1993/10/19/us/adultery-survey-finds-i-do-means-i-do.html; M. W. Wiederman, "Extramarital Sex: Prevalence and Correlates in a National Survey," *Journal of Sex Research* 34, no. 2 (1997): 167–74; P. Drexler, "The New Face of Infidelity," *Wall Street Journal*, October 19, 2012, https://www.wsj.com/articles/SB10000872396390443684104578062754288906608; A. Vangelist and M. Gerstenberger, "Communication and Marital Infidelity," in J. Duncombe, K. Harrison, G. Allan, and D. Marsden, eds., *The State of Affairs: Explorations of Infidelity and Commitment* (New York: Routledge, 2014): 59–78; and W. Wang, "Who Cheats More? The Demographics of Infidelity in America," *IFS Blog*, Institute for Family Studies, January 10, 2018, https://ifstudies.org/blog/who-cheats-more-the-demographics-of-cheating-in-america.
9. E. Perel, *The State of Affairs: Rethinking Infidelity* (New York: Harper-Collins, 2017), 18–19 (author worked from unpublished manuscript, and checked against published book); and Z. Schonfeld, "Wives Are Cheating 40% More Than They Used To, but Still 70% as Much as Men," *The Atlantic*, July 2, 2013, https://www.theatlantic.com/national/archive/2013/07/wives-cheating-vs-men/313704/.
10. Alicia Walker, interview with the author, September 25, 2017.
11. Michael Moran, interview with the author, May 25, 2017; Mark Kaupp, interview with the author, June 23, 2017; C. C. Hoff, S. C. Beougher, D. Chakravarty, L. A. Darbes, and T. B. Neilands, "Relationship Characteristics and Motivations Behind Agreements Among Gay Male Couples: Difference by Agreement Type and Couple Serostatus," *AIDS Care* 22, no. 7 (2010): 827–35; and S. Mcnaughton, "Sleeping with Other People: How

注解

引言

1. C. R. Darwin, "On the Two Forms, or Dimorphic Condition, in the Species of *Primula*, and on Their Remarkable Sexual Relations," *Journal of the Proceedings of the Linnean Society of London (Botany)* 6 (1862): 94–95.
2. K. DeRose, "UCLA Biologists Reveal Potential 'Fatal Flaw' in Iconic Sexual Selection Study," Science + Technology, UCLA Newsroom, June 25, 2012, http://newsroom.ucla.edu/releases/ucla-biologists-reveal-potential-235586.
3. S. Martin, vocalist, "Strange Lovin' Blues," by S. Martin, Okeh Records, General Phonograph Corp., 1925, 45 rpm.

前言

4. B. Chapais, *Primeval Kinship: How Pair-Bonding Gave Birth to Human Society* (Cambridge, MA: Harvard University Press, 2008); R. D. Alexander, *Darwinism and Human Affairs* (Seattle: University of Washington Press, 1979), 159; R. B. Lee and I. DeVore, eds., *Man the Hunter* (Chicago: Aldine De Gruyter, 1968); R. J. Quinlan, "Human Pair-Bonds: Evolutionary Functions, Ecological Variation, and Adaptive Development," *Evolutionary Anthropology* 17, no. 5 (2008): 227–38; and W. Tucker, *Marriage and Civilization: How Monogamy Made Us Human* (Washington, DC: Regnery, 2014).
5. S. B. Hrdy, "The Optimal Number of Fathers: Evolution, Demography, and History in the Shaping of Female Mate Preferences," *Annals of the New York Academy of Sciences* 907,

性、謊言、柏金包：女性欲望的新科學 / 溫絲黛．馬汀 (Wednesday Martin) 著；許恬寧譯．
-- 初版．-- 臺北市：時報文化，2019.05　面；　公分．-- (People；432)
譯自：Untrue : why nearly everything we believe about women, lust, and infidelity is wrong and how the new science can set us free
ISBN 978-957-13-7808-4(平裝)
1. 外遇 2. 文化研究

544.382　　108006804

ISBN 978-957-13-7808-4
Printed in Taiwan.

PEOPLE 432

性、謊言、柏金包：女性欲望的新科學

Untrue: Why Nearly Everything We Believe about Women, Lust, and Infidelity Is Wrong and How the New Science Can Set Us Free

作者　溫絲黛．馬汀 Wednesday Martin｜**譯者**　許恬寧｜**主編**　陳怡慈｜**責任編輯**　石瑷寧｜**責任企劃**　石瑷寧｜**美術設計**　朱疋｜**排版**　薛美惠｜**董事長**　趙政岷｜**出版者**　時報文化出版企業股份有限公司 108019 台北市和平西路三段二四〇號三樓　**發行專線**—(02)2306-6842　**讀者服務專線**—0800-231-705．(02)2304-7103　**讀者服務傳真**—(02)2304-6858　**郵撥**—19344724 時報文化出版公司　**信箱**—10899 台北華江橋郵局第九十九信箱　**時報悅讀網**—http://www.readingtimes.com.tw｜**法律顧問**　理律法律事務所　陳長文律師、李念祖律師｜**印刷**　勁達印刷有限公司｜**初版一刷**　2019 年 5 月｜**初版八刷**　2021 年 11 月 9 日｜**定價**　新台幣 380 元｜**版權所有　翻印必究**（缺頁或破損書，請寄回更換）。

時報文化出版公司成立於 1975 年，並於 1999 年股票上櫃公開發行，於 2008 年脫離中時集團非屬旺中，以「尊重智慧與創意的文化事業」為信念。